Le budget de l'Etat ivoirien

Financer le développement

Mohamed D. Kouyaté

Le budget de l'Etat ivoirien

Financer le développement

Préface de Daniel KABLAN Duncan

L'Harmattan

Du même auteur, chez le même éditeur

L'Hôpital Public dans le Système Sanitaire Ivoirien (Avril 2012)

Pour une Assurance Maladie Universelle en Côte d'Ivoire *Réformer le système de tarification* (Octobre 2012)

La Gestion Budgétaire de l'Hôpital Public en Côte d'Ivoire (Avril 2013)

5-7, rue de l'École-Polytechnique ; 75005 Paris
http://www.harmattan.fr
diffusion.harmattan@wanadoo.fr
harmattan1@wanadoo.fr
ISBN : 978-2-343-03852-0
EAN : 9782343038520

DEDICACE

A Dieu, mon créateur
Maitre omnipotent et omniscient de mon destin.

Pactum serva, Gardez la foi

AVANT-PROPOS

La rédaction du présent ouvrage dédié au budget de l'Etat participe de la mise en œuvre de la stratégie de vulgarisation d'un concept largement sanctuarisé. L'évocation du budget de l'Etat auprès des citoyens n'emporte qu'impressions de mystification, d'ésotérisme, de secret, de chiffres faramineux, de puissance étatique... Elle assoit la toute puissance de l'Exécutif, tout en reléguant au second plan, voire tout en négligeant le rôle crucial dévolu à l'Assemblée Nationale en matière d'adoption et de contrôle budgétaire. Le budget est ainsi réduit à sa dimension économique et financière exclusivement, aux mains exclusives du Gouvernement, détenteur exclusif de cette manne économique et financière.

La matière budgétaire est riche d'enseignements historiques, économiques et financiers qu'il est important de saisir et de diffuser au moyen d'une communication multidimensionnelle. En effet, les enseignements majeurs tirés de l'histoire du budget de l'Etat, son impact économique et financier constituent autant de motifs d'interpellation qui convainquent de lui réserver un document plein et entier. A cet égard, le vecteur du livre constitue, par excellence, un canal capital.

Les références historiques de la Grande-Bretagne et de la France suffisent ici à rendre compte des péripéties que le budget de l'Etat a connues avant qu'il ne soit exprimé sous les formes contemporaines qui ont cours de nos jours.

La marche historique du budget en Grande-Bretagne enseigne que l'organisation politique de la monarchie date de la conquête normande au XIe siècle, au terme de laquelle Guillaume le Conquérant accorda des fiefs à tous les chefs militaires qui l'avaient aidé au cours de cette campagne. Par la suite, face à la politique du Roi, Seigneur Suprême, de leur imposer son pouvoir, les barons défendirent âprement leurs droits en les inscrivant dans la Grande Charte arrachée à Jean Sans Terre. Dès lors, une assemblée féodale, un véritable Parlement s'il en est, fut instituée auprès des souverains afin de les obliger à faire voter les subsides, c'est-à-dire les impôts, qu'ils demandaient. Cette nouvelle ère permit à cette assemblée d'obtenir le droit de consentir à l'impôt et le droit de pétition. Elle exigera, progressivement, forte de ces deux droits, de subordonner le vote des subsides nouveaux à l'adoption de pétitions dont les objets se précisaient au fil du temps. Ainsi, à la fin du XIVe siècle, le Parlement obtient la subordination du vote des impôts nouveaux aux concessions royales portant sur l'édiction de certaines lois, le droit de contrôle sur les comptes du Roi et l'affectation des ressources nouvelles à des dépenses ciblées. Si à la fin du XVIè siècle, la règle de l'autorisation des recettes et celle d'autorisation des dépenses, cette dernière étant balbutiante, sont acquises, elles ne tarderont pas à être remises en cause par le Roi qui tente de récupérer le pouvoir d'imposition en revenant sur la Grande Charte. Le Parlement triomphe des différents conflits avec le Roi et lui impose en 1628 la « Pétition of Right », complétant ainsi la Grande Charte et étendant l'autorisation parlementaire par an à toutes les recettes fiscales. Ce qui entraina une suspension du Parlement par le Roi pendant 11 ans. A son retour en 1640, le Parlement jugea et exécuta des ministres du Roi qui avaient levé le « ship money », l'impôt sur le commerce maritime et le Roi Charles fut décapité en 1649. En 1688, le « Bill of Rights », qui consacre l'autorisation parlementaire des recettes et celle des dépenses ainsi que la périodicité annuelle desdites autorisations, est imposé à la nouvelle dynastie des Hanovre. A la fin du XVII e siècle, les droits budgétaires du Parlement sont acquis et le régime parlementaire est instauré définitivement. Ce régime démocratique tient donc aux revendications financières du Parlement, contrairement à la France ou les institutions financières et budgétaires sont l'aboutissement de conquêtes de libertés politiques par des moyens révolutionnaires

En France, ce n'est qu'au XIXe siècle que l'idée de consentement à l'impôt s'implanta véritablement. En effet, malgré l'institution en 1661 par Colbert des « Etats du Roi », des prévisions établies par les intendants des finances du Royaume, et certaines manifestations sporadiques de l'idée dans les Etats provinciaux, les assemblées du clergé, les parlements et les Etats Généraux, ce n'est qu'à la faveur de la Révolution de 1789 que les coutumes anglo-saxonnes furent introduites en France. Ainsi un décret du 17 juin 1789 exige qu'aucune levée d'impôt n'ait lieu que lorsqu'elle est formellement et librement accordée par l'assemblée représentative et déclare toutes les contributions alors perçues illégales et nulles.

Dans cette optique, l'article 14 de la Déclaration des Droits de l'Homme et du Citoyen de 1789 énonce que « Tous les citoyens ont le droit de constater par eux-mêmes ou par leurs représentants, la nécessité de la contribution publique, de la consentir librement, d'en suivre l'emploi et d'en déterminer la quotité, l'assiette, le recouvrement et la durée ». Mais ce n'est qu'en 1815 que le premier budget sera préparé par le Baron Joseph Dominique Louis, Ministre des Finances de Louis XVIII. Avec le Second Empire, le vote global par ministère est établi par sénatus consulte du 25 décembre 1852, le vote par section est acquis en 1861 et le vote par chapitre en 1869. Par le vote du budget par chapitre et l'initiative parlementaire en matière de dépense publique, le Parlement français conquiert ses prérogatives financières. Toutefois, le droit budgétaire n'y aura sa véritable consécration qu'en 1862 avec le décret du 31 mai portant règlement de la comptabilité publique. Ce décret impose une discipline dans la présentation et l'exécution des comptes tout en instaurant un partage de compétences entre le Parlement et le Gouvernement. Sous la IIIè République, le budget devient davantage l'œuvre du Parlement, formé de membres élus, au détriment du Gouvernement. Le déséquilibre des pouvoirs ainsi instauré conduisit le Parlement à des excès dans la IVè République au point que le décret-loi du 19 juin 1956 fut pris pour réglementer le vote du Budget et mettre fin, par la même occasion, au recours du Parlement à l'expédient des douzièmes provisoires. Avec la Constitution de la Vè République et la Loi organique du 2 janvier 1959, ces deux textes de valeur juridique supérieure fondent et consacrent un réajustement des pouvoirs budgétaires en faveur du Gouvernement d'une part et d'autre part assurent une évolution régulière des institutions politiques et budgétaires.

L'histoire du budget de l'Etat en Grande-Bretagne et en France forge la conviction qu'il s'agit là d'une composante incompressible de la vie de l'Etat. Son impact économico-financier est incontestable sur la consommation, l'épargne et la production, pour ne citer que ces grandeurs.

Directement, l'injection ou l'augmentation des dotations budgétaires orientées vers les dépenses de personnels et les aides sociales, par exemple, conduit à agir inévitablement sur la demande de biens de consommation ou à favoriser, sous certaines conditions, l'épargne. Par la consommation, la production va être stimulée. En l'espèce, hors les traitements et les aides qu'il verse, l'Etat va agir également sur la production par sa propre consommation relative aux dépenses de fonctionnement couvrant des services de l'Administration.

Indirectement, le budget de l'Etat, assis sur les dépenses publiques, affecte un coefficient multiplicateur important aux actes de dépenses effectués par les agents économiques. En effet, grâce aux dépenses publiques en direction des agents économiques qui en sont bénéficiaires, ceux-ci vont impacter l'économie en général au-delà de l'utilisation faite des flux financiers de l'Etat. Comme l'a démontré l'économiste anglais J.M.KEYNES, une dépense d'investissement donnée, crée un pouvoir d'achat supérieur à son montant initial, en ce sens que ses effets sont moins mesurés par son montant que par le coefficient multiplicateur, qui représente la diffusion de ces effets sur l'ensemble de l'économie. Il y a donc un processus d'itération communément appelé, dans ce cas, le multiplicateur des dépenses publiques.

Il est quasiment impossible au citoyen ordinaire de saisir le budget de l'Etat dans ses phases de préparation, d'exécution, de contrôle et de clôture. Des attentes énormes et légitimes demeurent donc en l'espèce. Leur satisfaction constitue une exigence pour les « sachants » de la matière budgétaire. La réforme entreprise par l'Union Economique et Monétaire Ouest Africaine en vue de l'instauration des pratiques de bonne gouvernance en matière de finances publiques confère une place de choix à l'information des citoyens de la Communauté et à la communication des données y afférentes. Ce livre devrait donc aller à la rencontre de cette donne communautaire et participer à sa réalisation effective en Côte d'Ivoire.

Hors l'idée forte et incompressible de partage du budget de l'Etat avec les « non sachants », ce livre voudrait s'essayer à la cristallisation des enseignements relatifs aux finances publiques de l'Etat de Côte d'Ivoire vus sous l'angle du budget. En effet, quelle serait la portée principale d'un écrit s'il ne peut servir à consigner les propos diffusés, à retracer le fil des cours magistraux reçus, à compiler les avis et doctrines émis, à constituer un « trésor » de connaissances pour les générations présentes et futures ? Oui il faut écrire, toujours écrire, encore écrire, surtout sur une matière aussi ardue et technique que la matière budgétaire. Elle ne s'élève et ne s'offre à la compréhension partagée avec « l'extérieur » que lorsqu'elle est polie, revisitée et affinée. Ainsi devenue relativement « digeste », légère et « propre » à la consommation « démocratisée », la matière budgétaire peut répondre aux interrogations, aux sollicitations, aux préoccupations et aux invitations des citoyens qui consentent l'impôt. Tel est le principal pli pris par cet ouvrage qui tente de piocher un territoire vieux de plusieurs années mais innocent de signes d'écritures moulées dans un livre. Certes, les diverses publications du Ministère de l'Economie et des Finances, notamment sous la forme de revues mensuelles et de documents de base destinés à l'information et à la formation des acteurs budgétaires existent, mais l'absence de véritables ouvrages consacrés au budget de l'Etat est indéniable et elle exige réparation.

Le présent ouvrage constitue donc un début de réparation et une invite à explorer davantage les différentes composantes de ce redoutable instrument de politique économique et social qu'est le budget de l'Etat.

Sortir de l'ésotérisme ambiant qui baigne la matière budgétaire a guidé ma conviction de produire le projet actuel dans une forme relativement facile à aborder. Instruis de cette nécessité marquée, il a fallu aller à l'essentiel, en s'interdisant les multiples renvois de bas de page à des articles ou ouvrages spécialisés, tout en préconisant le recours à une bibliographie sélective présentée à la fin de l'ouvrage.

Ce livre pourrait prétendre à la stature d'un ouvrage précurseur en l'espèce qu'il n'y aurait rien à redire. En effet, pris en sa dimension intrinsèque, seul, il peut revendiquer son orientation exclusive à la cause budgétaire, car les ouvrages qui y font référence sont de portée plus générale, consacrés qu'ils sont aux finances publiques générales.

Le défi est lancé. La bouteille est jetée à la mer. Que toutes les mains de « sachants » qui la recueillent et l'ouvrent perpétuent la rage et la force d'écrire un livre dédié à la matière budgétaire. Je m'y suis essayé. La bouteille vient de me quitter. L'as-tu recueillie ? Qu'as-tu fait du message qui y est contenu ? Perpétue la flamme. Ne l'éteins surtout pas.

En tout état de cause, « les pierres ne sont lancées qu'aux seuls arbres fruitiers » selon l'adage africain.

PREFACE

Dans l'optique de l'Administration, le budget constitue un acte de prévision et d'autorisation. En effet, aux termes du décret français du 31 mai 1862, le budget est « l'acte par lequel sont prévues et autorisées les recettes et les dépenses annuelles de l'Etat…». Quant au décret du 19 juin 1958 déterminant le mode de présentation du budget de l'Etat, il précise que « le Budget de l'Etat prévoit et autorise, en la forme législative, les charges et les ressources de l'Etat. Il est arrêté par le Parlement dans la loi de finances qui traduit les objectifs économiques et financiers du Gouvernement ». En son article 1er, l'ordonnance française n° 59 du 02 janvier 1959 portant loi organique relative aux lois des finances dispose que « les lois de finances déterminent la nature, le montant et l'affectation des ressources et des charges de l'Etat compte tenu d'un équilibre économique et financier qu'elles définissent ».Cette loi inspire la législation ivoirienne en la matière.

A l'analyse, cette évolution conceptuelle n'est pas neutre. Elle tient, en effet, compte de ce qu'en 1862, le budget n'était qu'un document comptable, qui ne comportait qu'un processus d'encaissement et de décaissement, sans aucun rapport ni effet sur les activités économiques et l'organisation sociale de l'Etat.

Mais à compter de 1956, cette conception classique du budget selon laquelle le budget est neutre (sans incidence sur l'ordre économique), improductif (avec incidence exclusive sur les dépenses non productives de l'Etat) et équilibré (sans incidence déficitaire ni excédentaire), née du rôle limité de l'Etat au XIXe siècle, sera dépassée. En effet, en soutien à la loi des finances qui traduit les objectifs économiques et financiers du Gouvernement, le budget de l'Etat va servir une triple mission de régulation de la vie économique, d'allocation de ressources et de redistribution. Il revêtira alors un triple caractère interventionniste, productif et déséquilibré. Une telle évolution, multidimensionnelle du budget de l'Etat, oblige à convenir absolument de l'extension du rôle de l'Etat de nos jours.

La Directive 05/97 de l'Union Economique et Monétaire Ouest Africaine prévoit en son article 17 que « Le budget est constitué par l'ensemble des comptes qui décrivent, pour une année civile, toutes les ressources et toutes les charges de l'Etat. ». La même Directive précise en son article 4 que « La loi de finances de l'année prévoit et autorise, pour chaque année civile, l'ensemble des ressources et des charges de l'Etat »

Le budget de l'Etat ivoirien constitue un instrument privilégié de financement du développement économique et social, élaboré à l'aune des préoccupations des populations, dans les limites des capacités financières de l'Etat, et conformément aux règles et procédures qui régissent la matière.

Le présent ouvrage constitue une invite à explorer davantage les différentes composantes de cet important instrument de politique économique et social qu'est le budget de l'Etat. Puisse-t-il aider à rendre accessible et intelligible le concept du budget de l'Etat, si décisif dans le financement du développement économique et social de la Cote d'Ivoire.

Son Excellenec Monsieur Daniel KABLAN Duncan,
Premier Ministre, Ministre de l'Economie et des Finances de la République de Côte d'Ivoire

CITATIONS

« Qu'une vie est heureuse, quand elle commence par l'amour et finit par l'ambition. »
PASCAL « Discours sur les passions de l'amour » (1653)

« ...Il nous faut de l'audace, encore de l'audace, toujours de l'audace. »
Georges Jacques DANTON (1759-1794)

« Né avec certaines qualités, devenir le meilleur n'est qu'une question de temps. »Message publicitaire de RENAULT

INTRODUCTION

La mission de premier choix dévolue au budget de l'Etat est et demeure incontestablement le financement du développement. En effet, en soutien à la loi des finances qui traduit les objectifs économiques et financiers du Gouvernement, le budget de l'Etat sert une triple mission de régulation de la vie économique, d'allocation de ressources et de redistribution. Dès lors, il est appréhendé à la fois comme un instrument politique, juridique, financier et économique.

Au plan politique, le budget est reçu en tant qu'outil de l'action gouvernementale, traduisant les choix politiques arrêtés en vue de la réalisation des objectifs politiques. A cette fin, le Gouvernement procède à la détermination des priorités et à leur organisation en fonction des contraintes inhérentes à la conjoncture économique et sociale. De par sa portée, le budget constitue un document politique de premier plan dont l'incidence sur la nature du régime politique peut être décisive selon qu'il renforce le Parlement ou l'affaiblit, en autorisant ou non un véritable contrôle de l'Exécutif. Par ailleurs, les orientations assignées aux dépenses essentielles dans le budget permettent de situer le sens des actions politiques conduites par le Gouvernement.

De par les dotations qu'il porte, le budget qui traduit « les objectifs économiques et financiers du Gouvernement », se pose en tant qu'acte fondamental de la politique économique et sociale. En effet, il constitue un acte à caractère économique et financier indéniable, en ce qu'il exprime un programme financier et un moyen d'action sociale majeur.

Au plan juridique, le budget revêt essentiellement un caractère législatif. En effet, le budget est un texte législatif et voté comme tel par l'Assemblée Nationale. A cet égard, la Constitution ivoirienne comporte de nombreux articles qui consacrent le caractère législatif du budget. Le budget est donc voté par l'Assemblée Nationale et il demeure caractérisé, juridiquement, par sa procédure législative. Les différents textes cités plus haut le démontrent à souhait. Dans sa présentation juridique, le budget s'offre également comme un acte de prévision administrative, car il restitue un tableau comparatif des recettes à mobiliser et des dépenses à couvrir, dans un but de synthèse, d'analyse et de recherche d'équilibre.

Le budget, document financier, est marqué par l'impossibilité de déterminer avec une parfaite exactitude, le montant des ressources nécessaires à la couverture des dépenses projetées par le Gouvernement. La technique élaborée à l'effet de faire face à cette contrainte majeure consiste à conférer un caractère évaluatif aux ressources et un caractère limitatif aux crédits de dépenses. Cette approche se justifie pour des ressources essentiellement constituées d'impôts, dont l'évaluation ne peut qu'être approximative, dans la mesure où l'Etat a choisi l'impôt de quotité. Il s'agit d'un système dans lequel le rendement de l'impôt est méconnu et qui oblige le législateur à ne fixer que le taux et les modalités de taxation, contrairement à l'impôt de répartition, dont le produit est connu. Dans un tel contexte, les évaluations des impôts ne sont que des approximations, car l'Etat ne peut préjuger, avec exactitude, la propension des citoyens à consommer. En conséquence, il supporte l'aléa des impôts sur la dépense et procède à une approche délibérée de sous évaluation du rendement de la fiscalité, en minorant l'évolution des prix sur lesquels elle est assise.

Le caractère limitatif des dépenses impose à tous les acteurs de la dépense publique de s'en tenir scrupuleusement aux montants des dotations budgétaires. Il s'agit d'un principe applicable à tous les crédits, exception faite des crédits dits évaluatifs et globaux. Les premiers concernent certaines dépenses obligatoires à réaliser en cours d'année mais dont le montant ne peut être prévu précisément en début d'année. Ces crédits peuvent être enregistrés, engagés ou ordonnancés au-delà des crédits ouverts. Ils sont limitativement énumérés par les textes en vigueur. Il s'agit principalement de dettes de l'Etat résultant de lois ou conventions, de charges de la dette publique, de frais de justice, et de réparations civiles… Les seconds portent sur des dépenses dont le montant peut différer de celui inscrit dans le budget, car ces dépenses sont engagées en vertu d'une loi ou d'un arrêté signé par le Ministre de l'Economie et des Finances. Les crédits globaux sont ouverts à titre provisionnel mais ils ne peuvent être dépensés qu'après avoir été ré-imputés aux chapitres et lignes devant recevoir les dépenses définitives. Un arrêté du Ministre de l'Economie et des Finances ou une décision du Directeur Général du Budget et des Finances est nécessaire pour réaffecter les dotations budgétaires sur les lignes qui en ont besoin.

Au total, il s'agit de dépenses dont l'évaluation exacte est quasi impossible du fait de l'imprévisibilité des évènements à couvrir (catastrophes, voyages officiels…) ou des difficultés réelles de précision du nombre des bénéficiaires.

Si les impôts constituent l'essentiel des ressources du budget de l'Etat, il est important de signaler que des ressources non fiscales y figurent également. Les recettes fiscales composent à plus de 80 % les ressources du budget de l'Etat pendant que les recettes non fiscales n'y figurent que de 15% à 20 %. La teinte financière du budget provient donc essentiellement de la nature fiscale des ressources qui y sont inscrites et qui doivent faire l'objet de mobilisation en vue de la couverture des charges de fonctionnement et d'investissement de l'Etat.

Au plan économique, la conception classique du budget selon laquelle le budget est neutre (sans incidence sur l'ordre économique), improductif (avec incidence exclusive sur les dépenses non productives de l'Etat) et équilibré (sans incidence déficitaire ni excédentaire), née du rôle limité de l'Etat au XIXe siècle, est dépassée. En effet, après les deux guerres mondiales et la crise économique de 1929, qui ont nécessité l'intervention de l'Etat dans les domaines économiques et sociaux en vue de juguler les difficultés économiques, sociales et monétaires, le budget à été appelé à jouer un rôle majeur dans l'économie moderne. Dans cette optique, l'Etat doit dorénavant agir sur « les troubles conjoncturels », renforcer ses interventions dans la prise en charge du fonctionnement des services publics, y compris ceux qui assurent les activités à caractère industriel et commercial, et redistribuer une partie des revenus collectés. Cette conception moderne du budget lui confère un triple caractère interventionniste (l'Etat encourage le développement des secteurs productifs prioritaires), productif (l'Etat et les entreprises publiques forment un moteur de la croissance pour leurs investissements) et déséquilibré (le déséquilibre devient un moyen de politique conjoncturelle). Une telle évolution, multidimensionnelle du budget, oblige à convenir absolument de l'extension du rôle de l'Etat de nos jours. Ainsi, la dépense publique, qui y est rattachée, recouvre un poids majeur et un intérêt capital dans le financement du développement économique et social de la Côte d'Ivoire.

Les thèses défendues par WAGNER, Peacock et Wiseman, Karl Marx et J. M. Keynes, convergent toutes vers l'idée que le budget de l'Etat, du fait de l'accroissement de l'intervention étatique, constitue un instrument incompressible de gestion de la vie économique et sociale de la nation.

Selon la « loi » de WAGNER formulée vers 1880, « en période d'industrialisation, lorsque le revenu national par tête croît, la part des dépenses publiques dons le revenu croît également ». Il explique cette évolution des dépenses d'une part par une « complexification » de la société qui génère un accroissement nécessaire des tâches d'administration générale et de protection des citoyens et d'autre part par le développement des actions dans les domaines éducatif et social, né de l'industrialisation et de l'expression des besoins, notamment en matière de main d'œuvre.

Les économistes anglais Peacock et Wiseman ont conclu, après observation de l'évolution des dépenses publiques du Royaume Uni sur une longue période, que les grands conflits et les crises constituent des occasions d'augmentation des dépenses publiques, notamment en matière militaire, et qu'elles atteignent des niveaux dont elle ne redescendent plus. Ces niveaux seraient acceptés de fait par les citoyens qui, en conséquence, seraient prêts à payer les impôts correspondants.

La thèse marxiste explique l'extension du rôle de l'Etat capitaliste, donc de la dépense publique, par l'idée que la phase du capitalisme monopoliste est marquée par un accroissement des activités publique et, par conséquent, par celui des dépenses publiques. L'idée marxiste soutient également, que même dans la phase de transition qui est celle de l'appropriation des moyens de production par l'Etat, elle est traduite par une nouvelle extension du rôle étatique.

La thèse développée par Keynes fait du budget, dans son ouvrage *Théorie générale de l'Emploi, de l'Intérêt et de la Monnaie* publié en 1936, un instrument majeur de la politique conjoncturelle. Il préconise en effet, qu'en période de sous emploi, le plein emploi peut être atteint, notamment au moyen du budget de l'Etat. Il apparait ainsi comme un instrument privilégié dont les pouvoirs publics peuvent se servir à l'effet d'assurer une régulation économique globale.

La pertinence des thèses ainsi construites sur l'extension du rôle de l'Etat ne les met pas, pour autant, à l'abri de critiques qui, sous certaines réserves, sont également fondées.

Du point de vue des politiques néo-libérales, l'importance du poids des prélèvements obligatoires ainsi que la trop forte intervention de l'Etat dans la vie économique et sociale de la nation, doivent en être absolument combattues. C'est dans ce sens que F.A. Von Haye K dénonce en 1946, dans « Route de la servitude », toutes les formes d'interventionnisme car elles aboutissent à la destruction de la liberté et de l'économie et sont fondées sur des raisons mensongères. Dans le droit fil de cette pensée, Milton Friedman, économiste américain et l'Ecole de Chicago, critiques du « Welfare State » et théoriciens de l'offre, préconisent de revenir à une pleine et totale économie de marché. A cette fin, ils recommandent une diminution simultanée des impôts qui pèsent sur les ménages et les entreprises ainsi que les dépenses publiques aux fins de relancer l'activité économique et l'investissement. L'appel de ces économistes américains a été repris par de nombreux acteurs en France tels que G. Sorman, H. Lepage et A. Minc.

Le budget de l'Etat est donc le premier socle qui fonde son action dans la mesure où il est appelé, en intervention accrue ou moindre, à apporter des réponses économiques et financières aux problèmes des populations et à construire le développement économique et social de la nation. Le budget est donc devenu interventionniste, productif et ouvert. Il agit sur les structures et sur la conjoncture par les dépenses et les recettes. Toutefois, il comporte des limites politiques, psychologiques, administratives, économiques et monétaires. Il est productif de par la rentabilité de certaines dépenses d'équipement et d'investissement notamment. Il peut être déséquilibré, avec un excédent ou un déficit.

Il est devenu ouvert sous l'influence de l'environnement international. Toutes choses qui lui confèrent un poids particulier certain et un intérêt marqué incontestable dans le financement du développement économique et social de la nation.

En Côte d'Ivoire, toutes ces fortes caractéristiques du budget de l'Etat sont présentes. Toutes les inflexions qui ont marqué son évolution depuis 1960 le révèlent. Toutes les réalités économiques, financières et sociales actuelles le traduisent.

Le budget de l'Etat ivoirien est composé du budget général et des comptes spéciaux du Trésor, qui enregistrent essentiellement les garanties et avals ainsi que les prêts et avances. Il constitue un instrument privilégié de financement du développement économique et social, élaboré à l'aune des préoccupations des populations, dans les limites des capacités financières de l'Etat, et conforment aux règles et procédures qui régissent la matière. Son exécution est également dominée par des contraintes juridiques majeures, qui veillent à une véritable optimisation de la dépense publique. Ces deux axes forts constituent la trame de fond du présent ouvrage.

De ce qui précède, il résulte que le présent ouvrage présentera d'abord le processus allant de la préparation au vote de la loi de finances et du budget puis il marquera la contribution du budget en qualité d'instrument de financement du développement de la Côte d'Ivoire.

Première partie
De la préparation au vote de la loi de finances et du budget, instruments de développement économique et social

La préparation et le vote du budget de l'Etat constituent des phases éminemment importantes de la vie budgétaire dans tout pays orienté vers la prévision et la régulation des dépenses publiques. Une bonne appréhension de ces opérations exige une bonne approche conceptuelle des notions de lois de finances et de budget.

I.1 Approche conceptuelle des lois de finances et du budget

Les lois de finances et le budget relèvent des notions dont l'approche conceptuelle mérite des précisions techniques. En effet, ces concepts ne se superposent pas parfaitement. Ils conservent, chacun, des définitions techniques précises. Il importe, en conséquence, d'exposer successivement les notions de lois de finances et de budget.

I.11 Notions de lois de finances

Les termes de lois de finances et de budget sont souvent utilisés sans discernement alors qu'il existe une différence juridique notable entre ces deux notions dans leur coexistence. Il importe donc de situer les notions de lois de finances et de budget dans leur champ sémantique technique respectif.

I.111 Des lois de finances en Côte d'Ivoire

Selon le Dictionnaire Historique de la Langue Française de A. Rey, Le Robert 1995, le terme « finance » proviendrait de l'ancien français « finer », qui signifierait « mener à sa fin (une transaction) », soit « payer ». Si l'usage au singulier de ce mot permet de se référer aux « activités bancaires » et par extension à « l'ensemble des personnes qui ont des grosses affaires d'argent », c'est-à-dire « aux affaires privées », son usage au pluriel renvoie à la fois aux « revenus de l'Etat » et aux « services qui gèrent les fonds publics », donnant ainsi une dimension publique à la notion. Les finances publiques participent de cette dernière acception et se différencient clairement des finances privées de par leur objectif principal, en l'occurrence la satisfaction de l'intérêt général. Ce qui permettrait d'indiquer que les finances publiques peuvent être définies par référence aux finances des administrations publiques, affectées aux opérations de redistribution ou de production de services non marchands et provenant de ressources constituées majoritairement de prélèvements obligatoires. Les finances publiques sont donc les finances de l'Etat et de ses démembrements, constituées principalement des prélèvements obligatoires et affectées essentiellement à la satisfaction de l'intérêt général des populations au moyen de redistribution et de services non marchands.

Les lois de finances sont des lois qui déterminent la nature, le montant et l'affectation des ressources et des charges de l'Etat, compte tenu d'un équilibre économique et financier qu'elles définissent. Il faut, cependant, remarquer que l'équilibre financier des lois de finances ultérieures ne peut être engagé que par les seules dispositions relatives à la gestion de la dette publique et aux autorisations de programmes, les approbations de conventions et les garanties accordées par l'Etat.

Le principe de légalité qui sert de fondement majeur aux lois de finances prescrit qu'aucune recette ni aucune dépense ne peut être ordonnée ou ordonnancée pour le compte de l'Etat sans être autorisée par la loi.

Hors les dispositions relatives aux charges et aux ressources de l'Etat, les lois de finances peuvent également contenir toutes dispositions relatives à l'assiette, au taux et aux modalités de recouvrement des impositions de toute nature. Par ailleurs, les créations et transformations d'emplois ne peuvent résulter que de dispositions prévues par une loi de finances. Toutefois les transformations d'emplois, ainsi que les recrutements, les avancements et les modifications de rémunérations ne peuvent être décidées s'ils sont de nature à provoquer un dépassement des crédits annuels préalablement ouverts.

Dans tous les cas, les dispositions d'ordre législatif ou réglementaire doivent nécessairement concourir au respect de l'équilibre budgétaire. En conséquence, les dispositions qui entraînent des charges nouvelles ne sauraient être votées ou signées tant que ces charges ne sont pas prévues, évaluées et autorisées dans les conditions définies par la loi de finances. A cet égard, il importe de signaler que seules les dispositions relatives aux autorisations de programmes peuvent engager l'équilibre financier des années ultérieures. Toutefois, ces lois ne peuvent permettre d'engager l'Etat à l'égard des tiers que dans les limites des autorisations de programmes contenues dans la loi de finances de l'année.

La loi de finances s'offre, en fait, comme un moyen d'action essentiel de l'Etat. Elle lui permet d'orienter les grands axes de l'évolution possible et souhaitable de la société et de l'économie et d'identifier certains objectifs assignés sur une période donnée.

De ce point de vue, la loi de finances entretient des relations étroites avec le plan de développement économique et social conçu et mis en œuvre par le Gouvernement. En effet, les plans approuvés par l'Assemblée Nationale, définissant les objectifs à long terme, ne peuvent donner lieu à des engagements de l'Etat que dans les limites déterminées par des autorisations de programmes votées dans les conditions fixées par la loi de finances. Les autorisations de programmes peuvent être groupées dans les lois dites « lois de programmes ».

Les lois de finances sont de natures diverses et exclusives. En effet, le caractère de loi de finances n'est reconnu qu'aux lois de finances de l'année, aux lois de finances rectificatives et aux lois de règlement.

Les lois de finances de l'année prévoient et autorisent, pour chaque année civile, l'ensemble des ressources et des charges de l'Etat. Elles déterminent la nature, le montant et l'affectation des ressources et des charges de l'Etat, compte tenu d'un équilibre économique et financier qu'elles définissent Les lois de finances de l'année sont également appelées lois initiales en ce qu'elles ouvrent le cycle budgétaire.

Au titre des ressources, les dispositions des lois des finances de l'Etat y relatives permettent d'énumérer les ressources suivantes :

- les impôts, les taxes ainsi que le produit des amendes : l'autorisation de percevoir les impôts est annuelle et leur rendement, dont le produit, est évalué par les lois de finances.

Les taxes parafiscales perçues dans un intérêt économique ou social au profit d'une personne morale de droit public ou privé autre que l'Etat, les collectivités territoriales et leurs établissements publics administratifs, sont établies par décret pris sur le rapport du Ministre chargé des finances et du Ministre intéressé. La perception de ces taxes au-delà du 31 décembre de l'année de leur établissement doit être autorisée chaque année par une loi de finances.

- les rémunérations de services rendus, redevances, fonds de concours, dons et legs : la rémunération des services rendus par l'Etat ne peut être établie et perçue que si elle est instituée par décret pris sur le rapport du Ministre chargé des finances et du Ministre intéressé.
-les revenus du domaine et des participations financières ainsi que la part de l'Etat dans les bénéfices des entreprises nationales ;
- les remboursements de prêts et avances ;
- les produits des emprunts à moyens et long terme ;
- les produits divers.

Toutes les ressources sus-citées font l'objet de prévision et d'évaluation par la loi des finances de l'année. Il en est également de même du montant des souscriptions et des tirages sur les emprunts à moyen et long terme ainsi que du montant des dons. Ils doivent, en effet, être prévus et évalués par la loi de finances

Au titre des charges de l'Etat, elles comprennent les dépenses ordinaires, les dépenses en capital et les prêts et avances.

- Les dépenses ordinaires sont regroupées sous quatre titres :

- Les amortissements et charges de la dette publique et dépenses en atténuation des recettes des gestions antérieures ;
- Les dépenses de personnel ;
- Les dépenses de fonctionnement ;
- Les dépenses de transfert.

- Les dépenses en capital sont regroupées sous deux titres :

- Les investissements exécutés par l'Etat ;
- Les transferts en capital.

Les lois de finances rectificatives ont pour objet de modifier les dispositions des lois de finances de l'année. En effet, seules ces lois peuvent, en cours d'année, modifier les dispositions des lois de finances de chaque exercice budgétaire. Elles sont présentées, en partie ou en totalité, dans les mêmes formes que les lois de finances de l'année. Elles soumettent obligatoirement à la ratification de l'Assemblée Nationale toutes les ouvertures de crédits opérées par décrets d'avances. En rapport avec la loi de finances de l'année, il suit que politiquement la loi de finances rectificative emporte les inflexions tandis que la première fixe les orientations. Ces lois étaient appelées « collectifs budgétaires » avant l'ordonnance française de 1959 en ce qu'elles « collectaient » les mesures de modification nécessaires en cours d'année. Dans les faits, les lois de finances peuvent intervenir parfois en cours d'année en vue de réajuster l'équilibre économique et financier bouleversé d'un exercice ou, en général, en fin d'année pour régulariser certains actes budgétaires pris par le Gouvernement ou valider les ajustements exigés par l'évolution annuelle.

Les lois de règlement, quant à elles, constatent les résultats financiers de chaque année civile et approuvent les différences entre les résultats et les prévisions des lois de finances de l'année, complétées, le cas échéant, par ses lois rectificatives. Le projet annuel de loi de règlement constate le montant défini des encaissements de recettes et des ordonnancements de dépenses se rapportant à une même année. Le cas échéant, il ratifie les ouvertures de crédits par décrets d'avances et approuve les dépassements de crédits résultant de circonstances de force majeure. Il établit le compte de résultat de l'année, qui comprend :

- Le déficit ou l'excédent résultant de la différence nette entre les recettes et les dépenses du budget général et des budgets annexes ;
- Les profits et pertes constatés dans l'exécution des comptes spéciaux ;
- Les profits ou les pertes résultant éventuellement de la gestion des opérations de trésorerie;

Le projet de loi de règlement constate donc le montant définitif des investissements ainsi que les recettes et les règlements de dépenses se rapportant à l'exercice. Il annule les crédits sans emploi et autorise le transfert du résultat de l'année au compte permanent des découverts du Trésor. Ce projet est accompagné :

- D'annexes explicatives faisant connaître notamment l'origine des dépassements de crédits et la nature des pertes et profits ;
- D'un rapport du Juge des Comptes et de la déclaration générale de conformité entre les comptes individuels des comptables et la comptabilité du Ministre chargé des finances.

L'Assemblée Nationale en est saisie au cours de la première session ordinaire qui suit la clôture de l'exercice. La loi de règlement est accompagnée de documents annexes. Il s'agit :

1. D'un procès-verbal établissant la concordance des comptes annuels du trésorier-payeur et des comptables et du compte définitif de l'ordonnateur ;
2. D'annexes explicatives établissant :

Avec indication d'origine, les différences entre, d'une part les prévisions de recettes les recouvrements effectués, d'autre part, entre les crédits votés ou ouverts et les paiements effectués ;

- Les créances et les dettes non réglées à la clôture de l'exercice ;
- La situation des comptes hors budget ;
- En ce qui concerne les dépenses d'investissement et équipement, la situation des opérations.

Les lois de finances consacrent d'importantes dispositions générales aux crédits. Ainsi, les crédits ouverts par les lois de finances sont affectés à un service ou un ensemble de services. Ils sont spécialisés par chapitre et regroupent les dépenses selon leur nature ou leur destination. Toutefois, certains chapitres peuvent comporter des crédits globaux destinés à faire face à des dépenses éventuelles ou à des dépenses accidentelles. En effet, dans la limite d'un crédit global pour dépenses accidentelles, des décrets, pris sur rapport du Ministre chargé des finances peuvent ouvrir des crédits pour faire face à des calamités ou à des dépenses urgentes ou imprévues. Par ailleurs, en cas d'urgence, s'il est établi, sur rapport du Ministre chargé des finances, que l'équilibre financier prévu à la dernière loi de finances n'est pas affecté, des crédits supplémentaires peuvent être ouverts par décrets d'avances. La ratification de ces crédits est demandée à l'Assemblée Nationale dans la plus prochaine loi des finances. En outre, en cas d'urgence et de nécessité impérieuse d'intérêt national, des crédits supplémentaires peuvent être ouverts par décrets d'avances pris en Conseil des Ministres. Un projet de loi de finances portant ratification de ces crédits est déposé immédiatement ou à l'ouverture de la plus prochaine session de l'Assemblée Nationale.

De manière générale, les crédits sont répartis en deux catégories principales. En effet, il existe d'une part des crédits évaluatifs et d'autre part des crédits limitatifs. Toutefois, à coté de ces principaux types de crédits, il en existe d'autres de nature globale ou provisionnelle, hors les crédits considérés comme des fonds spéciaux ou « fonds secrets ».

Les crédits évaluatifs servent à acquitter les dettes de l'Etat résultant de dispositions législatives spéciales ou de conventions approuvées par la loi. Ils s'appliquent également aux charges de la dette publique, aux frais de justice et aux réparations civiles, aux remboursements, aux dégrèvements et aux restitutions, aux avances aux collectivités locales... Il s'agit en fait de crédits dont le montant ne peut être défini exactement au moment du vote, de sorte que leur montant peut dépasser la dotation initialement consacrée et qui exigent un règlement sans délai.

Les crédits évaluatifs sont différents des crédits globaux, qui sont des crédits non ventilables constitués en vue de faire face à des dépenses éventuelles ou accidentelles, sous réserve qu'ils soient réimputés par arrêté du ministre chargé des finances aux lignes qui doivent recevoir les dépenses définitives. Les crédits globaux peuvent également concerner les dépenses dont la répartition par chapitre ne peut être déterminée au moment ou ils sont votés. Les crédits globaux s'appliquent aux chapitres 931 (opérations d'ajustement de la rémunération du personnel en cours d'exercice), 932 (crédits non affectés de fonctionnement ordinaire des services), 933 (crédits non affectés de projets d'investissement), 941(opérations non dénouées sur exercice clos soit des passifs non apurés).

Les crédits évaluatifs sont différents également des crédits provisionnels, constitués à l'effet de couvrir des besoins ou évènements dont la survenance est peu liée à la volonté de l'administration et dont le montant ne peut être déterminé avec exactitude au moment du vote. Il peut s'agir de voyages officiels, de frais de réception de personnalités étrangères, de dépenses liées aux élections, de secours d'urgence...

Les crédits spéciaux ou « fonds secrets » ou de souveraineté sont destinés à couvrir des dépenses qui requièrent une totale confidentialité compte tenu de leur caractère sensible (espionnage, contre-espionnage, sécurité, subventions politiques...) Il s'agit donc de fonds qui n'ont pas d'affectation ciblée lors de leur constitution.

Les crédits limitatifs sont tous les autres crédits qui visent des dépenses autres que celles évoquées ci-dessus. Sauf dispositions spéciales prévoyant un engagement par anticipation sur les crédits de l'année suivante, les dépenses sur les crédits limitatifs ne peuvent être engagées et ordonnancés que dans la limite des crédits ouverts.

Ces crédits ne peuvent être modifiés que par une loi de finances, sous réserve de dispositions exceptionnelles.

Les crédits sont regroupés dans des chapitres et un même chapitre peut être doté à la fois de crédits d'autorisations de programmes et de crédits de paiement. Tel est notamment le cas des dotations affectées aux dépenses en capital qui peuvent comprendre des autorisations de programmes et des crédits de paiement.

Les autorisations de programmes constituent la limite supérieure des dépenses que les Ministres sont autorisés à engager pour l'exécution des investissements prévus par la loi. Elles demeurent valables pour une durée maximale de six ans. Elles peuvent être révisées pour tenir compte soit des modifications techniques, soit de variations de prix. Ces révisions sont imputées par priorité sur les autorisations de programmes ouvertes et non utilisées ou, à défaut et par priorité, sur les autorisations nouvelles de programmes ouvertes par une loi de finances. Une même autorisation de programmes sous forme de dépenses, de subventions ou de prêts, peut être divisée en tranches. Chaque autorisation de programme doit couvrir une tranche constituant une unité individualisée formant un ensemble cohérent et de nature à être mise en service sans adjonction. De ce qui précède, il suit que l'autorisation de programme représente le coût total induit par un investissement sur une durée maximale de 6ans, aux termes de la l'Article 13 de la Directive 05/97 de l'Union Economique et Monétaire Ouest-Africaine.

Les crédits de paiement sur opérations en capital constituent la limite supérieure des dépenses pouvant être ordonnancées ou payées pendant l'année pour la couverture des engagements contractés dans le cadre des autorisations de programmes correspondantes. Compte tenu des prescriptions rigoureuses qui encadrent les crédits, les textes prévoient que tout crédit qui devient sans objet en cours d'année peut être annulé par arrêté du Ministre chargé des finances après avis du Ministre intéressé. Il s'ensuit que pour le financement d'un programme d'investissement donné, l'ensemble des crédits exigés pour sa réalisation est engagé mais les paiements ne sont faits, grâce aux crédits de paiement, qu'au rythme de la réalisation effective des travaux.

Au total, les autorisations de programmes sont consommées par des engagements pendant que les crédits de paiement sont consommés par des mandatements.

Les crédits peuvent faire l'objet de transfert ou de virement. En effet, des transferts et des virements de crédits peuvent modifier la répartition des dotations entre les chapitres. Ils ne peuvent, toutefois, avoir pour effet de créer de nouveaux chapitres.

Les transferts modifient la détermination du service responsable de l'exécution de la dépense sans modifier la nature de cette dernière. Ils sont autorisés par arrêté du Ministre chargé des finances. Tel est notamment le cas lorsqu'il y a transfert des attributions d'un ministère à un autre.

Quant aux virements, ils conduisent à modifier la nature de la dépense prévue par la loi de finances. Les virements de crédits de chapitre à chapitre à l'intérieur du budget du même ministère sont autorisés par le ministre chargé des finances sous réserve de porter sur une même catégorie de dépenses et dans la limite du dixième de chaque chapitre. Dans tous les cas, ils ne sauraient avoir pour effet de transférer des dotations évaluatives au profit de dotations limitatives.

Tableau sur l'autorisation parlementaire relative à la dépense publique et à la recette publique

Dépenses publiques	**Autorisation parlementaire**	**Recettes publiques**
La dépense autorisée est **facultative** : l'autorisation de dépense ne comporte pas obligation de dépenser ; elle ouvre la simple faculté d'effectuer des dépenses		
La dépense autorisée est **affectée** (en raison de la règle de la spécialité des crédits budgétaires)		L'autorisation de recette **n'est pas affectée** (ceci résulte de la règle de non affectation des recettes qui comporte de plus en plus d'exceptions (virements et transferts de crédits, crédits globaux, évaluatifs, provisionnels, fonds secrets)).
La dépense autorisée est **limitée** à son **montant** (car les crédits sont limitatifs ; ce qui implique que les dépassements de crédits sont en principe interdits sauf pour des raisons d'impérieuse nécessité de service. La dépense autorisée est aussi **limitée** dans **le temps** (en raison du principe de l'annualité).		L'autorisation de recette a un caractère **évaluatif** ou **indicatif**. Toutefois, elle oblige l'Administration fiscale à percevoir les recettes. Cette obligation porte sur le principe et non sur le montant qui

		n'est pas **limitatif** : il n'y a donc ni obligation d'atteindre le montant prévu, ni d'interdiction de le dépasser.
il est nécessaire de distinguer la **disponibilité de crédit** (notion juridique) de la **disponibilité de trésorerie** (notion matérielle). La disponibilité de crédit signifie que l'on dispose d'une autorisation d'effectuer des dépenses pour tel objet. Cette autorisation est accordée à une administration déterminée pour un objet déterminé, pour un montant maximum. L'autorisation demeure même si les fonds correspondants ne sont pas encore dans les caisses du Trésor (disponibilité de trésorerie). A l'inverse, un service qui a épuisé ses crédits ne dispose plus d'autorisation de dépenser même si les caisses du Trésor sont pleines.		

Source : Cisse Bakari in « L'épreuve de finances publiques » 2001

Dans l'espace communautaire, des dispositions juridiques existent en matière de lois de finances.

I.112 Le cadre conceptuel des lois de finances dans l'UEMOA

La notion de lois de finances est approchée par l'Union Economique et Monétaire Ouest-Africaine à travers sa Directive n°05/97/CM/UEMOA relative aux lois des finances, quasiment dans les mêmes termes que ceux qui prévalent en la matière en Côte d'Ivoire. En effet, ce texte définit les lois de finances en précisant qu'elles déterminent la nature, le montant et l'affectation des ressources et des charges de l'Etat, compte tenu d'un équilibre économique et financier qu'elles définissent et qu'elles peuvent également contenir toutes dispositions relatives à l'assiette, au taux et aux modalités de recouvrement des impositions de toute nature.

La Directive sus-citée de l'UEMOA reconnait le caractère de lois de finances à la loi de finances de l'année, aux lois de finances rectificatives et à la loi de règlement. Les distinctions instaurées entre ces types de lois de finances réservent à la loi de finances de l'année de prévoir et d'autoriser, pour chaque année civile, l'ensemble des ressources et des charges de l'Etat.

Les lois de finances rectificatives, à titre exclusif, peuvent apporter des modifications, en cours d'année, aux dispositions de la loi de finances de l'année. La loi de règlement a pour objet de constater les résultats financiers de chaque année civile et d'approuver les différences entre les résultats et les prévisions de la loi de finances de l'année, complétée, le cas échéant, par ses lois rectificatives.

- Les ressources de l'Etat indiquées dans la Directive prennent en compte :

- Les impôts, les taxes ainsi que le produit des amendes
- Les rémunérations de services rendus, redevances, fonds de concours, dons et legs
- Les revenus du domaine et des participations financières ainsi que la part de l'Etat dans les bénéfices des entreprises nationales
- Les remboursements de prêts et avances
- Les produits des emprunts à moyen et long terme
- Les produits divers

Au plan de la perception de ces ressources, la Directive établit qu'en ce qui concerne les impôts, l'autorisation de les percevoir est annuelle, tout en précisant que le rendement des impôts dont le produit est affecté à l'Etat est évalué par les lois de finances. Relativement aux taxes parafiscales perçues dans un intérêt économique ou social au profit d'une personne morale de droit public ou privé autre que l'Etat, les collectivités territoriales et leurs établissements publics administratifs, leur perception est établie par décret pris sur le rapport du ministère chargé des finances et du ministère intéressé. Au-delà du 31 décembre de l'année de leur établissement, la perception de ces taxes est nécessairement autorisée chaque année par une loi de finances.

Quant à la rémunération des services rendus par l'Etat, elle n'est établie et perçue que si elle est instituée par décret pris sur le rapport du ministre chargé des finances et du ministre intéressé. Quant aux produits des amendes, aux rémunérations pour services rendus du domaine et aux participations financières, aux bénéfices des entreprises publiques, aux remboursements des prêts ou avances et au montant des produits divers, ils sont prévus et évalués par la loi de finances de l'année. Il en est également ainsi du montant des souscriptions et des tirages sur les emprunts à moyen et long terme et de celui des dons, qui doivent tous être prévus et évalués par la loi de finances.

En contrepartie des ressources, les charges de l'Etat à couvrir comprennent, selon la Directive, les dépenses ordinaires, les dépenses en capital, les prêts et avances.

Les dépenses ordinaires sont regroupées sous quatre titres qui sont les dépenses de personnel, les dépenses de fonctionnement, les dépenses de traitement, les amortissements et charges de la dette publique et dépenses en atténuation des recettes des gestions antérieures. Les dépenses en capital sont groupées en deux titres qui s'appliquent aux investissements exécutés par l'Etat et aux transferts en capital

La couverture des dépenses suppose l'ouverture de crédits y afférents. Ainsi, les crédits ouverts par les lois de finances demeurent affectées à un service ou à un ensemble de services et spécialisés par chapitre, groupant les dépenses selon leur nature ou leur destination. Il reste entendu que certains chapitres peuvent comporter des crédits globaux destinés à faire face à des dépenses éventuelles ou à des dépenses accidentelles.

La nature des crédits permet de distinguer les crédits de type évaluatif ou limitatif.

Le premier type de crédits permet d'acquitter les dettes de l'Etat résultant de dispositions législatives spéciales ou de conventions permanentes approuvés par la loi. Ce type de crédits s'applique également aux charges de la dette publique, aux frais de justice et aux réparations civiles, aux remboursements, aux décaissements et aux restitutions, ainsi qu'aux dépenses imputables sur les chapitres dont l'énumération figure à un état spécial annexé à la loi de finances. Les dépenses auxquelles les crédits évaluatifs s'appliquent, peuvent être imputées, au besoin, au-delà de la dotation inscrite aux chapitres qui les concernent.

Le second type de crédits s'applique à toutes les autres dépenses. En la matière, sauf dispositions spéciales prévoyant un engagement par anticipation sur les crédits de l'année suivante, les dépenses sur crédits limitatifs ne peuvent être anticipées et ordonnancées que dans la limite des crédits ouverts. Ces crédits ne peuvent être modifiés que par une loi de finances ou dans les cas d'exception ci-après :

1. Dans la limite d'un crédit global pour dépenses accidentelles : en ce cas, des décrets pris en conseil de ministres peuvent ouvrir des crédits pour faire face à des calamités ou à des dépenses urgentes ou imprévues
2. Dans des cas d'urgence : en la matière, à condition que, sur rapport du ministre chargé des finances, l'équilibre financier prévu à la

dernière loi de finances ne soit pas affecté, des crédits supplémentaires peuvent être ouverts par décrets d'avances. La ratification de ces décrets doit être demandée au parlement dans la plus prochaine loi de finances.

En cas d'urgence et de nécessité impérieuse d'intérêt national : en l'espèce, des crédits supplémentaires peuvent être ouverts par décrets d'avances pris en conseil des ministres. Cette hypothèse exige qu'un projet de loi de finances portant ratification des crédits soit par la suite, déposé immédiatement ou à l'ouverture de la plus prochaine session du parlement.

Les deux catégories de crédits doivent, au regard de la nature des dépenses qu'ils couvrent, faire l'objet de chapitres distincts. Cependant, pour les crédits d'autorisation de programmes et les crédits de paiements, un même chapitre peut en être doté à la fois. Ainsi, les dotations affectées aux dépenses en capital peuvent comprendre des autorisations de programmes et des crédits de paiement.

Les autorisations de programmes constituent la limite supérieure des dépenses que les ministres sont autorisés à engager pour l'exécution des investissements prévus par la loi pour une durée maximale de six (6) ans. Chaque autorisation de programme doit couvrir une tranche qui constitue une unité individualisée formant un ensemble cohérent et qui est de nature à être mise en service sans adjonction.

Les autorisations de programmes peuvent être révisées aux fins de tenir compte soit des modifications techniques soit des variations des prix. En ces cas, les révisions sont impulsées par priorité sur les autorisations ouvertes et non utilisées ou, à défaut, et par priorité, sur les autorisations de programmes nouvelles ouvertes par une loi des finances. Par ailleurs, une même autorisation de programmes sous forme de dépenses, de subventions ou de prêts peut être divisée en tranches.

Les crédits de paiement sur opérations en capital constituent la limite supérieure des dépenses qui peuvent être ordonnancées ou payées pendant l'année en vue de la couverture des engagements contractés dans le cadre des autorisations de programmes correspondantes.

Les dispositions règlementaires communautaires demeurent ainsi assez rigoureuses en matière de gestion des crédits inscrits dans les lois de finances. C'est dans cet esprit qu'en ce qui concerne la création de charges nouvelles, la Directive sus-citée prévoit que lorsque des dispositions législatives ou réglementaires doivent en entrainer, aucun projet de loi ne peut être définitivement voté et qu'aucun décret ne peut être signé tant que lesdites charges n'ont pas été prévues, évaluées et autorisées dans les conditions fixées par les textes en vigueur.

En rapport avec les plans définissant des objectifs à long terme approuvés par le Parlement, la même Directive précise que ceux-ci ne sauraient conduire à des engagements de l'Etat que dans les limites déterminées par des autorisations de programmes, qui peuvent être groupées dans les lois de programmes, votées dans les conditions fixées par les textes en vigueur.

Au plan des créations et des transformations d'emplois, la Directive prévoit qu'elles ne sauraient résulter que de dispositions prévues par une loi de finances, sous réserve que des transformations d'emplois peuvent être opérées par décret pris en conseil de ministres. Toutefois, ces transformations d'emplois, ainsi que les recrutements, les avancements et les modifications de rémunérations ne pourraient être décidées s'ils sont de nature à provoquer un dépassement des crédits annuels préalablement ouverts.

Les dispositions règlementaires communautaires, en matière d'élaboration et d'adoption des lois de finances, confèrent au ministre chargé des finances la mission de préparer les projets de loi de finances qui sont arrêtés en conseil des ministres. Ainsi, le projet de loi de finances de l'année, y compris le report et les annexes explicatives, est déposé sur le bureau du parlement le jour de l'ouverture de la session ordinaire d'octobre. Dès lors, lorsque le projet de loi de finances a été déposé en temps sur le bureau du parlement, il doit être adopté au plus tard à la date de clôture de la session ordinaire d'octobre. A défaut, il peut être mis en vigueur par ordonnance. Toutefois, lorsque le projet de loi de finances n'a pu être déposé en temps utile pour que le parlement en dispose avant la fin de la session ordinaire dans l'entier délai prévu, celle-ci est immédiatement et de plein droit suivie d'une session extraordinaire dont la durée est au plus égale au temps nécessaire pour parfaire ledit délai. Si à l'expiration de ce délai, le projet de loi de finances n'est pas adopté, il est mis en vigueur par ordonnance. Par ailleurs, s'il s'avère que, compte tenu de la procédure prévue en la matière, le projet de loi de finances n'a pu être voté avant le début de l'année financière, le gouvernement est autorisé, conformément aux dispositions constitutionnelles en vigueur, à continuer de percevoir les impôts et à reprendre en dépenses le budget de l'année précédente par douzièmes provisoires.

En matière d'examen des lois de finances, la représentation nationale ne peut proposer aucun article additionnel ni aucun amendement, sauf s'il tend à supprimer ou à réduire effectivement une dépense, à créer ou à accroître une recette. En tout état de cause, tout article additionnel et tout amendement doit être motivé et accompagné des développements des moyens qui le justifient.

En matière de vote, en ce qui concerne les services votés, les dépenses du budget général font l'objet d'un vote unique, mais en ce qui concerne les autorisations nouvelles, le vote est fait par titre et, à l'intérieur d'un même titre, par ministère. Quant aux dépenses des budgets annexes et des comptes spéciaux, elles sont votées par budget annexe ou par compte spécial.

Le projet de loi de finances est déposé et distribué au plus tard à la fin de l'année qui suit l'année d'exécution du budget et le rapport sur l'exécution des lois de finances est remis au parlement sitôt son établissement définitif par la juridiction des comptes. La représentation nationale doit débattre dudit projet, en vue de son adoption, au cours de la première session qui suit son dépôt et sa distribution. Dans tous les cas, les projets de lois de finances initiales à venir ne peuvent être soumis au parlement tant que le projet de loi de règlement en cause n'est pas été déposé

Les dispositions règlementaires communautaires qui encadrent la présentation des lois de finances portent notamment sur la nature des documents présentés au parlement et la procédure de présentation.

Au titre des documents présentés, il convient d'indiquer que le projet de loi de finances de l'année comporte deux parties distinctes. La première partie consacre la partie dans laquelle le projet autorise les ressources publiques et précise les voies et moyens qui assurent l'équilibre financier. Le texte y évalue également le montant des ressources d'emprunt et de trésorerie, autorise la perception des impôts affectés aux collectivités et aux établissements publics, fixe les plafonds des grandes catégories de dépenses et arrête les données générales de l'équilibre financier. Le projet indique les dispositions nécessaires à la réalisation des opérations d'emprunts destinées à couvrir l'ensemble des charges de trésorerie, conformément aux textes en vigueur.

La seconde partie comporte les dispositions du projet de loi de finances de l'année qui fixent le montant des crédits applicables aux services votés pour le budget général et arrêtent les dépenses applicables aux autorisations nouvelles par titre et par ministère. Dans cette partie également, le projet autorise, en distinguant les services votés des opérations nouvelles, les opérations des budgets annexes et les opérations des comptes spéciaux du Trésor par catégorie de comptes spéciaux et éventuellement par titre. Par ailleurs, il y regroupe l'ensemble des autorisations de programmes assorties de leur échéancier et y énonce les dispositions diverses qui ont un caractère annuel et celles qui ont un caractère permanent.

Le projet de loi de finances, tel que présenté dans ses deux parties distinctes, est accompagné d'un rapport qui définit l'équilibre économique et financier, les résultats connus et les perspectives d'une part et d'autre part d'annexes explicatives qui font notamment ressortir :

1° Le coût des services votés par chapitre et les mesures nouvelles qui justifient les modifications proposées au montant antérieur des services votés et, notamment, les crédits afférents aux créations, suppressions et transformations d'emplois. Les services votés représentent le minimum de dotations que le gouvernement juge indispensable à l'effet de poursuivre l'exécution des services publics dans les conditions qui ont été approuvées l'année précédente par le parlement. Les crédits applicables aux services votés sont, au plus, égaux :

-Pour les dépenses ordinaires : aux crédits de la précédente année diminués des inscriptions non renouvelables et modifiés pour tenir compte de l'incidence en année pleine des mesures approuvées par le parlement ou décidées par le gouvernement dans la limite des pouvoirs qui lui sont propres ainsi que de l'évolution effective des charges couvertes par les crédits évaluatifs.

-Pour les opérations en capital : aux autorisations prévues par une loi de programme, aux prévisions inscrites dans le plus récent échéancier ou, à défaut d'échéancier, aux autorisations de l'année précédente éventuellement modifiées dans les conditions prévues au précédent alinéa.

2° L'échelonnement sur les années futures des paiements résultant des autorisations de programme ;

3° La liste des comptes spéciaux du Trésor qui font apparaître le montant des recettes, des dépenses et, le cas échéant, les découverts prévus pour ces comptes ;

4° La liste complète et l'évaluation des taxes parafiscales destinées à financer l'activité de certains organismes publics, commerciaux et industriels ;

5° Un état développé des restes à payer à l'Etat établi à la date la plus récente du dépôt du projet de loi de finances, ainsi qu'un état développé de l'encours et des échéances du service de la dette de l'Etat.

6° Un état développé des restes à recouvrer.

Outre ces données, le projet de loi de finances de l'année peut également être accompagné des annexes explicatives portant sur :

1° Le bilan financier de l'Etat à la date de dépôt au parlement du projet de loi de finances ;

2 ° Les tableaux de financements synthétiques de l'Etat et du secteur public administratif, présenté en conformité avec les prévisions budgétaires de l'Etat ;

3° Le plan comptable prévisionnel et mensualisé de l'exécution du budget de l'Etat et les normes prévisionnelles de régulation des crédits.

En ce qui concerne les lois de finances rectificatives, elles sont présentées en partie ou en totalité dans les mêmes formes que les lois de finances de l'année et elles soumettent obligatoirement à la ratification du parlement toutes les ouvertures de crédits opérées par décrets d'avances.

Quant au projet annuel de loi de règlement, il constate le montant défini des encaissements de recettes et des ordonnancements de dépenses en rapportant à une même année. Le cas échéant, il ratifie les ouvertures de crédits par décrets d'avances et approuve les dépassements de crédits résultant de circonstances de force majeure.

Le projet de loi de règlement autorise le transfert du résultat de l'année au compte permanent des découverts du Trésor, après avoir établi le compte de résultat de l'année, qui comprend :

- Le déficit ou l'excédent résultant de la différence nette entre les recettes et les dépenses du budget général et des budgets annexes ;
- Les profits et pertes constatés dans l'exécution des comptes spéciaux ;
- Les profits ou les pertes résultant éventuellement de la gestion des opérations de trésorerie dans les conditions prévues par le règlement de comptabilité publique.

A l'instar de la loi de finances de l'année, le projet annuel de loi de règlement est accompagné d'annexes explicatives faisant apparaître notamment l'origine des dépassements de crédits et la nature des pertes et profits d'une part et d'autre part d'un rapport du juge des comptes et de la déclaration générale de conformité entre les comptes individuels des comptables et la comptabilité du ministère chargé des finances.

La loi de finances a, en conclusion, pour vocation de déterminer la nature, le montant et l'application des ressources et des charges de l'Etat, sur la base de la conjoncture économique et de l'équilibre financier. En cela, elle embrasse un objet plus vaste que le budget. En effet, son objet principal consiste notamment à « fixer les objectifs économiques et financiers de la politique gouvernementale ainsi que les moyens de les atteindre » tel que P. La lumière l'écrit dans « Les Finances Publiques » (Collection U. A. Colin, Paris, 1980 P. 55.).

Au plan juridique, la loi des finances se présente comme « le support matériel » du budget, en ce sens que pour un Etat de droit, l'acte budgétaire ne peut s'appuyer que sur un texte législatif. Toutefois, le contenu de la loi des finances se révèle plus large que celui du budget, circonscrit à une description technique des comptes affectés aux ressources et aux charges de l'Etat. En effet, la loi des finances peut faire mention de diverses matières, notamment en ce qui concerne les modifications de régimes fiscaux et autres domaines en rapport avec l'activité économique et financière dans l'Etat. Par ailleurs, l'équilibre voté en matière de loi des finances va au-delà de l'équilibre budgétaire stricto sensu, dans la mesure où il doit tenir compte de l'équilibre global de l'économie et de ses besoins.

Dans le respect des dispositions légales et réglementaires, la loi de finances est préparée et soumise au vote de l'Assemblée Nationale.

I.113 Préparation et présentation de la loi de finances

L'initiative des lois de finances appartient, en Côte d'Ivoire, au Président de la république même si l'article 42 de la Constitution de 2000 énonce qu'il a « l'initiative des lois, concurremment avec les membres de l'Assemblée Nationale ».

En effet, l'article 50 de la Loi Fondamentale confie à l'Exécutif la mission de déterminer et de conduire la politique de la Nation. Dès lors, il dispose, à titre exclusif, de l'initiative en l'espèce. Ce pouvoir est d'autant plus de droit que les articles 79 et 80 de cette même loi disposent respectivement que l'Assemblée Nationale « vote le projet de loi » et « est saisie du projet de loi de finances ». Dans cette optique, en Cote d'Ivoire, le ministre chargé des finances, par délégation du Président de la république, prépare le projet de loi de finances, le présente à l'Assemblée Nationale, en expose les motifs et en soutien la discussion devant la Commission des Affaires Economiques et Financières. Ainsi, le ministre chargé des finances est perçu par Michel DEBRE comme un caissier chargé de la gestion d'un Etat en tant qu'entreprise : « l'Etat français est une entreprise gérée par un caissier ». L'exclusivité de fait et de droit qui profite à l'Exécutif en matière budgétaire résulte, selon L. Trotabas, de « la loi des quatre temps alternés des pouvoirs financiers de l'Etat » en ce que le Gouvernement a l'initiative, le Parlement la décision, le Gouvernement l'exécution et le Parlement le contrôle. »

En considérant la structure de la nomenclature budgétaire en vigueur en Côte d'Ivoire depuis 1999, l'arrêté n° 1572 / MEF/CAB du 31 décembre 1998 portant codification détaillée de la nomenclature budgétaire de l'Etat dispose que la loi de finances est présentée en cinq (5) titres comme suit :

Titre 0: Recettes du Budget Général de l'Etat : recettes courantes (impôts, droits de douanes, produits divers, etc.), recettes de privatisation, emprunts-programmes (appuis budgétaires généraux), ressources affectées aux projets d'investissement (emprunts-projets ou dons).

Titre 1 : Charges de la Dette Publique : remboursement des annuités de la dette (intérêts, amortissement du capital, frais financiers, pertes de changes).

Titre 2 : Dépenses Ordinaires : dépenses courantes des services de l'administration centrale, les crédits délégués aux administrations locales ou à l'étranger, dépenses de transfert au profit des établissements publics nationaux, sociétés d'Etat, des ménages (bourses, aides diverses...), des institutions internationales ou nationales...Toutes ces dépenses sont imputables aux comptes par nature de la classe 6. Les dépenses de ce titre n'incluent pas les dépenses de la classe 6 des projets.

Titre 3 : Dépenses d'Investissement : dépenses des projets et dépenses en capital des administrations permettant leur équipement.

Titre 4 : Comptes Spéciaux du Trésor : En Côte d'Ivoire, l'arrêté n° 1572/MEF/CAB du 31-12-1998 portant codification détaillée de la Nomenclature Budgétaire de l'Etat distingue sept (7) catégories de comptes spéciaux du Trésor classés par destination administrative, à savoir les comptes d'affectation spéciale (catégorie 1), les comptes de prêts (rétrocédés ou accordés par l'Etat, catégorie 5), les comptes de commerce, les comptes de règlement avec les Gouvernements ou autres organismes étrangers, les comptes d'avances(accordés par l'Etat, catégorie 6), les comptes de garanties et d'avals(catégorie 7). Le fonctionnement de ces comptes obéit à des règles particulières et aucun compte ne peut être ouvert que par la loi de finances.

En fait, les comptes spéciaux du Trésor font partie des comptes hors budget qui sont composés des comptes d'affection spéciale et des fonds de concours.

Les comptes d'affection spéciale et les fonds de concours concernent les opérations qui sont financées au moyen de ressources particulières, en application d'une disposition de la loi de finances prise à l'initiative du Gouvernement.

Les comptes spéciaux du Trésor ne peuvent être ouverts que par la loi de finances et les recettes et les dépenses de ces comptes sont exécutées dans les mêmes conditions que les opérations du budget général. Le solde de chaque compte spécial se reporte d'année en année et les résultats définitifs de chaque compte sont pris en charge par le budget général. Il est interdit, sauf dérogations prévues par la loi d'imputer à un compte spécial du Trésor les dépenses concernant les traitements ou les indemnités des agents de l'Etat ou d'autres collectivités ou entreprises publiques.

Le titre met en relief les grandes catégories de dépenses économiques et de recettes en privilégiant leur nature en rapport avec le fonctionnement, l'investissement ou les comptes. La Directive de l'UEMOA relative aux lois de finances définit les titres selon la nature des opérations. La Côte d'Ivoire a choisi de définir ses titres en fonction de la nature des opérations certes, mais aussi en fonction de leur destination. Ainsi, les projets, destinations de la catégorie 9, sont regroupés en un titre 3 « dépenses d'investissement ».Ce qui permet de regrouper toutes les dépenses liées aux projets. La liste des comptes par nature jointe en annexe 3 de l'arrêté n°1572 du 31 décembre 1998 portant codification détaillée de la nomenclature budgétaire mentionne au regard de chaque compte, le numéro de titre. Les ministères y sont décrits par des codes liés à la destination. Ainsi, les ministères sont indépendants de l'identifiant de la nomenclature budgétaire. Ce qui permet de traiter budgétairement un remaniement ministériel en réaffectant les destinations qui changent de ministère.

Après la présentation en cinq (5) titres de la loi de finances, les prévisions de recettes et de dépenses sont exposées par ministère, c'est-à-dire par section, à l'intérieur des titres. En effet, le ministère correspond à une section budgétaire et à l'intérieur des ministères les opérations sont classées par :

- destination (rattachée à un ministère), composée d'un chapitre (fonction secondaire) et d'un sous chapitre (décrit la destination administrative, classée elle-même par région ou code géographique sur les 2 dernières positions).
- et par nature (décrit la nature de l'opération en dépense ou en recette (article, paragraphe et ligne))

En l'espèce, à l'intérieur de la destination, l'article est décrit par un compte par nature à 2 chiffres, le paragraphe par un compte à 3 chiffres et la ligne par un compte à 4 chiffres. En fait, le chapitre groupe les dépenses selon leur destination et la nature des opérations est décrite à partir des articles. Une table de correspondance permet de relier les destinations et la classification internationale CFAP de l'ONU (Classification des Fonctions des Administrations Publiques) et une autre table situe la correspondance entre les natures d'opérations (rattachées aux titres) et les situations d'exécution budgétaire classées dans les lignes du TOFE. Il est important de signaler que les recettes courantes (impôts, douanes, produits divers…) sont décrites uniquement en nature, parfois avec un compte à 5 chiffres. Toutefois, seules les recettes affectées aux projets comprennent une imputation en nature et en destination.

L'imputation budgétaire des opérations du budget général et des comptes spéciaux du Trésor résulte de la combinaison de deux nomenclatures distinctes mais complémentaires qui sont la nomenclature par destination, fonctionnelle et administrative et la nomenclature des opérations selon leur nature économique. Le système de codification des dépenses qui en découle est basé, selon ce double classement, sur un code fonctionnel pour identifier la destination budgétaire et un code économique pour identifier l'objet ou la nature de la dépense.

En ce qui concerne particulièrement la présentation budgétaire des projets d'investissement, il faut remarquer qu'ils sont suivis en recettes et en dépenses. A cette fin, un état annexe à la loi de finances présente ces projets en recettes et en dépenses affectées, avec une différence qui indique le montant de la contrepartie ivoirienne.

En vue de sa présentation et de son vote à l'Assemblée Nationale, le projet de loi de finances sera préparé conformément à certaines règles de forme et de constitution. Ainsi, ledit projet comportera, en ce qui concerne le budget général, l'autorisation de percevoir les ressources publiques et pour tous les budgets, les voies et moyens qui assurent l'équilibre financier. Il prévoira le montant des crédits applicables aux services votés. Par ailleurs, le projet de loi de finances comprend obligatoirement les crédits nécessaires à l'application des dispositions législatives antérieures. A cette fin, le projet de loi de finances de l'année présente deux parties distinctes :

La première partie est consacrée à l'autorisation de percevoir les ressources publiques et aux voies et moyens qui assurent l'équilibre financier. Elle porte également sur l'évaluation du montant des ressources d'emprunt et de trésorerie et sur l'autorisation de percevoir des impôts affectés aux collectivités et aux établissements publics. Elle fait aussi état des plafonds des grandes catégories de dépenses et arrête les données générales de l'équilibre financier.

Elle consacre également les dispositions nécessaires à la réalisation, conformément aux lois en vigueur, des opérations d'emprunts destinées à couvrir l'ensemble des charges de trésorerie.

La seconde partie du projet de loi de finances de l'année fixe, pour le budget général, le montant global des crédits applicables aux services votés et arrête les dépenses applicables aux autorisations nouvelles par titre et par ministère.

Il autorise, en distinguant les services votés des opérations nouvelles, les opérations des budgets annexes et les opérations des comptes spéciaux du Trésor par catégorie de comptes spéciaux et éventuellement par titre. Il regroupe l'ensemble des autorisations de programmes assorties de leur échéancier. Il énonce enfin les dispositions diverses prévues, en distinguant celles de ces dispositions qui ont un caractère annuel de celles qui ont caractère permanent.

Le projet de loi des finances est accompagné d'un rapport définissant l'équilibre économique et financier, les résultats connus, les perspectives et les annexes explicatives. Celles-ci ont pour but de faire notamment connaître :

1. Par chapitre, le coût des services votés et les mesures nouvelles qui justifient les modifications proposées au montant antérieur des services votés et notamment les crédits afférents aux créations, suppressions et transformations d'emplois. Il reste entendu que les services votés représentent le minimum de dotations que le gouvernement juge indispensable pour poursuivre l'exécution des services publics dans les conditions qui ont été approuvées l'année précédente par l'Assemblée Nationale. Les crédits applicables aux services votés sont, au plus, égaux :

- pour les dépenses ordinaires : aux crédits de la précédente année, diminués des inscriptions non renouvelables et modifiés pour tenir compte de l'incidence en année pleine des mesures approuvées par le l'Assemblée Nationale ou décidées par le Gouvernement dans la limite des pouvoirs qui lui sont propres ainsi que de l'évolution effective des charges couvertes par les crédits évaluatifs ;

- pour les opérations en capital : aux autorisations de programmes prévues par une loi de programmes, aux prévisions inscrites dans le plus récent échéancier ou, à défaut d'échéancier, aux autorisations de l'année précédente, éventuellement modifiées dans les conditions prévues par les textes en vigueur.

2. L'échelonnement sur les années futures des paiements résultant des autorisations de programmes ;
3. La liste des comptes spéciaux du Trésor faisant apparaître le montant des recettes, des dépenses et, le cas échéant, les découverts prévus pour ces comptes ;
4. La liste complète et l'évaluation des taxes parafiscales destinées à financer l'activité de certains organismes publics, commerciaux ou industriels ;
5. Un état développé des restes à payer de l'Etat, établi à la date la plus récente du dépôt du projet de loi de finances, ainsi qu'un état développé de l'encours et des échéances du service de la dette de l'Etat ;
6. Un état développé des restes à recouvrer.

En dehors de ces annexes à buts clairement identifiés, le projet de loi des finances de l'année peut, en outre, être accompagné des annexes explicatives telles que :

- le bilan financier de l'Etat à la date de dépôt au Parlement du projet de loi de finances ;
- les tableaux de financement synthétiques de l'Etat et du secteur public administratif, présentés en conformité avec les prévisions budgétaires de l'Etat ;
- le plan de trésorerie prévisionnel et la mensualité de l'exécution du budget de l'Etat et les normes prévisionnelles de régulation des crédits.

L'Assemblée Nationale se prononce sur le projet de loi de finances dans les conditions prévues par la Constitution de la République.

En ce qui concerne les recettes, les évaluations font l'objet :

- d'un vote d'ensemble par chapitre pour le budget général ;
- d'un vote par catégorie de ressources pour les budgets annexes ;
- d'un vote par nature de ressources pour les investissements.

Au plan des dépenses du budget général, elles sont votées :

- en ce qui concerne les ressources humaines : par tableau des effectifs et par crédits globaux pour chaque service ;
- en ce qui concerne le matériel : par chapitre.

Les dépenses des budgets annexes sont votées comme celles du budget général à l'exception des dépenses d'investissement qui sont votées par nature d'opérations.

Dans le cadre de la présentation et du vote du projet de loi de finances, aucun article additionnel ni aucun amendement au projet ne peut être présenté que dans les conditions déterminées par la Constitution ou s'il tend à assurer le contrôle des dépenses publiques. Dans tous les cas, tout article additionnel et tout amendement doit être motivé et accompagné des développements des moyens qui le justifient. La disjonction des articles additionnels ou amendements qui contreviennent aux dispositions légales et réglementaires en vigueur est de droit.

En France, les règles de présentation sont fixées par l'ordonnance du 2 janvier 1959 qui pose le principe de la spécialité des crédits en son article 7 : « les crédits sont spécialisés par chapitre ». Il s'ensuit une division quadripartite des crédits (par titre, partie, section, chapitre) aux fins de n'autoriser une dépense qu'à un service administratif déterminé et pour un objet déterminé. Dès lors le chapitre budgétaire devient l'unité d'exécution du budget, pendant que le titre, au-delà du ministère, devient l'unité fondamentale de présentation des dépenses publiques. En France la nomenclature budgétaire répartit les dépenses suivant six titres à l'heure actuelle, en l'occurrence, le titre 1 : charge de la dette publique ; le titre II : dotations aux pouvoirs publics; le titre III : dépenses de fonctionnement; le titre IV : subventions ; le titre V : dépenses d'investissement; le titre VI : subventions d'investissements.

Toutefois, à titre exceptionnel, l'ordonnance prévoit des mécanismes de transferts et de virements qui permettent à l'Exécutif de modifier en cours d'exercice l'affectation initialement déterminée. Par ailleurs, les crédits non spécialisés que sont les crédits globaux sont ouverts pour des dépenses dont la répartition par chapitre ne peut être faite au moment du vote. Ils sont destinés à faire face à des dépenses éventuelles ou accidentelles. Le recours quasi permanent à ces exceptions a conduit la Cour des Comptes à dénoncer régulièrement les abus liés à la constitution de chapitres « réservoirs » alors que la destination des crédits était parfaitement connue. Au regard de la tendance au développement du processus de globalisation de crédits par la suppression de chapitres budgétaires, en vue de responsabiliser les gestionnaires et réaliser quelques économies, ces dénonciations ont peu de chance d'être entendues.

La loi de finances a, en conclusion, pour vocation de déterminer la nature, le montant et l'application des ressources et des charges de l'Etat, sur la base de la conjoncture économique et de l'équilibre financier. En cela, elle embrasse un objet plus vaste que le budget. En effet, sa mission principale consiste notamment à « fixer les objectifs économiques et financiers de la politique gouvernementale ainsi que les moyens de les atteindre » tel que P.

La lumière l'écrit dans « Les Finances Publiques » (Collection U. A. Colin, Paris, 1980 P. 55.).

Sa structure rédactionnelle distingue les parties suivantes :

Première Partie : Equilibre Financier du Budget de l'Etat

L'article premier : Equilibre : il arrête le montant total du budget et énonce les dispositions relatives à son exécution ;

Deuxième Partie : Ressources et Charges du Budget de l'Etat

Article 2 : Dispositions relatives aux ressources

Article : Dispositions relatives aux charges : autorisations d'engagement

Article 4 : Dispositions relatives aux charges : crédits de paiement

Article 3 : Dispositions relatives au financement des dépenses d'investissement (titre III)

Troisième Partie : Dispositions concernant les Comptes Spéciaux du TRESOR

Article 6 : Comptes de prêts rétrocédés par l'Etat

Article 7 : Dispositions relatives aux autres engagements de l'Etat

Article 8 : Dispositions relatives aux établissements publics nationaux

Article 9 : Dispositions relatives aux transferts de crédits aux collectivités territoriales

Article 10 : Dispositions concernant la mise à disposition des crédits de paiement

Article 11 : Publication

Les mentions portées par l'ordonnance sus-exposée constituent la trame de fond de tous les textes portant budget de l'Etat, qu'il s'agisse de loi ou d'ordonnance

De ce qui précède, il ressort que la notion de loi des finances se détache de celle du budget. Des précisions techniques demeurent nécessaires en vue d'une meilleure appréhension de la notion de budget.

I.12 Notions de budget et politique budgétaire

A l'effet de mieux cerner les différentes notions applicables au budget, il importe de procéder, de prime abord, à une définition rigoureuse de ce terme assez chargé avant de s'intéresser à la politique budgétaire de l'Etat.

I.121 Notions de budget

Définitions du budget

En abordant la définition du budget dans une double perspective historico-juridique, il en ressort plusieurs approches selon les trois textes fondateurs en la matière que sont le décret du 31 mai 1862, le décret organique du 19 juin 1956 et l'ordonnance n°59-2 du 2 janvier 1959 portant loi organique relative aux lois de finances. De ce qui précède, il suit que le budget a connu plusieurs définitions dans l'histoire, en rapport avec le régime politique en vigueur et l'action du budget dans la vie administrative, économique et sociale de l'Etat.

En son article 5, le décret du 31 mai 1862, prévoit que « Le Budget est l'acte par lequel sont prévues et autorisées les recettes et les dépenses annuelles de l'Etat ou des autres services que les lois assujettissent aux mêmes règles ».

Cette approche étant purement comptable, elle privilégie les notions de prévision, d'autorisation préalable et d'annualité, sans précision de la forme de l'acte budgétaire, publié pendant le Second Empire.

L'article 1er du décret organique du 19 juin 1956 précise que « Le Budget de l'Etat prévoit et autorise en la forme législative les charges et les ressources de l'Etat. Il est arrêté par le Parlement dans la loi de finances qui traduit les objectifs économiques et financiers du Gouvernement ».

Ce texte élaboré en application de l'article 16 alinéa 3 de la Constitution du 27 octobre 1946 prévoyait qu' « une loi organique réglera le mode de présentation du Budget ». En fin de compte, c'est l'ordonnance n°59-2 du 2 janvier 1959 portant loi organique relative aux lois de finances qui va régler la question à travers ses articles 2 et 16. En effet, l'article 2 dispose que « la loi de finances de l'année prévoit et autorise pour chaque année civile, l'ensemble des ressources et des charges de l'Etat » pendant que l'article 16 précise que « le Budget est constitué par l'ensemble des comptes qui décrivent pour une année civile, toutes les ressources et toutes les charges permanentes de l'Etat ».

Si à première vue les trois définitions du budget semblent inspirer une continuité, en réalité le budget n'est pas resté tel dans ses états fondamentaux, dans la mesure où il a été contraint d'épouser les mutations économiques et politiques qui ont constitué son environnement.

D'un point de vue général, la notion de budget emporte différentes acceptions. Le budget est une prévision détaillée des recettes et des dépenses utilisées par les agents économiques sur une période donnée. Il est aussi un instrument mis en place par le gouvernement pour mieux appréhender ses recettes et ses dépenses prévisionnelles afin de mettre en œuvre sa politique de développement économique et social sur un an. Il devient ainsi, selon l'approche privilégiée, un état prévisionnel des dépenses et des recettes à réaliser au cours d'une période donnée, ou l'expression chiffrée des stratégies et des décisions de gestion à mettre en œuvre pour atteindre les objectifs fixés par la direction d'une structure dans un environnement donné, ou enfin l'estimation détaillée du coût d'un programme ou d'une activité pendant une durée déterminée.

En fait, le mot budget est la transformation anglo-saxonne, « budjet », d'un vieux mot français « bauge », « bouge » ou « bougette » qui signifiait

« bourse, poche de cuir, sac, cassette», c'est-à-dire le petit sac de cuir dans lequel l'on gardait les pièces de monnaie. Le sac du roi servait à garder l'argent nécessaire aux dépenses publiques. Ainsi, dès l'origine, le budget constitue un moyen mis au service du roi pour appliquer sa politique. Le budget serait donc l'ancêtre du porte-monnaie et, par voie de conséquence, schématiquement, le porte-monnaie de l'Etat. Ce qui signifie que l'Etat a également des contraintes, en ce sens qu'il ne saurait dépenser qu'à hauteur du contenu de sa bourse. Le budget d'une famille ou d'un particulier est un instrument d'encadrement financier qui permet au ménage d'établir un équilibre entre les revenus et les dépenses. Le budget d'une entreprise permet généralement à ses dirigeants de prendre les décisions appropriées dans la conduite et le développement de leurs affaires. Le budget de l'Etat apparait comme le plus complexe de tous les budgets. Il s'agit d'un document décrivant les recettes et les dépenses nécessaires à la réalisation des politiques économique, éducative, sociale et militaire d'un gouvernement. Ce budget permet à une nation de rémunérer les fonctionnaires, c'est sa première fonction, mais aussi de redistribuer des richesses et de réduire les inégalités sociales, c'est sa deuxième fonction.

Au plan juridique, le budget est l'acte par lequel sont prévues et autorisées les recettes et les dépenses annuelles de l'Etat et des organismes sous tutelle. Le budget se résume en fait à un tableau évaluatif des recettes à percevoir et des dépenses à effectuer au cours de l'année et constitue, de ce point de vue, la composante comptable de la loi des finances. La prévision rigoureuse des recettes et des dépenses répond à un souci de bonne gestion qui consiste à savoir ou à « voir où l'on va ».La fonction essentielle du budget, sera donc d'assurer une correction, mieux, un équilibre entre les recettes et les dépenses, autant que faire se peut.

En matière de finances publiques, le budget est considéré comme un instrument d'encadrement des recettes et des dépenses des services de l'Etat. En effet, il doit permettre de s'assurer que les recettes et les dépenses des services de l'Etat se font conformément aux dispositions votées par le législateur. Cette approche classique est la plus courante. Le budget est l'outil de base des finances publiques et est soumis, de ce fait, à de nombreuses et contraignantes règles et procédures tant pour sa préparation que pour son exécution. Une autre approche, plus moderne, permet de considérer le budget comme un instrument de gestion. En effet, déjà au stade de sa préparation, le budget constitue un processus dynamique de réflexion sur la marche d'un centre de coût et sur l'utilisation optimale de moyens humains et matériels permettant d'atteindre un objectif prédéterminé.

Cet exercice prend tout son sens dès lors qu'il est fait appel à l'analyse des écarts entre les prévisions initiales et les réalisations effectives. Ce qui ouvre droit à l'examen de l'utilisation des moyens financiers mis à disposition.

Cette analyse permet, en effet, de déterminer si les moyens financiers alloués ont été judicieusement utilisés et d'affiner les prévisions pour l'exercice suivant.

La méthode de l'analyse des écarts suggère qu'en matière budgétaire, il soit fait état de prévisions tant en ce qui concerne les recettes que les dépenses. Le budget s'offre ainsi comme un instrument de prévision pour l'Etat. En fait, tous les agents économiques font des prévisions. Sur le plan individuel, elles sont le plus souvent informelles ou inconscientes et se traduisent, par exemple, par un choix entre consommation et épargne. En revanche, les sociétés doivent formuler des prévisions explicites et les plus précises possibles dans différents domaines tels que l'évolution du marché pour définir leurs programmes de production, l'évolution des taux d'intérêts pour arbitrer entre les investissements, etc. Les gouvernements doivent, eux aussi, effectuer des prévisions avant de fixer leurs stratégies budgétaires et leur politique monétaire afin de les adapter à la conjoncture. Les tentatives de prévisions peuvent avoir pour but de donner une image de la situation à court terme, à moyen terme et à long terme. Ces projections permettent aux entreprises, aux autorités publiques, aux organisations privées et aux ménages de se fixer des priorités et de suivre les progrès enregistrés

De nos jours, la définition principale qui prévaut en la matière, aux termes de l'article 3 de la Loi Organique n° 59-249 du 31 décembre 1959 relative aux lois de finances, est celle qui considère que le budget englobe la totalité des charges et des ressources de l'Etat dans un compte unique intitulé budget général. Le budget se présente ainsi comme le tableau évaluatif et descriptif des ressources et des charges annuelles de l'Etat, soit la partie comptable de la loi de finances. Cette loi constitue le texte de base régissant les finances publiques. Elle indique que les recettes et les dépenses sont prises en compte au titre du budget de l'année au cours de laquelle elles ont pris naissance et qu'il est fait recette du montant intégral des produits, sans contraction entre les recettes et les dépenses. En conséquence, l'ensemble des recettes assure l'ensemble des dépenses sous réserve qu'exceptionnellement, et en vertu d'une disposition législative spéciale, certaines recettes peuvent être affectées à certaines dépenses sous la forme de budgets annexes, de comptes spéciaux du Trésor, de fonds de concours pour dépenses d'intérêt public. La période d'exécution des services du budget embrasse, outre l'année à laquelle il s'applique, une période complémentaire se terminant au 31 mars de l'année suivante.

En fait , à la différence de la loi des finances qui détermine la nature, le montant et l'application des ressources et des charges de l'Etat, le budget constitue un compte unique qui englobe la totalité de ces ressources et charges. Ainsi, structurellement, le budget de l'Etat se présente comme un ensemble de comptes. Le compte étant défini ici comme le regroupement d'un certain nombre de lignes de recettes et de dépenses et dont l'équilibre résulte toujours de la différence entre les recettes et les dépenses. Cette différence constitue le solde. A l'analyse, la structure budgétaire comporte trois éléments qui sont les lignes, les comptes, et les soldes.

La ligne budgétaire constitue une autorisation donnée à un service ou à un groupe de services aux fins d'effectuer un type d'opération donné à hauteur d'un certain montant et dans le respect de certaines règles. C'est en cela que les dispositions légales et règlementaires interdisent d'effectuer une opération différente de celle qui a été prévue par la ligne budgétaire, d'engager des opérations au-delà du montant de l'autorisation accordée et d'exécuter des opérations contrairement aux règles établies. De ces interdictions, il suit qu'il ne peut être transféré de crédits d'une ligne à une autre sauf à respecter des règles strictes dont notamment celle de la spécialité des crédits budgétaires. La ligne budgétaire prend en compte trois éléments qui sont le service bénéficiaire de l'autorisation, le montant de l'autorisation et l'objet de l'opération.

Le service bénéficiaire est en général un ministère, une direction, des services extérieurs, etc. Le montant de l'opération emporte un caractère limitatif, dans la mesure où il est absolument interdit, sauf exceptions, de dépasser la limite du crédit. En ce qui concerne l'objet de l'opération, il faut noter que les opérations auxquelles s'appliquent les autorisations sont définies soit par leur destination, soit par leur nature. Du point de vue de la destination, il s'agit de se référer à l'objectif qui doit être finalement atteint.

Il peut s'agir d'objectif décrit en des termes très généraux tels que promouvoir le développement de l'agriculture, assurer la sécurité intérieure, aider les pays en voie de développement, ou en des termes plus précis, dans le genre développer l'enseignement secondaire des sciences de la nature à Abidjan, aménager la bordure de la mer, mettre au point un réseau de protection anti-pollution etc. La destination des opérations constitue, en fait, la cible ou le résultat à atteindre, la fonction, la mission ou la tâche à assumer, etc. La définition de l'opération selon sa nature renvoie à la classification par nature qui est, en réalité, axée sur les moyens utilisés pour atteindre les objectifs ou remplir les missions.

Au plan des comptes, il convient de remarquer qu'un compte regroupe un certain nombre de lignes de recettes et de dépenses, dont la différence entre les deux constitue le solde du compte. Si le texte de la loi organique susvisée indique un ensemble de comptes qui décrivent toutes les ressources et toutes les charges de l'Etat, la loi de finances ne contient pas pour autant les comptes de tous les services de l'Etat. En effet, en dehors de la loi de finances, il existe des comptes qui retracent la façon dont l'Etat, en l'occurrence le Trésor, couvre le déficit des budgets, ainsi que des comptes qui décrivent les recettes et dépenses de nombreux services d'Etat, tels que ceux des établissements publics d'Etat et de nombreuses entreprises d'Etat soumises au droit privé et qui ne sont donc pas régies par les règles de comptabilité publique.

Les comptes envisagés en l'espèce sont exclusivement ceux qui figurent dans la loi de finances et qui sont de trois types. Le principal et le plus important des comptes de la loi de finances est le budget général. Il se caractérise par le fait que l'ensemble des recettes, essentiellement constituées de prélèvements obligatoires, assure le financement de l'ensemble des dépenses, au nom du principe de la non-affectation des recettes aux dépenses. Les autres comptes budgétaires sont les budgets annexes et les comptes spéciaux du Trésor.

En matière budgétaire, les soldes revêtent une importance particulière en raison de l'intérêt attaché à la notion d'équilibre ou de déséquilibre budgétaire. En effet, si le budget de l'Etat est toujours équilibré dans la mesure ou il est nécessaire de trouver les moyens de couvrir les dépenses ou de leur affecter l'excédent des recettes, il n'en demeure pas moins qu'il est important de savoir comment cet équilibre est réalisé.

La pratique budgétaire actuelle en matière de soldes repose sur la distinction entre les opérations à caractère définitif et les opérations à caractère temporaire. Les premières constituent, en principe, selon les termes de la comptabilité nationale, les opérations sur les biens et services et les opérations de répartition pendant que les secondes sont les opérations financières. Le solde des opérations à caractère définitif est, sur le plan conceptuel, équivalent au solde du compte capital, c'est-à-dire au besoin ou à la capacité de financement. Le solde du compte des opérations à caractère temporaire représente la différence entre certaines dépenses liées à des opérations sur créances et dettes (les prêts et avances consentis par l'Etat mais pas l'amortissement de la dette à moyen et long terme) et certaines recettes liées à des opérations sur créances et dettes (essentiellement les remboursements de prêts à moyen et long terme consentis par l'Etat). Le solde général de la loi de finances, c'est-à-dire la somme du solde des opérations à caractère définitif et du solde des opérations à caractère temporaire représente donc ce que l'Etat devra emprunter, après avoir amorti la dette à moyen et long terme, pour combler une éventuelle différence entre les dépenses et les recettes.

La loi des finances est donc un texte législatif avec une composante de compte unique consacrant les ressources et les charges de l'Etat appelée budget. C'est en cela que le budget est constitué de l'ensemble des comptes qui décrivent, pour une année civile, toutes les ressources et toutes les charges permanentes de l'Etat. Et, afin de respecter le principe de légalité, principe majeur des finances publiques, le budget est également entendu comme un acte de prévision et d'autorisation des recettes et des dépenses de l'Etat et des organismes publics.

Le budget de l'Etat se subdivise en recettes et en dépenses.

Les ressources qui fixent le niveau du budget se composent des recettes intérieures, à savoir des recettes fiscales et non fiscales d'un côté et des concours extérieurs que sont les prêts, les dons projets et les appuis budgétaires de l'autre côté. En conséquence, au titre des recettes, il faut distinguer les ressources intérieures et les ressources extérieures. Les recettes intérieures sont composées des recettes suivantes :

- Recettes fiscales (impôts et taxes, redevances, etc.)
- Recettes non fiscales (bons du Trésor, prises de participation, cessions, etc.)
-Autres recettes (recettes à transférer des comptes spéciaux du Trésor et les recettes exceptionnelles sur marché financier)

Les recettes extérieures comprennent des recettes extérieures sur projet (emprunts projets et dons projets) et des recettes extérieures d'appuis budgétaires (emprunts programmes et rééchelonnements de la dette)

Au titre des dépenses, appelées également charges budgétaires, elles s'appliquent aux dépenses de fonctionnement, d'investissement et d'équipement et aux comptes spéciaux du Trésor.

Les dépenses de fonctionnement constituent des dépenses financées, en règle générale, sur fonds propres. Elles concernent les dépenses publiques que sont les dettes publiques intérieures et les dettes publiques extérieures d'une part et les dépenses ordinaires, en l'occurrence, la masse salariale, les abonnements, les autres dépenses, d'autre part.

Les dépenses d'investissement et d'équipement sont financées, à la fois, sur fonds propres et sur fonds extérieurs. Il s'agit de fonds qui aident surtout à la construction du pays, en termes d'infrastructures routières, d'écoles, de structures sanitaires, etc. Ils permettent également d'équiper l'Administration en mobiliers et matériels informatiques, en véhicules etc.

Les dépenses des comptes spéciaux du Trésor constituent des comptes ouverts dans les écritures du Trésor pour le paiement des dettes et autres charges non indiquées dans les dépenses susmentionnées.

Dans tous les cas, les ressources et les charges relatives au fonctionnement et aux investissements de l'Etat et des autres organismes publics font l'objet d'un budget ou d'un état annuel de prévisions et d'autorisations. Le budget ou ledit état est élaboré, proposé, arrêté et exécuté conformément aux lois et règlements en vigueur. En effet, dès le stade de son élaboration, le budget de l'Etat demeure soumis au respect des dispositions de la nomenclature budgétaire en vigueur dont les principales caractéristiques sont exposées dans les développements qui suivent.

I.122 Aperçu général des principales caractéristiques de la nomenclature budgétaire

Les principales caractéristiques de la nomenclature budgétaire s'appliquent à la nomenclature des destinations et à celle des natures d'opérations.

La nomenclature des destinations concerne la destination de la dépense qui est classée en deux niveaux. Ce sont la destination fonctionnelle, dans le chapitre, et la destination administrative, dans le sous chapitre. La destination fonctionnelle constitue un critère de regroupement des services destinataires permettant de répondre aux besoins de classement de la Côte d'Ivoire. Elle est identifiée sur 3 caractères de structure hiérarchisée définissant successivement le secteur (1er caractère), la fonction principale (2è caractère) et la fonction secondaire (3è caractère). Au premier caractère correspondent les 9 secteurs fonctionnels fixés par la Directive susvisée de l'UEMOA, le second combiné au premier identifie la fonction principale et le troisième combiné aux deux premiers identifie la fonction secondaire. Ainsi, les crédits d'une destination fonctionnelle regroupent « les crédits affectés à un service ou un groupe de services » et représentent un chapitre, qui groupe les dépenses selon leur nature ou leur destination. La classification fonctionnelle concerne toutes les opérations de dépenses du budget général et des comptes spéciaux du Trésor, ainsi que les recettes du budget général affectées aux projets d'investissement.

La destination administrative précise, dans la destination fonctionnelle, l'unité administrative ou bénéficiaire de la dépense (ou de la recette).

Elle est identifiée sur 6 caractères dont les 2 premiers définissent des catégories selon une classification hiérarchisée, les 2 derniers indiquent la localisation géographique et les 2 autres constituent un numéro d'ordre allant de 1 à 99.Cette destination, décrite en sous chapitre pour détailler le chapitre, désigne :

- Pour les opérations réalisées directement par l'Etat (paiements directs par l'Etat des prestations réalisées à son profit)

- le service destinataire de la dépense ;

- les dépenses pour lesquelles l'Administration a souhaité une gestion centralisée ou pour lesquelles la destination ne peut être identifiée exactement, ces dépenses sont classées au service administrant les crédits

- le projet d'investissement.

- Pour les opérations indirectes de l'Etat (décaissements sans contrepartie au profit d'entités autres que le budget général de l'Etat, qui réalisent des opérations directes avec les fonds obtenus), les bénéficiaires de transfert.
- Pour le remboursement de la dette, les créanciers de l'Etat

Au final, l'unité administrative bénéficiaire de la dépense est identifiée par les 9 caractères de la destination fonctionnelle et de la destination administrative. Ainsi, chaque destination administrative, dans une destination fonctionnelle, est rattachée à un ministère et un seul. Il suit que l'actualisation de cette table est nécessaire pour intégrer les modifications liées à un remaniement ministériel ou à une réforme administrative.

La nomenclature budgétaire des comptes par nature comporte les comptes qui « décrivent l'ensemble des ressources et des charges de l'Etat » selon la Directive de l'UEMOA sus exposée. Ils sont classés et numérotés de la même manière que les comptes du Plan Comptable Général de l'Etat. Ces comptes budgétaires sont regroupés en 5 classes de comptes allant de la classe 0 (comptes de résultats budgétaires) à la classe 7(comptes de produits), en passant par la classe 1(Dons Projets Dettes), la classe 2 (immobilisations) et la classe 6(comptes de charges). Les comptes des classes 1, 2, 6 et 7 ont les mêmes numéros dans la nomenclature budgétaire et dans la nomenclature comptable. Ouverts dans la comptabilité de l'ordonnateur, ces comptes budgétaires mais dans celle du comptable ils sont des comptes de la comptabilité patrimoniale servis par réflexion des opérations budgétaires enregistrées en classe 9.

En fait, la nomenclature budgétaire en vigueur en Côte d'Ivoire comporte des classifications fonctionnelles, administratives et par nature de dépenses.

La première classification permet la répartition des crédits budgétaires, toutes catégories confondues, par secteurs d'activités et par fonction à l'intérieur de ces secteurs. Elle répartit par ministère, c'est-à-dire par section, au sein des titres. A l'intérieur des ministères, les opérations sont classées par destination et par nature. En répondant à la question « pourquoi identifier la dépense ? », cette classification fonctionnelle vise plusieurs objectifs qui marquent son intérêt et qui sont :

- Instituer un dénominateur commun à toutes les catégories de dépenses insérées dans le budget unique ;
-Permettre une comparaison dans le temps des dépenses des administrations publiques
- Permettre les comparaisons de pays à pays ;
- Permettre des analyses sectorielles des dépenses budgétaires ;
- Faciliter la gestion par objectifs.

La classification fonctionnelle repose sur la notion de fonction, qui constitue un ensemble d'activités contribuant au même but. Du point de vue structurel, cette classification est organisée en trois niveaux qui sont le secteur, la fonction principale et la fonction secondaire. Le secteur comprend le premier chiffre et permet d'identifier les besoins collectifs fondamentaux à satisfaire. La fonction principale renvoie aux deux premiers chiffres et permet de regrouper les activités de l'Etat contribuant à un même objectif permettant de répondre à l'un des besoins fondamentaux pendant que la fonction secondaire comporte les trois premiers chiffres aptes à regrouper les activités de l'Etat par objectif intermédiaire.

Il suit que l'ensemble de ces trois chiffres permet de codifier le chapitre qui n'est rien d'autre que la destination fonctionnelle de la dépense. Ce code est dénommé code fonctionnel. Ainsi au secteur et aux fonctions principales et secondaires, correspondent respectivement la destination fonctionnelle, le code fonctionnel et le chapitre budgétaire.

La seconde classification apporte la réponse à la question « quel est le service destinataire de la dépense ? ». Ainsi, alors que le système de classification fonctionnelle permet de répondre à la question « pourquoi », en identifiant l'objet final de la dépense, la classification administrative permet de connaître la destination d'une opération de dépense, en précisant « à qui » ou « à quoi » elle est destinée, c'est-à-dire en déterminant le genre d'opération dont il s'agit et le service destinataire de la dépense.

Le système de classification administrative permet de savoir le genre d'opération concerné et le service destinataire de la dépense. Structurellement, ce système classe les crédits budgétaires en quatre (4) niveaux qui sont :

- Le type d'unité administrative ;
- La catégorie d'unité administrative ;
- Le numéro d'ordre du service ou du projet bénéficiaire ;
- La localisation géographique de la dépense.

En l'espèce, le premier niveau concourt à l'identification du type d'unité administrative en un (1) chiffre, à savoir les caractéristiques générales de celle-ci. Le type d'unité administrative peut renvoyer à un programme, un projet d'investissement ou d'équipement. Le deuxième niveau permet d'identifier la catégorie d'unité administrative destinataire de la dépense, en deux (2) chiffres, pour chaque type d'unité administrative. Le troisième niveau identifie, sur une base de deux (2) chiffres également, le numéro d'ordre du service ou projet bénéficiaire ou destinataire de la dépense, dans une catégorie ou une localisation géographique donnée.

Le quatrième niveau identifie en deux (2) chiffres également la localisation géographique de la dépense, pour chaque type, catégorie et unité administrative. Mis ensemble, ces six (6) chiffres permettent d'identifier la destination administrative de l'opération budgétaire de la dépense ou le destinataire bénéficiaire direct ou indirect de l'opération. En l'espèce, il convient de remarquer que le code de la destination administrative doit nécessairement être précédé des trois (3) chiffres de la destination fonctionnelle pour avoir un sens. En effet, c'est l'ensemble des neuf (9) chiffres qui forme le code de destination complet de la nomenclature. Cet ensemble identifie la destination administrative de l'opération budgétaire de la dépense ou le destinataire bénéficiaire direct ou indirect de l'opération, tel qu'il ressort du schéma esquissé ci-dessous par la Direction Générale du Budget et des Finances dans le document précité:

DESTINATION ADMINISTRATIVE OU CODE ADMINISTRATIF OU SOUS CHAPITRE BUDGETAIRE			
Type d'unité Administrative	Catégorie d'unité Administrative (relation obligatoire avec type d'unité administrative)	Numéro d'ordre	Localisation Géographique
X	**X**	**X**	X

Seule cette approche globalisante permet d'avoir une lisibilité et une visibilité du type d'unité administrative, de la catégorie d'unité administrative, du numéro d'ordre et de la localisation géographique. Toutes choses nécessaires à l'appréhension de la destination administrative ou code administratif ou sous chapitre budgétaire.

La troisième classification répond à la double question « A quoi va servir la dépense et en quoi elle consiste ? ». Cette double question est répondue à travers l'identification de la dépense selon sa destination d'une part et d'autre part par la classification par nature de dépense qui a pour objet d'identifier les moyens de l'Administration. Cette classification permet donc d'identifier une opération budgétaire.

La nature des dépenses est classée en trois (3) niveaux qui sont ceux de l'article, du paragraphe et de la ligne. Elle est codifiée en quatre (4) chiffres dont le premier désigne la classe des comptes du Plan Comptable Général de l'Etat et les trois autres le regroupement des dépenses dans des catégories homogènes à l'intérieur de chaque classe selon la gradation ci-après :

- les deux (2) premiers chiffres renvoient à l'article ;
- les trois (3) premiers chiffres renvoient au paragraphe ;
- les quatre (4) chiffres mis en ensemble constituent la ligne ;

Le chapitre met en relief l'unité particulière de dépenses homogènes au plan de leur nature ou de l'objectif assigné et il indique le montant autorisé ainsi que la nature de la dépense.

L'article indique, à l'intérieur du chapitre, la nature spécifique de la dépense.

Le paragraphe indique, à l'intérieur de l'article, la nature spécifique particulière de la dépense.

Cette classification permet de :
- Identifier avec le maximum de finesse, les natures de dépenses ;
- Etablir un lien avec les classes comptables du plan comptable public ;
- Etablir un lien avec la comptabilité nationale.

Dans tous les cas, l'imputation budgétaire comporte une destination et une nature. L'identifiant d'une ligne budgétaire est donc déterminé d'une part par la destination, fonctionnelle (chapitre sur 3 caractères) et administrative (sous chapitre sur 6 caractères, dont les 2 derniers identifient la localisation géographique) et d'autre part par la nature (article, paragraphe, et ligne sur 4 caractères maximum en dépenses et 5 caractères maximum en recettes avec une ligne « détaillée »). Mais l'identifiant d'une ligne budgétaire est complété par des rubriques d'ordre budgétaire (titre, ministère ou section…), chacune des rubriques étant indispensable afin d'avoir certaines présentations budgétaires (loi de finances par titre, spécialisation des crédits par ministère…) et d'ordre statistique (code fonctionnel CFAP, code économique UEMOA, code TOFE UEMOA)

La nouvelle nomenclature budgétaire offre ainsi plusieurs opportunités en ce que :
- elle constitue un outil de gestion des dépenses au niveau régional ;
- elle permet l'harmonisation des codifications des opérations financières ; de l'État en un budget unique, notamment avec les classifications de la comptabilité publique, et facilite la gestion et le contrôle, par la responsabilisation accrue des services. En outre, elle aide beaucoup à l'analyse économique et financière.

Il convient de remarquer que la nomenclature budgétaire est structurée et construite dans le respect de certaines règles. Ainsi, il existe des lignes de crédits qui ne peuvent recevoir de dépenses (les crédits globaux), des lignes de crédits qui peuvent être exécutées au-delà des crédits prévus (les crédits évaluatifs), des lignes qui ne peuvent être dépensées que selon une seule procédure (les crédits délégués) et des lignes qui fonctionnent simultanément en prévision et en exécution.

Au total, la réforme budgétaire en Côte d'Ivoire a visé la mise en place d'un budget avec une conception plus fonctionnelle que structurelle. Elle promeut ainsi le « budget de moyens » au lieu du « budget de fonctions ». L'objectif ici est que pour chaque opération de dépense, il est important de connaître à quelle activité de l'Etat ladite dépense est destinée et quel est l'objet ou la nature de cette dépense. Concrètement, cette Réforme a conduit à la mise en œuvre d'importantes implications notamment aux plans de la distinction des dépenses des classes 2 et 6, des natures de dépenses qui ne peuvent consommer de crédits, des destinations en région.

En ce qui concerne les dépenses de la classe 2, elles sont relatives aux biens durables dont la vie utile est supérieure à un (1) an et/ou la valeur dépasse le seuil de un million cinq cent mille francs (1 500 000) CFA. La notion de vie utile ici est en rapport avec l'usage qui est fait du bien dans la production administrative. Les dépenses de cette classe, appelées également dépenses en capital du fait de leur participation à l'augmentation du patrimoine, doivent être nécessairement engagées pour le montant total du marché dans la limite des autorisations d'engagements, même s'il s'avère que celles-ci devraient s'exécuter sur plusieurs exercices.

L'autorisation de programme constitue le montant maximum des dépenses qui peuvent être engagées en vue de la réalisation d'un investissement. Elle s'applique donc au coût total de l'investissement sur une ou plusieurs années (6 ans maximum selon la Directive de l'UEMOA). Elles sont, en général, pluriannuelles. Ainsi, l'approche des autorisations d'engagement permet de les scinder et de les étaler sur la période concernée. En effet, elles peuvent être subdivisées en plusieurs autorisations d'engagement. L'autorisation d'engagement devient alors le montant maximum des nouvelles dépenses qui peuvent être engagées sur l'année ou la gestion. Elle concerne donc le montant du budget de l'année.

Quant au crédit de paiement, il s'agit du montant maximum des engagements qui peuvent être ordonnancés sur l'année. De ce point de vue, les crédits de paiements seront :

- soit supérieurs aux autorisations d'engagement, s'il y a report de dépenses engagées non ordonnancées(DENO) de la classe 2,
- soit égaux aux autorisations d'engagement, s'il n'y a pas de report de DENO.
- en aucun cas, ces crédits de paiements ne seront inférieurs aux autorisations d'engagement.

Au plan particulier des dépenses d'entretien des locaux (peinture, électricité, plomberie, sanitaire, menuiserie, réfection de toiture, réparation de clôtures, adduction d'eau, de téléphone et d'électricité etc.), elles sont imputées en classe 2 dès lors que leur montant est supérieur à cinquante millions (50) FCFA. Par ailleurs, pour les dépenses de matériel et de mobilier (mobilier, matériels informatique, roulant, ferroviaire, maritime, fluvio-lagunaire etc.), elles sont systématiquement imputées en classe 2 quels que soient leur montant et leur durée de vie. Quant aux dépenses de la classe 6, elles sont relatives aux biens de consommation courante qui ne remplissent aucune des conditions exposées ci-haut. Ces dépenses sont engagées pour le montant imputable à l'exercice.

Les natures de dépenses ne pouvant pas consommer de crédits sont celles qui exigent nécessairement un transfert sur d'autres lignes par arrêté du ministre chargé du budget en vue de leur utilisation. Tel est notamment le cas des crédits de l'article 69, qui sont des crédits limitatifs et dont les paragraphes 691 « provisions et imprévus hors projets » et 692 « provisions et imprévus sur projets » ne peuvent faire l'objet d'engagement quelle que soit la destination de rattachement.

En tout état de cause, il reste entendu que les virements et transferts de crédits se font bien à la fois sur les autorisations d'engagement et les crédits de paiement et qu'il n'y a pas de DENO sur la classe 6.

Au plan des destinations en région, les destinations dont le code administratif commence par 3 « Administrations régionales » ne peuvent exécuter leurs crédits que dans le cadre de la procédure des délégations de crédits tant que leurs circonscriptions d'appartenance ne sont pas encore connectées au SIGFIP.

A titre principal, les dispositions réglementaires qui régissent la nomenclature budgétaire concernent les neuf (09) secteurs d'activités, les fonctions principales, les fonctions secondaires, les codifications administratives etc. Les différents tableaux exposés ci-dessous, tirés du Document « Réformes Budgétaires et Procédures d'Exécution des Dépenses Publiques » édition 2010 de la Direction Générale du Budget et des Finances, expriment les aspects essentiels de l'approche budgétaire en cours en Côte d'Ivoire :

Aperçu des principaux tableaux des secteurs d'activités et des fonctions de l'Etat selon la nomenclature budgétaire

Tableau des neuf (9) secteurs d'activités de l'Administration ivoirienne

- Secteur 1 : Souveraineté
- Secteur 2 : Défense et Sécurité
- Secteur 3 : Affaires Générales et Financières
- Secteur 4 : Enseignement, Formation et Recherche
- Secteur 5 : Culture, Sports et Loisirs
- Secteur 6 : Santé et Action Sociale
- Secteur 7 : Administration et Développement des Infrastructures
- Secteur 8 : Production et Commerce
- Secteur 9 : Dépenses non ventilables par secteur

Tableau des fonctions principales de l'ETAT (fonctions régaliennes)

Les Fonctions Principales de l'Etat: Les Services Généraux de l'Etat (Fonctions Régaliennes)				
	Secteurs	Fonctions principales	N°FP	CFAP
S1	Souveraineté	Organes législatifs Organes exécutifs Organes juridictionnels Organes consultatifs Affaires extérieures Aides économiques extérieures	FP11 FP12 FP13 FP14 FP15 FP16	1.1.1 1.1.1 3.2.1 1.1.1 1.1.3
S2	Défense et sécurité	Affaires communes de la sécurité et de la défense Armée de terre Armée de l'air Marine Sécurité intérieure et police Gendarmerie Garde républicaine Prisons, éducation surveillée Autres affaires de défense et de sécurité	FP21 FP23 FP24 FP25 FP26 FP27 FP28 FP29	2.1.1 2.1.1 2.1.1 2.1.1 3.1.1 3.1.1 3.3.0 3.1.2
S3	Affaires générales et financières	Affaires communes de l'administration générale et financières Finances Budget et défense publique Administration des ressources humaines planification, programmation prévisions et statistiques générales Services généraux de l'administration Administration territoriale régionalisation et tutelle des collectivités territoriales Autres affaires générales et financières	FP31 FP32 FP33 FP34 FP35 FP36 FP37 FP38 FP39	1.1.1 1.1.2 1.1.2 1.4.1 1.4.2 1.4.3 1.1.1 1.1.1

Tableau des fonctions principales de l'Etat (fonctions tutélaires)

Les Fonctions Principales de l'Etat: Les Services Collectifs et Sociaux de l'Etat (Fonctions Tutélaires)				
	Secteurs	Fonctions principales	N°FP	CFAP
S4	Enseignement, formation et recherche	Affaires communes à plusieurs niveaux d'enseignement Enseignement primaire et préscolaire Enseignement secondaire général Enseignement secondaire technique et professionnel Formation professionnelle Enseignement supérieur Recherche et innovation technologique Enseignement hors niveau Autres fonctions d'enseignement de formation et de recherche	FP41 FP42 FP43 FP44 FP45 FP46 FP47 FP48 FP49	4.5 4.6 1.4.2 4.2 4.3 4.3 1.3 4.4
S5	Cultures, sports et loisirs	Affaires communes de la culture et des loisirs Cultures et arts Radio, télévision, édition, presse Sports Loisirs des jeunes et vie associative	FP51 FP52 FP53 FP54 FP55	8.0/8.5 8.0/8.5 8.0/8.3 8.0/8.1 8.0/8.4
S6	Santé et action sociale	Affaires communes de la santé et de l'action sociale Santé quaternaires affaires générales Santé tertiaire CHU/CHR Santé secondaire hôpitaux Santé primaire soins de base et santé préventive Protection sociale Prévoyance sociale Assistance et solidarité Autres affaires de la santé et de l'action sociale	FP61 FP62 FP63 FP64 FP65 FP66 FP67 FP68 FP69	5.6/6.0 5.3/5.5 5.1 5.1 5.1 6.2 6.1 6.1

Tableau des fonctions principales de l'Etat (fonctions marchandes)

Les Fonctions Principales de l'Etat: Les Services Economiques de l'Etat (Fonctions Marchandes)				
	Secteurs	Fonctions principales	N°FP	CFAP
S7	Administration et développement des infrastructures	Affaires communes au développement des infrastructures Habitats et urbanisme Approvisionnement en eau Cadre de vie et environnement Pétrole et gaz et combustibles Electricité et autres énergie Transports Postes et télécommunications Autres affaires de développement des infrastructures	FP71 FP72 FP73 FP74 FP75 FP76 FP77 FP78 FP79	13.3 10.1 7.2 7.3 9/1 9.2 12.1-5 12.7 1.4.3
S8	Production et commerce	Affaires communes de la production, du commerce et de l'emploi Affaires rurales Production végétale Projets parcs et réverses Ressources animales Industries extractives Industries de transformation et construction Tourisme et hôtellerie Autres affaires de la production et du commerce	FP81 FP82 FP83 FP84 FP85 FP86 FP87 FP88 FP89	13.4 10.1 10.1 10.2 10.1/7 11.1 11.2/3 13.1/2

Tableau des fonctions principales de l'Etat (dépenses non ventilables)

Les Fonctions Principales de l'Etat: Les Dépenses non ventilables : Dette Publique, Provisions et Autres				
	Secteurs	Fonctions principales	N°FP	CFAP
S9	Dépenses non ventilables par secteur	Dette publique Autres crédits évaluatifs Crédits globaux et provisions Opérations non dénouées sur exercice clos Opérations sur comptes spéciaux du Trésor	FP91 FP92 FP93 FP94 FP96	14.1 14.1 14.2/3 14.1

Tableau des fonctions principales croisées avec les fonctions secondaires du secteur 1 : SOUVERAINETE

	FONCTIONS PRINCIPALES					
	Organes législatifs 11	Organes exécutifs 12	Organes juridictionnels 13	Organes consultatifs 14	Affaires extérieures 15	Aides eco. Extérieures 16
FONCTIONS SECONDAIRES	Administration, Assemblée nationale 111	Affaires de la présidence 121	Administration générales des sciences juridictionnelles 131		Administration des affaires extérieures 151	
	Administration Du Senat 112	Affaires de la primature 122	Administrations des juridictions supérieures 132	Conseil économique et social 142	Protocole et activité diplomatique 152	Aides économiques extérieures 162
		Affaires de la grande chancellerie 123		Médiation 143	Coopération régionale 153	
		Relation avec les institutions 124	Juridictions civiles et pénales 134		Coopération internationale 154	
			Juridictions		Représentat	

			administratives 135		ions CI à l'étranger 155	
					Représentations CI Organisations internationales 156	
			Défense de libertés et droits de l'homme 137			
			Centre de formation et de stage justice 138 Autres organes juridictionnels 139		Autres affaires extérieures 159	Autres aides économiques extérieures 169

Tableau des fonctions principales croisées avec les fonctions secondaires du secteur 2 : DEFENSE ET SECURITE

FONCTIONS SECONDAIRES	FONCTIONS PRINCIPALES								
	Affaires communes de la de la défense et de la sécurité 21	Armée de terre 22	Armée de l'air 23	Marine 24	Sécurité intérieure et police 25	Gendarmerie 26	Garde républicaine 27	Prisons, éducation surveillée 28	Autres affaires de défense et de sécurité 29
	Affaires communes de	Administration gle de l'arm	Administration gle	Administration gle de la	Affaires générales de la	Adminis-tration gle de la	Administration gle de la garde	Administration pénitentiaire	

	la défense 211	ée de terre 221	de l'armée de l'air 231	marine 241	sécurité 251	gendarmerie 261	républicaine 271	281	
	Fonctionnement des forces armées 212	Régions militaires 222	Bases aériennes 232	Bases navales 242		Légions de la gendarmerie 262	Groupement de la garde républicaine 272	Assistance éducative, éducation surveillée 282	
	Opérations et manœuvres militaires 213	Unités spécialisées de l'armée de terre 223	Groupe aérien de transport de liaison 233		Police 253	Unités spécialisées de la gendarmerie 263			Protection civile 293
	Sports et actions sociales militaires 214								Lutte contre les incendies 294
	Ecole et centre d'instruction 215	Formations militaires 225		Ecoles navales et centres d'instruction 245	Ecoles et centres de formation de la police 255	Formation de la gendarmerie 265			
	Autres	Autres	Autres	Autres	Autres	Autres	Autres affaire	Autres affaire	

	affair es de la défen se natio nales 216	affair es de l'arm ée de terre 226	affa ires de l'ar mée de l'air 236	affair es de la marin e 246	affair es de la sécuri té de police 256	affair es de la genda rmeri e 266	s de la garde républi caine 276	s des prison s et édific es 286	

Tableau des fonctions principales croisées avec les fonctions secondaires du secteur 3 : AFFAIRES GENERALES ET FINANCIERES

	FONCTIONS PRINCIPALES								
FONCTIONS SECONDAIRES	Affaires commu nes de l'admini stration générale et financiè res 31	Financ es 32	Budget et dépense publiqu e 33	Adminis tration des ressourc es humaine s 34	Planificatio n, programmat ion prévisions et statistiques générales 35	Services générau x de l'admini stration 36	Admini stration territori ale 37	Régional isation et tutelle des collectiv ités territoria les 38	Autres affaires générale s et financiè res 39
	Adminis tration générale et financiè re 311	Admin istratio n gle des financ es 321	Adminis tration gle du budget et dépense 331	Adminis tration gle des res. Hum. 341	Adm. Plan. Prévi. Et statistiques 351	Adminis tration des serv. Générau x 361	Admini stration gle du territoir e 371		
	Affaires com. Financiè re et budgétai re 312	Admin istratio n des impôts 322	Budget 332	Gestion du pers. Program mation effectifs 342	Statistiques nationales 352	Imprime rie national e et JO 352	Admini stration territori ale princ. 372	Tutelle des collectiv ités territoria les 382	Gestion de la dette publiqu e 392
	Affaires com. Adminis tration gle et sociale 313	Admin istratio n des douan es 323	Ordonn anceme nt 333		Etudes et prévisions 353		Admini stration territori ales secon 373	Actions régional es et adm. Du territoire 383	
	Affaires com. Terr. Et col.	Trésor et compt abilité	Solde 334	Réform e adm. Et organisa	Planificatio n et programmat ion	Fêtes national es et grandes	Affaires politiqu es et organis		

	Territoriales 314	publique 324		tion 344	354	manifestations 364	ations des élections 374		
		Contrôles des institutions financières 325	Marchés publics 335		Etudes techniques et développement 355	Informations géographiques 365			
		Participations et privatisation 326	Contrôle financier 336			Conservation des archives nationales 366			
		Coopération économique 327				Affaires contentieuses 367	Intégration nationale 377		
	Formation adm. financ. et budg. 318	Formation financière 328		Formations et concours de l'Etat 348					
	Autres affaires com. Adm. Gle & Fin. 319	Autres affaires des finances 329	Autres affaires budget & dép.pub. 339	Autres affaires des ressources hum. 349	Autres affaires plan. prév. et statist. 359	Autres affaires des services généraux 369	Autres affaires de l'adm. territoriale 379	Autres affaires région. et collect. 389	Autres affaires gles et financières 399

Tableau des fonctions principales croisées avec les fonctions secondaires du secteur 4 : ENSEIGNEMENT, FORMATION ET RECHERCHE

FONCTIONS SECONDAIRES	FONCTIONS PRINCIPALES							
	AF. COMMUNES ENSEIGN	ENSEIGNEMENT PRESCOLAIRE &	SECONDAIRE GENERA	SECONDAIRE TECHNIQUE 44	FORMATION PROFESSION.	ENSEIGNEMENT SUPERIEUR 46	RECHERCHE ET INNOV. TECHN. 47	ENSEIGNEMENT HORS

	EMENTS 41	PRIMAIRE 42	L 43		45			NIVEAUX 48
	Administration gle aux enseignem. 411	Administration du préscolaire & prim. 421	Administrat° gle du secondaire général 431	Affaires gles enseig. technique et prof, 441	Administrat° gle form. profession. 451	Administrat gle enseig, supérieur 461	Administration de la rech. & innov. tech. 471	Administration form. hors niveau 481
	Affaires communes primaires/secondaire 412	Enseignement préscolaire 422	Lycées enseig, secondaire général 432	Lycées enseig, secondaire techn, 442	Développement de l'apprentissage 452	Oeuvres univers, et gest° étudiants 462	Recherche sciences et technologie 472	Formation et éducat° hors niv, femme 482
	Affaires primaire & secondaire général 413	Enseignement primaire 423	Collèges enseig. secondaire général 433	Collèges enseig. secondaire techn. 443	Centres formation professionnelle 453	Universités 463	Recherche agronomique 473	Formation hors niv. en milieu rural 483
	Affaires secondaire gle, technique prof, 414		Cours du soir secondaire général 434	Lycées enseig, secondaires prof, 444	Centres perfection. permanent 454	Grandes écoles 464	Recherche médicale 474	Alphabétisation 484
	Affaires technique & professionn						Recherche océanographique 475	Education civique 485

	el 415							
	Affaires supérieur & recherche 416						Recherche sciences humaines 476	
	Affaires communes enseig, hors niveau 417				Insertion professionnelle 457		Recherche universitaire 477	
		Formation et conseil des instituteurs 428	Formation des enseignants 438	Formation des enseignants 448	Concept° et org, formations prof, 458			
	Autres affaires de l'enseignement 419	Autres affaires préscolaire & prim. 429	Autres affaires ens. secondaire gl. 439	Autres affaires ens. secondaire techn. 449	Autres affaires formation prof. 459	Autres affaires ens. supérieur 469	Autres affaires recherches 479	Autres affaires ens. hors niveau 489

Tableau des fonctions principales croisées avec les fonctions secondaires du secteur 5 : CULTURE, SPORTS ET LOISIRS

	FONCTIONS PRINCIPALES				
	AFF. COMMUNES CULT/LOISIRS 51	CULTURE ET ARTS 52	RADIO TELEPRESSE EDITION 53	SPORTS 54	LOISIRS ET VIE ASSOCIAT. 55
FONCTIONS SECONDAIRES	Administrat° gle culture et des loisirs 511	Administrat° gle culture et des arts 521	Administrat° gle communication 531	Administrat° gle générales des sports 541	Administrat° loisirs et vie associative 551
	Administration jeunesse et sports 512	Action culturelle 522	Edition et presse 532	Animation sportive et compétitions 542	Centres jeunesse et mouvements jeunes 552
		Patrimoine et musées 523	Production radio-télévivion 533		Centres de vacances et échange jeunes 553
		Musique, danse, théâtre, cinéma, arts 524	Transmissions civiles 534		
		Protection de la propriété intellectuelle 525	Centres de communication 535		
			Contrôle publicité 536		
		Formations artistiques et culturelles 528	Fourm. techniques communication 538	Formations sportives 548	
	Autres affaires communes culture et sports 519	Autres affaires culture et arts 529	Autres affaires radio, TV, presse 539	Autres affaires des sports 549	Autres affaires loisirs, vie associative 659

Tableau des fonctions principales croisées avec les fonctions secondaires du secteur 6 : SANTE ET ACTION SOCIALE

	FONCTIONS PRINCIPALES							
	AF. COMMUNES SANTE ACTION SOCIALE 61	SANTE QUATERNAIRE AF. GENERALES 62	SANTE TERTIAIRE CHU/CHR 63	SANTE SECONDAIRE HOPITAUX 64	SANTE PRIMAIRE SOINS DE BASE 65	PROTECTION SOCIALE 66	PREVOYANCE SOCIALE 67	ASSISTANCE ET SOLIDARITE 68
FONCTIONS SECONDAIRES	Administration gle de la santé /AS 611	Administration générale de la santé 621	Administration générale santé tert. 631	Administration gle santé secondaire 641	Administration gle santé primaire 651	Administration de la protection sociale 661	Administration de la prévoyance sociale 671	Administration gle de la solidarité 681
		Hygiène publique 622	CHU 632	Hôpitaux généraux 642	Centres de santé urbains 652	Orphelinats 662	Prévoyance maladie 672	
		Médicaments, matériel et ap. méd. 623	CHR 633	Hôpitaux psychiat. et centres santé mentale 643		Pouponnières 663	Pensions et retraites 673	
			Instituts et centres médicaux spécialisés 634	Autres hôpitaux spécialisés 644		Centre handicapés, aveugles, sour.muet. 664	Prévoyance chômage 674	
					Centre	Centre	Protecti	

					s antituberculose 655	s sociaux 665	on des jeunes 675	
				Base santé rurale 646	Centres de santé ruraux 656		Famille promotion femme 676	
				Santé hôp, et centres médicaux militaires 647	Médecine du travail 657		Immigrés et disparités régionales 677	Aides aux victimes des catastrophes 687
		Formations et encad, personnel médicals 628				Formations personnel social 668		
	Autres affaires santé /as 619	Autres affaires de la santé quaternaire 629	Autres affaires de la santé teriaire 639	Autres affaires de la santé secondaire 649	Autres affaires de la santé primanté 659	Autres affaires de la protection sociale 669	Autres affaires prévoyance sociale 679	Autres affaires assistance, solidarité 689

Tableau des fonctions principales croisées avec les fonctions secondaires du secteur 7 : ADMINISTRATION ET DEVELOPPEMENT DES INFRASTRUCTURES

	FONCTIONS PRINCIPALES								
	INFRASTRUCT. GENERALES 71	HABITAT ET URBANISME 72	APPROVISION. EN EAU 73	CADRE DE VIE ENVIRONNEM. 74	PETROLE, GAZ COMBUSTIBLES 75	ELECTR. AUTRES ENERGIES 76	TRANSPORTS 77	POSTES ET TELECOM. 78	AUTRES AFF. DEVT INFRAST. 79
FONCTIONS SECONDAIRES	Administrat° gle des infrastructures 711	Administration habitat/urbanisme 721	Administrat° gle de l'hydraulique 731	Administrat° gle de l'environnement 741	Administrat° gle des hydraucarbures 751	Administration de l'électricité & énerg. 761	Administrat gle des transports 771	Admin. Gle des postes & télécom. 781	
	Développement des infrastructures 712	Domaine, aménag, des terrains à bâtir 722	Hydraulique urbaine 732	Assainissement 742	Production du pétrole et du gaz 752	Production de l'électricité 762	Routes 772	Postes 782	Gestion bâtiments administratifs 792
	Administration de l'Energie 713	Habitat et logement 723	Hydraulique villageoise 733	Lutte contre la pollution 743	Transport commerce du pétrole et du gaz 753	Transport de l'électricité 763	Transports routiers 773	Télécommunicat° 783	
	Développement régional 714	Urbanisme et dévt collectif 724				Distribution de l'électricité 764	Transports ferroviaires 774		
	Affaires com. énergie transports 715	Eclairages publics 725				économies d'énergie 765	Transports arériens et aérodromes 775		

	Aff. com. habitat urb.envir.cadr. vie 716						Transports lagun, maritimes, fluviaux 776		
	Gestion des matériels 717								
				Sensibilisat° et form,à l'environnement 748	Formations pétrol. & gaz 758	Formation en électricité 768	Formations aux transports 778	Formations aux postes & télécoms 788	
	Autres affaires des infrastructures gles 719	Autres affaires à l'habitat et à l'urb. 729	Autres affaires à l'approv. en eau 739	Autres affaires à l'environnement 749	Autres affaires au pétrole et combust. 759	Autres affaires au pétrole et energie 769	Autres affaires aux transports 779	Autres affaires postes & télécom. 789	Autres affaires dév, infrastructures 799

Tableau des fonctions principales croisées avec les fonctions secondaires du secteur 8 : PRODUCTION ET COMMERCE

FONCTION SECONDAIRES	FONCTIONS PRINCIPALES							
	AFF. COMMUNES PROD/COM/EMPLOI 81	AFFAIRES RURALES 82	PRODUCTION VEGETALE 83	FORETS, PARCS ET RESERVES 84	RESSOURCES ANIMALES 85	INDUSTRIES EXTRACTIVES 86	INDUSTRIE DE TRANSFORM. 87	TOURISME HOTELLERIE 88
	Adm, gle Prod, commerce et emploi 811	Administrat° gle des affaires rurales 821	Administration de la production végétale 831	Admin. des forêts parcs et réserves 841	Administrat° gle des ressources animales 851	Admin. gle des indust. extractives 861	Admin. gle des indust. de transformation 871	Administrat° gle tourisme/hôtellerie 881
	Normali	Esp, r,	Filières	Gestion	Promoti	Prod	Dévt des	Dével

	sat°, métrolo, contrôle de qualité 812	mise en valeur des terres agricole s 822	dév, palmier à huile/co cotier 832	domaine forestier /reboise m. 842	on élevage producti on bovine 852	uctio n des mine s et carri ères 862	industrie s de transfor mation 872	oppem ent du touris me 882
	Commer ce intérieur 813	Dévelop pement des exploitat ions 823	Filières dév, café/cac ao 833	Producti on & industrie forestièr e 843	Appui aux producti ons laitières 853			
	Commer ce extérieu r 814	Vulgaari sation agricole et encad, 824	Filières dév, hévéa/ca outchou c 834	Protecti on nature, parcs/ré serves 844	Appui élevage petits ruminant s 854	Rech erch e donn ées géol ogiq ues 864		Promo tion de l'hôtell erie 884
	Investiss ements et entrepris es 815	Transfor mations et commer cialisati on 825	Filières dév, coton/su cre 835		Elevage espèces à cycle court (porcins) 855			Dével oppem ent des sîtes tourist iques 885
	Artisana t et secteur informel 816	Marché des produits de base 826	Filières cultures maraîch ères et fruits 836	Gestion et dév des zoos 846	Santé, reproduc tion, nutrition animale 856			
	Adminis tration de travail 817	Dévelop pement rural intégré 827	Filières rizicoles 837	Gestion et dév des jardins de l'Etat 847	Pêches et aquacult ure 857			
	Format° prod, commer ce/empl oi 818	Formati ons aux métiers ruraux 828		Formati ons forestièr es 848	Formatio ns aux ressourc es animales 858			
	Autres affaires prod. com.	Autres affaires rurales 829	Autres affaires producti on	Autres affaires forêts, parcs &	Autres affaires ressourc es	Autr es affai res	Autres affaires indust. de	Autres aff. du touris me et

	empl. 819		végétale 839	res. 849	animales 859	indu st. extra ctive s 869	transfor m. 879	l'hôtel. 889

Tableau des fonctions principales croisées avec les fonctions secondaires du secteur 9 : DEPENSES NON VENTILABLES PAR SECTEUR

	FONCTIONS PRINCIPALES				
FONCTION SECONDAIRES	DETTE PUBLIQUE 91	AUTRES CREDITS EVALUATIFS 92	CREDITS GLOBAUX ET PROVISIONS 93	OPERAT. NON DENOUEES EXERCICES CLOS 94	OPERATIONS SUR COMPTES SPECIAUX TRESOR 96
	Dette publique intérieure 911	Autres crédits évaluatifs 921	Opérat. ajust. pers. en cours d'exervice 931	Opérat. non dénouées ex. clos 941	
	Dette publique extérieure 912		Crédits non affectés fonct. ord. services 932		Comptes de prêts 962
			Crédits non affectés au fonct. pro. inv. 933		Comptes d'avances 963
					Comptes de garanties et avals 964

Tableau des neuf (9) genres de dépenses et de destinations administratives

GENRE DE LA DEPENSE	TYPE D'UNITE ADMINISTRATIVE	NUMERO DE TYPE	EQUIVALENCE
Dépenses de fonctionnement des pouvoirs publics	Pouvoirs publics	1	Titre II
Dépenses de fonctionnement des administrations centrales	Administration centrale	2	Titre III sauf $ 90
Délégations de	Administrations	3	Titre III $ 90

crédits aux administrations régionales	régionales		
Dépenses de fonctionnement centralisées	Services centralisateurs	4	Titre IV
Délégations de crédits de fonctionnement aux EPN et autres organismes décentralisés	Organismes nationaux	5	Titre V
Transferts aux ménages et organismes extérieurs à l'Administration	Organismes extérieurs à l'état	6	Titre V
Transferts aux comptes spéciaux et budgets annexes	Comptes spéciaux Trésor et budgets annexes	7	Hors budget
Transferts aux fonds d'intervention, service en intérêt et amortissement de la Dette	Institutions financières	8	Titre I + Fonds du T III et du BSIE
Dépenses d'investissement	Projets d'investissement	9	BSIE

Tableau de classification des catégories d'unités de gestion destinataires de la dépense

CATEGORIE D'UNITE ADMINISTRATIVE	TYPE D'UNITE ADMINISTRATIVE									
	ODES	1 Pouvoirs publics	2 Administration centrale	3 Administrations Régionales	4 Services centralisateurs	5 Organismes nationaux	6 Organismes extérieurs	7 Comptes spéciaux budgets annexes	8 Institutions financières	9 Projets d'investissements
		11	21	31	41	51	61	71	81	91

		Cabinets	Directions Générales	Préfectures de Région	Directions de la Solde	Etablis. publics administratifs (EPA)	Ménages	Comptes spéciaux Trésor	Fonds d'intervention économ. & sociaux	Projets Intégrés
		12 Secrétariats généraux	22 Directions centrales de moyens	32 Préfectures Départementales	42 Direction générale du budget	52 Etablissements publics ind. & Com. (EPIC)	62 ONG et divers associations	72 Budgets annexes	82 Autorités monétaires	92 Projet d'organisation et de dévt institutionel
		13 Inspections générales	23 Inspections	33 Sous-préfectures	43 Services gestionnaires des bâti. de l'Adm	53 Société d'Etat (SODE)	63 Etablissements privés scolaires san. soc. et cult.		83 Banques de dépôts résidentes	93 Projet d'étude et de recherche
		14 Commissions, conseils, comités	**24 Commission, conseils, comités**	**34 Commissions conseils, comités**	**44 Intendance militaire**				**84 Autres institut° financières à l'intérieur**	**94 Projets de Financement**
		15	25	35	45	55	65		85	95

		Directions et services autonomes rattachés aux Cab.	Directions centrales techniques	Direction régionales	DAAF ministères	Sociétés d'économies mixtes à part. maj. Etat	Collectivités territoriales		Institutions internationales de développement	Projets spécifiques à la fonction
		16 Services de moyens rattachés aux Cabinets	26 Services de moyens, agents comptables	36 Directions d épartementales	46 Directions techniques des ministères		66 Communautés rurales		86 Administration publiques étrangères	96 Projets de construction et d'extension
		17 Services techniques rattachés aux Cabinets	27 Services techniques	37 Services techniques déconcentrés			67 Autres sociétés à participation publique		87 Autres institut° financières à l'extérieur	97 Projets de rénovation des Installations
		18 Résidence des présidents et ministres	28 Services techniques (suite)	38 Ambassades			68 Entreprises privées			98 Projets d'équipement
				39 Serv		59 Autre	69 Org		89 Autre	99 Projet

				ices tech niqu es à l'étr ang er		s organ ismes natio naux	anis atio ns inter nati onal es		s organ ismes finan ciers	s de forma tion et d'enc adre ment

Tableau de classification budgétaire des types de projets avec équivalence PIP

Article	Libellé nomenclature	Type	Libellé programmation
91	Projets intégrés ou à volets Multiples	020 110 170 220	Opérations rurales de développement intégré Infrastructures et aménagements ruraux, FRAR Grands programmes sociaux Opérations à volets multiples
92	Projets de développement institutionnel ou d'organisation	080 150	Appui à la structuration des opérations Renforcement des institutions et services administratifs
93	Projets d'étude et de recherche	030 040	Etudes Recherche
94	Projets de financement	190 200	Financement, partenariat, prises de participation Participation au capital d'institutions internationales
95	Projets spécifiques ; aide à la production commercialisation	010 070 090 100 180	Aménagement d'unités ou zones directement productives Appui aux approvisionnements en intrants et équipements Promotion, transformation et commercialisation des produits Promotion du marketing de la Commercialisation Appui à l'installation et la création d PME
96	Projets de construction et d'extension	120 210	Construction/extension d'infrastructures publiques Réservations de terrains à usages publics
97	Projets de rénovation des Installations	130	Réhabilitation ou réaménagements d'infrastructures Publiques

98	Projets d'équipement	140	Acquisitions d'équipements et rééquipements
99	Projets de formation d'encadrement	050 060 160	Encadrement, vulgarisation, conseil Formation et alphabétisation Opérations de sensibilisation de masses

Tableau des codes régionaux

NOUVELLES CODIFICATIONS REGIONALES	
LIBELLE	CODE
National	01
Représentation Nationale en Afrique	05
Représentation Nationale en Amérique	06
Représentation Nationale en Asie	07
Représentation Nationale en Europe	08
Représentation Nationale en Océanie	09
Ensemble des Régions de Savanes du Centre	10
Région des Lacs (YAMOUSSOUKRO)	11
Région N'Zi - Comoé (DIMBOKRO)	14
Région de la Vallée du Bandama (BOUAKE)	17
Ensemble des Régions de Savanes du Nord	20
Région du Worodoudgou (SEGUELA)	21
Région du Bafing (TOUBA)	22
Région du Denguélé (ODIENNE)	23
Région des Savanes (KORHOGO)	25
Région du Zanzan (BONDOUKOU)	28
Ensemble des Régions Forestières du Centre-Ouest	30
Région du Haut Sassandra (DALOA)	31
Région du Fromager (GAGNOA)	32
Région de la Marhoué (BOUAFLE)	35
Ensemble des Régions Semi-Montagneuses de l'Ouest	40
Région des Montagnes (MAN)	41
Régiondu Moyen Cavaly (GUIGLO)	42
Ensemble des Régions Forestières du Sud-Ouest	50
Région du Sud Bandama (DIVO)	51
Région du Bas Sassandra (SAN PEDRO)	55
Ensemble des Régions Forestières de	60

l'Est	
Région du Moyen Comoé (ABENGOUROU)	61
Ensemble des Régions Forestières du Sud-Est	70
Région du Sud Comoé (ABOISSO)	71
Région de l'Agnéby (AGBOVILLE)	76
Région des Lagunes (ABIDJAN)	78

Tableau de codification par destination administrative des CABINETS, SECRETARIATS GENERAUX ET INSPECTIONS GENERALES

11, 12, 13 CABINETS, SECRETARIATS GENERAUX, INSPECTIONS GENERALES				
CABINETS	SECRETARIATS GENERAUX	INSPECTIONS GENERALES	RESIDENCES	LIBELLES
11……	12……..	13…..	18……	Présidence des grandes Institutions

Tableau des codes administratifs des directions centrales de moyens

15 et 22 DIRECTIONS CENTRALES DE MOYENS			
Pouvoirs Publics	Services Centraux	SIGLE	LIBELLE
15	22	DAAF	Direction des Affaires Administratives et Financières
15	22	DAF	Directions des Affaires Financières
15	22	DRH	Directions des Ressources Humaines
15	22	DEMM	Directions du Matériel
15	22		Directions Informatiques et des Télécommunications
15	22		Directions de Programmation
15	22		Directions des Statistiques
15	22		Directions de Documentation et (ou) d'Archives
15	22		Autres directions de moyens

Tableau des codes administratifs des directions centrales techniques

15 et 25 DIRECTIONS CENTRALES TECHNIQUES			
Pouvoirs publics	Services Centraux	SIGLE	LIBELLE
15	25	DBE	Direction du Budget

			de l'Etat
15	25	DPSB	Direction des Politiques et des Synthèses Budgétaires
15	25	DCB	Direction du Contrôle Budgétaire

Tableau des codes administratifs des services centraux moyens

16 et 26 SERVICES CENTRAUX DE MOYENS			
Pouvoirs publics	Services Centraux	SIGLE	LIBELLE
16	26		Agents comptables et services de vérification des comptes
16	26	SAF	Services des Affaires Financières
16	26		Services du Personnel
16	26	SEM	Services du Matériel
16	26		Services Informatiques
16	26		Services de Programmation
16	26		Services des Statistiques
16	26		Services de Documentation ou des Archives
16	26		Autres services de moyens

Tableau des codes administratifs des préfectures et des directions régionales

31 et 35 PREFECTURES ET DIRECTIONS REGIONALES		
PREFECTURES	DIRECTIONS REGIONALES	LIBELLES
31..11	35..11	Région des Lacs (YAMOUSSOUKRO)
31..14	35..14	Région du N'ZI COMOE (DIMBOKRO)
31..17	35..17	Région de la Vallée du Bamdama (BOUAKE)
31..21	35..21	Région de Worodougou (SEGUELA)
31..22	35..22	Région du Bafing (TOUBA)
31..23	35..23	Région du Denguelé (ODIENNE)
31..25	35..25	Région des Savanes (KORHOGO)
31..28	35..28	Région du Zanzan (BONDOUKOU)
31..31	35..31	Région du Haut Sassandra (DALOA)
31..32	35..32	Région du Fromager (GAGNOA)
31..35	35..35	Région de la Marahoué

		(BOUAFLE)
31..41	35..41	Région des Montagnes (MAN)
31..42	35..42	Région du Moyen Cavaly (GUIGLO)
31..51	35..51	Région du Sud Bandama (DIVO)
31..55	35..55	Région du Bas Sassandra (SAN PEDRO)
31..61	35..61	Région du Moyen COMOE (ABENGOUROU)
31..71	35..71	Région du Sud COMOE (ABOISSO)
31..76	35..76	Région de l'Agnéby (AGBOVILLE)
31..78	35..78	Région des Lagunes (ABIDJAN)

Tableau des codes administratifs des préfectures et des directions départementales

32 et 36 PREFECTURES ET DIRECTIONS DEPARTEMENTALES		
PREFECTURES	DIRECTIONS DEPARTEMENTALES	LIBELLES
	36..11	Départements de la Région des Lacs (YAMOUSSOUKRO)
32..14	36..14	Départements de la Région du N'ZI COMOE (DIMBOKRO)
32..17	36..17	Départements de la Région de la Vallée du Bandama (BOUAKE)
32..21	36..21	Départements de la Région de Worodougou (SEGUELA)
32..22	36..22	Départements de la Région du Bafing (TOUBA)
32..23	36..23	Départements de la Région du Denguelé (ODIENNE)
32..25	36..25	Départements de la Région des Savanes (KORHOGO)
32..28	36..28	Départements de la Région du Zanzan (BONDOUKOU)
32..31	36..31	Départements de la Région du Haut Sassandra (DALOA)
32..32	36..32	Départements de la Région du FROMAGER (GAGNOA)
32..35	36..35	Départements de la Région de la Marahoué (BOUAFLE)
32..41	36..41	Départements de la Région des Montagnes (MAN)
32..42	36..42	Départements de la Région du Moyen Cavally (GUIGLO)

32..51	36..51	Départements de la Région du Bas Sassandra (DIVO)
32..55	36..55	Départements de la Région du Sud Sassandra (SAN PEDRO)
32..61	36..61	Départements de la Région du Moyen COMOE (ABENGOUROU)
32..71	36..71	Départements de la Région du Sud COMOE (ABOISSO)
32..76	36..76	Départements de la Région de l'Agnéby (AGBOVILLE)
32..78	36..78	Départements de la Région des Lagunes(ABIDJAN)

Tableau des codes administratifs des dépenses centralisées

41 à 49 DEPENSES CENTRALISEES						
Direction De la Solde	DGB	Services gestionnaires des Bâtiments Civils	Intendance Militaire	DAAF Ministères	Autres services ministères	Type de dépenses centralisées
41	42		44	45		Solde et frais de Personnel
41			44			Missions et Déplacement des agents
		43	44		46	Gestion centralisée des Bâtiments
	42		44	45	46	Dépenses centralisées de Fonctionnement courant
	42		44	45	46	Dépenses spécifiques Centralisées
	42					Passif et arriérés

La démarche de codification adoptée en Côte d'Ivoire en matière budgétaire s'étend également à la nature économique de la dépense telle qu'exprimée à travers l'exemple de codification de nature économique des dépenses (en 4 chiffres) de la classe 6 ci-dessous :

Classe 6 – Comptes de charges		
Article 62 –	Achat de biens et services	
Ministère	(2 chiffres hors imputation budgétaire)	
SECTION	22 Ministère de l'Education Nationale	Code Section

Paragraphe 621 – Fournitures
Ligne 6211 – Achat de petits matériels, de fournitures de

Bureau et documentation

L'exemple d'attribution d'un numéro budgétaire selon la nomenclature pour l'achat de fournitures et de petits matériels de bureau de la Direction de l'Enseignement Secondaire tel qu'exposé ci-dessous permet également d'appréhender, plus globalement, le système de codification adopté basé sur 15 chiffres.

NUMERO BUDGETAIRE COMPLET EN 15 CHIFFRES

NUMERO DE LA NOMENCLATURE BUDGETAIRE DES DEPENSES EN 13 CHIFFRES		
Destination de la dépense (9 chiffres)		
CHAPITRE 431	4 – Enseignement Formation Recherche 43 – Enseignement Secondaire Général 431-Administration de l'Enseignement Secondaire Général 431 – Administration de l'Enseignement Secondaire	Code Fonctionnel

SOUS CHAPITRE 250101	2 – Administration Centrale (type d'unité administrative) 25 – Direction Centrale Technique (catégorie d'unité administrative) 2501 – Numéro d'ordre (première direction technique codifiée dans cette direction technique)	Code Service
	01 – Code national	Code Géographique
Nature économique de la dépense (4 chiffres)		
CLASSE ARTICLE PARAGRAPHE LIGNE	6 – Comptes de charges 62 – Achat de biens et services 621 – Fournitures 6211 – Achat de petits matériels, de fournitures de bureau et documentation	Code nature Economique

Classe Comptable
6

Classe Comptable	Articl
6	2

Classe Comptable	Articl	Paragraphe
6	2	1

Classe Comptable	Articl	Paragraphe	Lign
6	2	1	1

La nomenclature budgétaire de la Cote d'Ivoire s'inscrit dans le cadre tracé par la Directive n°04/98 du 22 décembre 1998 portant nomenclature budgétaire des Etats membres de l'UEMOA. Elle comprend la nomenclature des opérations du budget général de l'Etat et celle des opérations des comptes spéciaux du Trésor.

Les imputations budgétaires dans le budget général : l'imputation budgétaire complète est la suivante :

TITRE	**MINISTERE**	**DESTINATAIRE**		**NATURE**
		Fonctionnelle (Chapitre)	Administrative (Sous-Chapitre)	

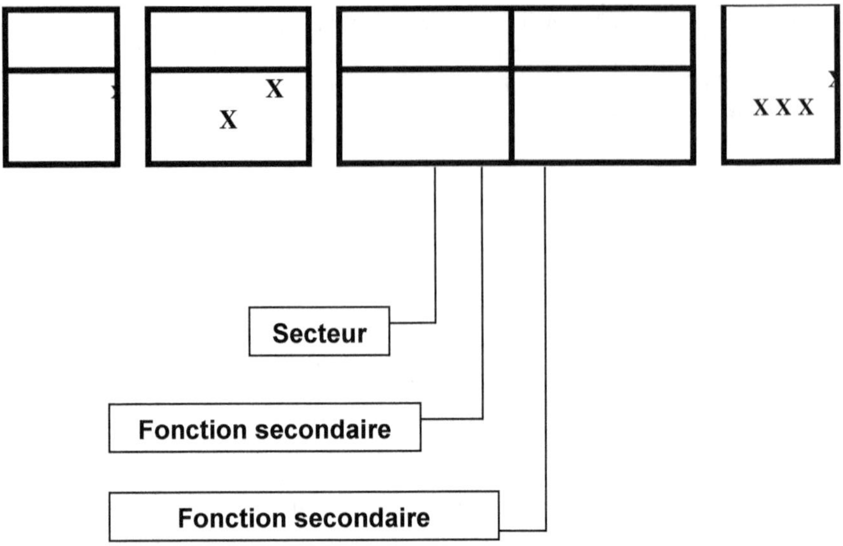

I.13 De la politique budgétaire de l'Etat

I.131 Conception de la politique budgétaire

Au sens large, la politique budgétaire comporte deux aspects. Le premier consiste à l'appréhender comme un instrument de politique économique et le second à la concevoir comme l'ensemble des moyens de prévision et de couverture des dépenses nécessaires pour assurer les missions de l'État.

La politique est appréhendée ici dans son sens grec « politikos », qui signifie un acte qui « concerne les citoyens, l'Etat » et exprime financièrement l'ensemble des politiques conduites par le Gouvernement aux fins de satisfaction des besoins des citoyens. En fait, il est indéniable de mentionner que les finances publiques sont au cœur d'enjeux politiques, économiques et sociaux majeurs. Politiquement, il est important de relever que si historiquement le pouvoir de lever l'impôt appartenait, pour l'essentiel, aux gouvernants, force est de constater de nos jours, dans les Etats démocratiques, que les parlements se sont emparés du pouvoir financier au nom de la démocratie. Ainsi, ils demeurent fermement attachés à cette idée de contrôle des actions de l'Exécutif au plan budgétaire.

Ces assemblées donnent donc l'autorisation de lever l'impôt et contrôlent la manière dont les deniers publics sont dépensés. En conséquence, les finances publiques prennent leurs sources dans la constitution et les lois, même si la forme du projet de loi prévaut, en l'espèce, en termes d'initiative, afin de garantir à l'Exécutif son pouvoir de « déterminer et de conduire la politique de la nation ». Car, au final, au-delà des relations entre les différents pouvoirs, les finances publiques demeurent intimement liées à la décision politique à prendre. En effet, non seulement elles concourent ardemment aux choix de sociétés, les finances publiques doivent également

Celles-ci doivent être vues comme l'un des outils fondamentaux de l'action publique, qui ne saurait être menée sans support budgétaire. Il suit ainsi que le budget peut orienter l'économie et induire un interventionnisme budgétaire soutenu par un interventionnisme fiscal.

Le budget oriente l'économie notamment dans le cadre de l'Etat interventionniste qui utilise la dépense publique comme un des éléments de la direction de l'économie. Ainsi, l'Etat interventionniste se sert de ce puissant outil d'intervention financière parallèlement aux autres axes d'intervention autoritaire que sont les prix imposés, la nationalisation, la taxation, etc. Par la subvention, la commande publique de travaux ou de services, etc., l'Etat impulse l'économie concertée et finance de nombreux objectifs de développement économique et social. Au plan social, les transferts de revenus en faveur de certaines couches sociales en termes d'aides ou d'allocations, le versement de subventions à l'allégement de produits de première nécessité ou à certaines entreprises à objet plus ou moins social, les dépenses de santé publique etc. constituent autant d'axes d'intervention sociale de l'Etat. Ils visent à égaliser les conditions sociales des populations et à améliorer leurs conditions de vie et de travail.

En Côte d'Ivoire, l'Etat est le principal agent économique, au regard de l'importance du volume des flux financiers et des activités économiques qu'il génère directement ou indirectement dans la marche de l'économie. Ses interventions en matière fiscale et douanière, le paiement des salaires et de la dette intérieure, les appuis multiformes auprès du secteur privé, les crédits alloués aux différents secteurs, etc. constituent autant d'indicateurs pertinents du poids de la présence de l'Etat dans la dynamisation de l'économie nationale.

En effet, la dépense publique est un véritable levier pour l'économie ivoirienne en ce que l'Etat est le principal agent économique. Etant entendu que l'ensemble des prestations gravitent autour de l'Etat, il suit que cet ensemble gravite, par voie de conséquence, autour du budget de l'Etat.

Dans le budget 2011 par exemple, les recettes totales sont projetées à 1650,4 milliards, soit 19,7% du PIB contre 19,2% en 2010. Cette amélioration résulte des performances enregistrées par les régies financières notamment au troisième trimestre 2011. Ainsi les recettes fiscales sont attendues à 1451,6 milliards, soit 17,4% du PIB contre 17% un an plus tôt. Dans l'ensemble, les recettes totales et dons étaient estimés à 1680,6 milliards et les dépenses totales et prêts nets à 2233,1 milliards, soit 26,7% du PIB. Il en résulte un solde budgétaire global de 6,6% du PIB et un solde primaire de base de -3,7% du PIB. Dans le budget 2012 par contre, les finances publiques seraient marquées par une contraction des recettes budgétaires, soit 17,8% du PIB contre 19,2% en 2010.

Le repli des recettes résulterait principalement de l'effet négatif différé de la crise économique de 2011 sur les recettes au titre des bénéfices industriels et commerciaux sur les profits des entreprises réalisés en 2011 et sur les dividendes. En conséquence, le Gouvernement entend élargir l'assiette de l'impôt, renforcer l'administration fiscale et créer de nouvelles taxes notamment, sur les communications et le caoutchouc. Dans ce budget, le déficit global, y compris dons, devrait se situer à 4,4% du PIB en 2012 contre 6,6%en 2011 et 1,9 % en 2010.

Au plan de la dette intérieure particulièrement, la réduction du déficit budgétaire peut s'accompagner de la résorption des arriérés intérieurs, dont l'impact négatif sur la croissance remet en cause les perspectives de relance. Ainsi, les règlements au profit des créanciers intérieurs dans le budget 2011 s'élèvent à 439,7 milliards pour une prévision budgétaire de 429,9 milliards. Ces règlements concernent principalement les remboursements des titres d'Etat pour 317,2 milliards, des dettes de la Société Ivoirienne de Raffinage et des opérateurs pétroliers pour respectivement 20 milliards et 32,5 milliards.

En tout état de cause, l'Etat doit, en principe, dans une économie libérale, se désengager des activités de production et, en vue d'accroître l'efficience du secteur public et parapublic, renforcer la gestion des entreprises publiques et assainir leur situation financière. Ainsi, les transferts de l'Etat au secteur parapublic vont s'appliquer, pour l'essentiel, aux :

- subventions nécessaires au fonctionnement d'établissements publics et à l'équilibre financier d'entreprises assurant un service public pour lequel un transfert de la charge est volontairement opéré de l'usager vers le contribuable
- dotations en capital dans le cadre d'investissements nouveaux, à condition qu'elles soient indispensables à la réalisation de projets jugés prioritaires

Au final, l'objectif est d'accroître la participation du secteur privé au développement et au financement des activités économiques par l'apport de capitaux frais et de "know how" dans l'appareil de production.

Le budget étant l'expression chiffrée annuelle d'objectifs économiques et sociaux d'un ensemble de choix politiques, il illustre, dès lors, les politiques structurelles voulues par le Gouvernement. En s'investissant ainsi dans le développement, le budget de l'État lui permettra d'une part de ponctionner une partie des revenus ou des richesses produites par l'impôt, l'emprunt ou la trésorerie et d'autre part d'assurer des fonctions d'allocation de biens et services, de régulation et de redistribution par le canal des dépenses publiques grâce au produit obtenu par prélèvement. Le budget sert également d'instrument d'intervention sur l'activité économique en matière conjoncturelle tout comme il joue un rôle considérable dans l'effort de solidarité nationale, de sauvegarde de l'intérêt général et de justice sociale.

De nos jours, l'importance du budget de l'État repose essentiellement sur l'orientation qu'il donne à l'économie. En effet, il influence les disponibilités et les choix des agents économiques par la nature et le volume des dépenses et des recettes, comporte un caractère redistributif à travers la fiscalité et les dépenses publiques et joue un rôle d'accélérateur ou de frein sur l'économie nationale.

La politique budgétaire intègre la finance internationale

La politique budgétaire intègre la finance internationale en ce qu'il faut nécessairement tenir compte des mouvements de capitaux entre les pays. Ces mouvements se divisent en mouvements de la balance des paiements courants et en mouvements de la balance des capitaux. Les premiers se rapportent aux exportations et aux importations, ainsi qu'au paiement d'intérêts et de dividendes. Pour une année donnée, la balance des paiements courants d'un pays est soit excédentaire soit déficitaire. Les seconds ont trait à l'achat et à la vente des valeurs mobilières dans un pays par des ressortissants d'un autre pays. De telles transactions se traduisent par un excédent ou un déficit net pour un pays donné. Un déficit net de la balance des capitaux signifie que les ressources financières ont quitté le pays.

Etant entendu que chaque pays exige le paiement de son excédent net dans sa propre monnaie, il en résulte que la valeur d'une monnaie par rapport à une autre dépend de l'excédent ou du déficit du pays avec les pays étrangers. Ce qui suppose que lorsque la balance commerciale d'un pays donné présente un déficit net, la valeur de la monnaie de ce pays diminue par rapport à celle du pays bénéficiaire d'un excédent.

Cette valeur relative est exprimée par le taux de change, qui indique le prix d'une unité de monnaie exprimé dans une autre monnaie. La hausse de la monnaie d'un pays rend les exportations de ce pays vers les autres pays plus chères et les exportations des autres pays vers ce pays meilleur marché, ce qui entraîne alors une réduction du déficit constaté. Le taux de change joue donc un rôle-clé pour réguler les excédents commerciaux ou financiers entre pays. Les mouvements internationaux de capitaux ont connu une croissance très rapide depuis la libéralisation financière des années 1980.

Les spéculateurs et les investisseurs utilisent les technologies les plus modernes de communication et peuvent déplacer instantanément d'énormes sommes d'argent d'un pays à l'autre. Les finances publiques, par conséquent le budget, y participent.

De ce qui précède, il résulte que l'Etat moderne, quel qu'il soit, doit faire face à de nombreux obstacles et défis. Le budget s'offre alors comme un moyen privilégié d'intervention directe de l'État pour organiser la production, l'orienter, réguler les échanges, attirer les capitaux et inciter à l'investissement grâce aux codes d'investissement, pourvoir les caisses de l'État et aux besoins des services publics etc. Cet interventionnisme budgétaire de l'Etat, par le biais des dépenses publiques, a été soutenu et expliqué par l'économiste anglais KEYNES.

Selon KEYNES, en cas de dépression économique, l'équilibre budgétaire perd de son importance au profit de l'équilibre économique. Dans un tel contexte, le plein emploi doit primer sur l'équilibre du bilan. Les facteurs qui déterminent l'emploi, aux dires de KEYNES, sont la consommation et l'investissement. En conséquence, le chômage provient d'une insuffisance de la consommation combinée avec une insuffisance de l'investissement. Pour le combattre, il faut donc stimuler ces deux fonctions que sont la consommation et l'investissement grâce, d'une part, à l'interventionnisme budgétaire et, d'autre part, à l'utilisation systématique du déficit budgétaire. Il s'agira donc pour la puissance publique de relayer, quand il le faut, la faiblesse de la demande privée par l'investissement public et la redistribution des revenus. C'est dans cet esprit qu'en 1990 en Côte d'Ivoire, le budget de l'Etat a servi d'outil d'application du Programme d'Ajustement Structurel avec deux objectifs majeurs. Le premier consistait à maîtriser les coûts de fonctionnement des services publics par une politique "restrictive" des dépenses publiques, matérialisée par la réduction de la masse salariale, avec la déflation des journaliers, le départ à la retraite après 30 ans de service, le "raccrochage" des nouveaux enseignants, la cession et la vente des véhicules administratifs, la réduction de 25 % de tous les budgets publics et parapublics… Le second visait à mobiliser les ressources intérieures par l'élargissement de l'assiette de l'impôt, la création de nouveaux impôts tel que l'acompte sur divers impôts, la réduction de certains prélèvements tel que l'impôt foncier qui est passé de 27,5 % à 15 %...

Il suit donc que la politique budgétaire connait certaines limites.

La politique budgétaire connaît certaines limites.

Dans des économies ouvertes, les politiques économiques ont des effets, positifs ou négatifs, sur les partenaires économiques du pays qui les pratique. Une politique de relance menée au moyen de dépenses publiques supplémentaires par exemple, profitera surtout aux partenaires commerciaux du pays en question si sa propension à importer est forte. Les économies des pays partenaires peuvent donc profiter davantage de la relance de l'économie nationale. Une autre limite de la politique budgétaire, qui est celle de toute politique économique, tient à la capacité d'anticipation des agents. Observant une augmentation des dépenses publiques et l'accroissement du déficit budgétaire, ils peuvent anticiper une augmentation future des impôts ou une réduction des dépenses, de sorte qu'ils épargnent le supplément de ressources qu'ils considèrent comme éphémère. Dans ce cas, l'effet escompté de relance de la production par la politique budgétaire est annulé. Ce phénomène, mis en avant par les économistes néoclassiques, est appelé « équivalence ricardienne».

En fait, c'est à partir de la crise économique des années 1970, que l'interventionnisme budgétaire a commencé à montrer son essoufflement. On assiste, depuis lors, à un regain de vigueur très marquée d'une conception néo-libérale.

Les tenants de cette doctrine font remarquer que la puissance publique n'a pu non seulement réguler l'activité économique et sociale, mais l'a davantage perturbée par des interventions qui contrarient à la fois la solution des crises, le développement économique et les libertés. Aussi préconisent-ils une régulation de cette activité par le marché. Ce qui suppose de :

- Déréglementer certaines activités nationales
- Privatiser certaines entreprises publiques, dans la mesure où le secteur marchand ne doit obéir qu'aux seules lois du marché
- réduire le rôle des finances publiques, notamment des prélèvements obligatoires, afin de stimuler l'offre et l'activité des agents économiques et de la politique budgétaire, qu'il faut remplacer par une politique monétaire, plus globale et plus respectueuse des principes de prospérité et de propriété privée.

I132 Les instruments de la politique budgétaire

Les instruments de la politique budgétaire sont nombreux. Du côté des recettes, le gouvernement peut choisir de diminuer le montant des impôts directs, comme l'impôt sur le revenu, ou des impôts indirects tels que la taxe sur la valeur ajoutée, afin de stimuler la consommation.

Du côté des dépenses, il peut modifier les salaires et les embauches dans le secteur public, fournir des subventions ou des prêts bonifiés aux entreprises ou encore faire des investissements dans des infrastructures, en termes de construction d'hôpitaux, de routes, etc. Le budget n'a pas toujours été utilisé à des fins de politique économique. Jusqu'aux années 1930, le budget de l'Etat était destiné à assurer le bon fonctionnement des administrations. Cet état de fait est illustré par le budget de l'Union Européenne. En ce cas, il ne peut pas être mené une véritable politique budgétaire. Ce n'est qu'après la crise économique de 1929 que le budget sera utilisé pour influencer la situation économique générale d'un pays. John Maynard Keynes a ensuite donné une justification théorique à cette politique, en montrant comment la variation des dépenses publiques pouvait influencer la demande des agents économiques. Il s'agit de montrer que la régulation de la conjoncture, visée par la politique budgétaire, peut s'opérer dans un sens expansionniste ou restrictif. En effet, lorsque le gouvernement réduit les taux d'imposition, ou lorsqu'il augmente les dépenses publiques, dans le but par exemple de stimuler la demande, en cas de situation de chômage important, la politique budgétaire sera considérée comme expansionniste. Lorsqu'au contraire, il alourdit la fiscalité ou réduit les dépenses publiques, par exemple pour répondre à une situation d'inflation ou de déficits extérieurs importants, la politique budgétaire devient restrictive. Cette neutralité du budget était également de mise avec l'État – Gendarme.

Cette conception étatique se limitait à poser le cadre juridique de l'évolution de l'activité économique et sociale, à assurer les fonctions administratives, policières, militaires et judiciaires, à s'abstenir d'intervenir afin de ne pas fausser l'égalité et l'ordre naturels existants, conformément à la doctrine libérale. Cette doctrine se fondait sur «le libre jeu des appétits particuliers et de la concurrence qui aboutit nécessairement et automatiquement à un état d'équilibre, c'est-à-dire à une adaptation de la production à la consommation, à un régime d'échanges, de prix et de rémunération des services exactement commandé par l'état des besoins et du marché ». Du fait de cette abstention de l'État dans le domaine économique, le budget classique ou libéral devait servir principalement à assurer le fonctionnement des services administratifs et de l'ordre public. Les caractéristiques essentielles de ce type de budget étaient sa neutralité, son improductivité et son équilibre. Il était neutre en ce qu'il ne devait pas agir sur l'économie, ni par les dépenses ni par les recettes, improductif en ce que l'État prélève mais ne redistribue guère, en équilibre en ce qu'il exclut toute idée de déficit ou d'excédent et considère l'impôt comme la source principale des recettes.

Pour atteindre les objectifs fixés, il peut être nécessaire pour l'Etat de garder en réserve les économies (excédents) ou d'emprunter à l'extérieur (déficits). Si, dans une période donnée, souvent une année, période pour laquelle est votée la loi de finances, les recettes de l'Etat sont inférieures à ses dépenses, il y a déficit budgétaire.

Si autrefois, lorsqu'une conjoncture défavorable entraînait un déficit, c'est-à-dire que le montant des recettes fiscales recouvrées est inférieur au montant prévu dans le budget, le gouvernement avait tendance à augmenter immédiatement les impôts afin de rétablir l'équilibre budgétaire, il n'en est plus systématiquement ainsi de nos jours. Depuis l'application généralisée des théories keynésiennes, les gouvernements ont cessé de considérer l'équilibre budgétaire comme une nécessité absolue. Keynes a montré comment, en période de conjoncture défavorable, des dépenses publiques supplémentaires permettaient une relance de l'économie. Cette relance étant susceptible de générer des recettes fiscales supplémentaires à venir et de permettre donc le rétablissement de l'équilibre.

Le déficit budgétaire peut être financé soit par des avances de l'institut d'émission monétaire, la banque centrale, soit par l'emprunt.

Si ce financement est assuré par émission de monnaie, l'inflation risque de s'accroître. En fait, le dernier recours pour financer la dette publique est la création de monnaie. Le pouvoir de battre monnaie est un attribut de souveraineté et n'appartient qu'aux Etats. L'impression de billets supplémentaires est effectuée sous les ordres de la banque centrale. Elle agit souvent sur cette masse monétaire de manière à aider les gouvernements à financer les déficits, à contrôler les taux d'intérêt, à maîtriser l'inflation et à augmenter l'emploi. Cependant, les différentes politiques visant à satisfaire ces objectifs entrent, souvent, en conflit les unes avec les autres. Ainsi, les politiques tendant à diminuer les taux d'intérêt à un moment donné peuvent entraîner une hausse des taux d'intérêt et de l'inflation à long terme. C'est en cela que les banques centrales des différents Etats doivent être indépendantes des gouvernements. Par ailleurs, elles doivent poursuivre l'objectif prioritaire de lutte contre l'inflation et de fixation d'un taux d'intérêt optimal pour le rapprochement des économies.

Toutes choses qui devraient les conduire à éviter tout recours à la création monétaire pour financer les déficits ou la dette publique. En fait, l'accroissement rapide de la quantité de monnaies en circulation risque d'entraîner une hausse des prix plutôt qu'une hausse de la production. Afin d'éviter la soumission des autorités monétaires aux gouvernements, tentés de « monétiser » leur dette, le système européen impose un statut d'indépendance de la banque centrale.

Si le déficit est financé par l'emprunt, les Etats peuvent émettre des bons du trésor, qui sont en principe considérés comme des valeurs mobilières sûres. On suppose, en effet, que les Etats ne peuvent être en faillite, puisqu'ils ont toujours la possibilité, jusqu'à un certain point, de se financer par l'impôt. Dans tous les cas, l'endettement de l'Etat peut entraîner la hausse des taux d'intérêt et un « effet d'éviction ». Ce qui signifie que lorsque l'Etat emprunte, les ressources d'épargne qu'il mobilise cessent d'être disponibles pour les autres agents économiques. La hausse des taux étant due à l'accroissement de la demande de capitaux, si l'Etat propose une rémunération supérieure, il pourra attirer de nouveaux épargnants au détriment des autres agents économiques. Cette hausse des taux d'intérêts a un effet négatif sur les investissements du secteur privé, qui deviennent dès lors plus coûteux. Cet effet provoque donc un ralentissement de l'activité économique. Cependant, il existe bien d'autres facteurs qui influencent les taux d'intérêts tels que la volonté de maintien d'une parité de taux de change par exemple, de sorte que son ampleur n'est pas empiriquement démontrée. Dans tous les cas, lorsque le déficit budgétaire est répété sur plusieurs années, il conduit à l'accumulation de la dette publique.

Dès lors que celle-ci devient trop importante, le cercle vicieux de l'effet « boule de neige » de la dette s'installe et celle-ci entraîne le versement d'intérêts importants aux créanciers de l'Etat, qui représentent une charge supplémentaire pour le budget. La dette contribue donc ainsi à creuser le déficit budgétaire. Il devient dès lors impérieux pour l'Etat de définir une politique budgétaire rigoureuse.

I133 Le budget de l'Etat doit conduire essentiellement une double mission

Le budget de l'État moderne doit conduire une double mission difficile qui consiste à promouvoir d'une part la plus forte expansion possible dans le plus grand emploi possible grâce aux politiques budgétaires et fiscales et d'autre part à assurer l'équilibre du pays. Cet équilibre est à la fois économique et social. L'équilibre économique doit être obtenu en régulant la conjoncture par la politique budgétaire et en développant les infrastructures par l'investissement.

L'équilibre social est réalisé par la fiscalité et les dépenses de transfert qui permettent de lutter contre les inégalités et d'atténuer les effets du chômage. Ces missions sont difficiles à mener dans les pays sous-développés ou les finances publiques et le développement entretiennent des rapports ambigus dans un contexte aigu. En effet, ces pays sont handicapés par des économies dualistes, extraverties, désarticulées et fragiles.

Ils souffrent également de l'absence ou de l'insuffisance d'une main d'œuvre hautement qualifiée et d'entrepreneurs créateurs d'emplois, du manque d'une organisation scientifique du travail, de l'insuffisance et du caractère aléatoire de ressources financières, dans un contexte d'explosion de besoins illimités, urgents et pressants.

A partir du budget, une politique budgétaire peut donc être élaborée. C'est la politique économique du gouvernement, qui utilise les dépenses et les recettes de l'Etat, pour atteindre certains objectifs macroéconomiques. Elle est, avec la politique monétaire, l'un des deux grands moyens de politique conjoncturelle d'un gouvernement. La politique budgétaire fait l'objet de théories divergentes séparant les keynésiens, les monétaristes et les théoriciens de l'offre.

Dans le financement du secteur public, le budget ou les finances publiques permettent à un Etat de remplir ses fonctions. L'époque contemporaine a vu les dépenses publiques s'accroître dans presque tous les pays, quels que soient leurs systèmes politiques. Ce phénomène est dû à une tendance à l'extension des services publics à des domaines autrefois réservés à l'initiative privée, à la croissance démographique, à l'accroissement des richesses et à l'élévation du niveau de vie. Les finances publiques dérogent aux règles qui régissent les finances privées. L'Etat dispose en effet d'un moyen exorbitant du droit pour financer ses dépenses qui est le prélèvement obligatoire, c'est-à-dire l'impôt.

I134 Les dépenses publiques sont principalement financées par l'impôt.

L'impôt prend des formes diverses qui sont notamment l'impôt sur le revenu, la taxe sur la valeur ajoutée, les taxes douanières et tous les autres mécanismes de collecte de revenus. Il fournit la plus grande partie des recettes qui sont introduites dans le secteur public de l'économie.

Le système fiscal ivoirien est constitué de quatre régimes d'imposition qui sont les régimes du Réel Normal d'Imposition, du Réel Simplifié d'Imposition, de l'Impôt Synthétique et de la Taxe Forfaitaire des Petits Commerçants et Artisans. Si jusqu'à la fin des années 90, les taux des prélèvements étaient très élevés, depuis lors, la Côte d'ivoire a fait le choix d'une fiscalité plus modérée et des efforts sont déployés dans le sens de l'élargissement de l'assiette de l'impôt. A titre de comparaison, les taux d'imposition en Côte d'Ivoire se situent parmi les plus bas de l'espace UEMOA.

Au titre du régime du réel normal d'imposition (RNI), il s'agit d'un régime qui impose la tenue d'une comptabilité régulière et détaillée auxquelles sont obligatoirement soumis les contribuables suivants :

- Les entreprises de production ou de commerce dont le chiffre d'affaires annuel excède 150 000 de F CFA TTC (228 673 Euros)

- Les entreprises de prestations de services dont le chiffre d'affaires annuel excède 75 000 de F CFA TTC (114 337 Euros).

Au titre du régime du réel simplifié d'imposition (RSI), ses dispositions reposent sur la tenue d'une comptabilité simplifiée et elles s'appliquent aux contribuables qui suivent:

- Les entreprises de production ou de commerce dont le chiffre d'affaires annuel est compris entre 50 et 150 millions de F CFA TTC (76 225 et 228 673 Euros)

-les entreprises de prestations de services, lorsque leur chiffre d'affaires annuel toutes taxes comprises se situe entre 25 et 75 millions de F CFA (38 112 et 114 337 Euros).

Au titre du régime de l'impôt synthétique, il s'agit d'un prélèvement forfaitaire qui regroupe la patente, l'impôt sur les bénéfices et la taxe sur la valeur ajoutée. Il consiste en une cotisation annuelle dont le paiement est fractionné en 12 mensualités. Les contribuables concernés par ce régime sont les suivants :

-Les personnes physiques réalisant des activités de production et de commerce et dont le chiffre d'affaires annuel est compris entre 5 et 50 millions de F CFA TTC (622 et 76 225 Euros);

-Les personnes physiques effectuant des prestations de services, lorsque leur chiffre d'affaires annuel se situe entre 5 et 25 millions de FCFA TTC (7 622 et 38 112 Euros).

Au titre du régime de la taxe forfaitaire des petits commerçants et artisans, il s'agit d'un régime réservé aux petits commerçants et artisans réalisant un chiffre d'affaires annuel inférieur à 5 millions de FCFATTC (7622 Euros). La taxe forfaitaire instituée en l'espèce est gérée et encaissée par les communes dans leur périmètre et par la DGI en dehors de ce périmètre.

Le système fiscal ivoirien comporte plusieurs impôts à taux généralement modérés aux fins d'offrir un environnement attractif aux investisseurs potentiels et réels. Ce dispositif distingue les impôts directs des impôts indirects.

Les impôts directs comprennent l'impôt sur les bénéfices, l'impôt sur les bénéfices non commerciaux (BNC), la contribution des patentes, les impôts sur les traitements et salaires, les impôts fonciers, la taxe de voirie, d'hygiène et d'assainissement, l'impôt général sur le revenu, les droits d'enregistrement, l'impôt sur le revenu des valeurs mobilières, l'impôt sur le revenu des créances.

L'impôt sur les bénéfices industriels et commerciaux est assis sur les bénéfices des professions commerciales, non commerciales, industrielles,- artisanales, des exploitations forestières, agricoles et minières. Il comporte deux taux qui se présentent comme suit :

- 27 % pour les personnes morales dont le chiffre d'affaires TTC est égal ou supérieur à un milliard. Jusqu'au 31 décembre 2006, le taux était de 35 % ;
- 25 % pour les personnes physiques et les PME-PMI.

Dans l'hypothèse de déficit ou de bénéfice inférieur à l'impôt minimum forfaitaire, les contribuables demeurent assujettis au paiement d'un impôt minimum forfaitaire (IMF) dont le taux s'élève à 0,5% du chiffre d'affaires TTC pour les entreprises au réel normal et à 2% pour celles relevant du régime du réel simplifié. Le montant de l'impôt minimum forfaitaire est compris entre 2 000 000 FCFA (3049 Euros) et 30 000 000 FCFA (45735 Euros). A titre exceptionnel, ces montants ont été ramenés à 1 000 000 FCFA (1524 Euros) et à 15 000 000 FCFA (22 867 Euros) en fin d'exercice 2009.

L'impôt sur les bénéfices non commerciaux (BNC) s'applique aux bénéfices réalisés par les professions non commerciales, les professions libérales (médecins, avocats, notaires, etc.) et les sociétés étrangères. Le taux de droit commun, qui est de 25%, peut être aménagé dans le cadre de conventions fiscales. Ainsi, la convention fiscale entre la Côte d'Ivoire et la France le fixe à 10%. Cet impot s'applique aux catégories de contribuables qui suivent :

- les personnes physiques exerçant leurs activités en Côte d'ivoire ;
- les sociétés étrangères n'ayant pas d'installation professionnelle en Côte d'ivoire mais qui perçoivent des rémunérations en raison des prestations de services de toute nature fournies ou utilisées en Côte d'ivoire. En général, ces dispositions concernent les services rendus par des sociétés mères à leurs filiales.

En tout état de cause, un impôt minimum forfaitaire est également dû lorsque le montant de l'impôt sur les bénéfices lui est inférieur. Il s'élève à 5% des recettes brutes TTC de l'exercice.

La contribution des patentes est exigée de toutes les entreprises qui exercent une activité professionnelle en Côte d'ivoire. Elle comprend :

- un droit de 0,5 % applicable sur le chiffre d'affaires réalisé l'année précédente ;
- et un droit de 18,5 % assis sur la valeur locative des locaux professionnels.

Les impôts sur les traitements et salaires concernent l'ensemble des prélèvements assis sur les revenus, indemnités, émoluments, salaires, pensions, rentes viagères et autres rémunérations versés aux salariés. Ces impôts comportent plusieurs taux dont l'ensemble agrégé se situe autour de 7,5%.

Les impôts fonciers portent sur l'impôt sur le patrimoine foncier et l'impôt sur le revenu foncier. Ces impôts sont applicables à la fois sur les propriétés bâties et sur les propriétés non bâties. Ainsi, les propriétaires d'immeubles bâtis acquittent l'impôt sur le revenu foncier au titre des loyers perçus et l'impôt sur le patrimoine foncier lié au droit de propriété. Les habitations principales, les résidences secondaires et les locaux vacants sont soumis à l'impôt sur le patrimoine foncier. Quant aux propriétaires de terrains nus, ils acquittent en principe l'impôt sur le patrimoine foncier mais lorsque le terrain nu est productif de revenus, en raison d'un usage industriel ou commercial, l'impôt sur le revenu foncier et l'impôt sur le patrimoine foncier sont dus dans ce cas. Les taux d'imposition applicables se présentent comme suit :

- impôt sur le revenu foncier : 11 % de la valeur locative des immeubles productifs de revenus
- impôt sur le patrimoine foncier :

4 % de la valeur locative des immeubles bâtis ;

4 % de la valeur locative des terrains nus productifs de revenus

15 % de la valeur locative des immeubles des personnes morales et des entreprises affectés à leurs activités ;

1,5 % de la valeur vénale des terrains nus improductifs de revenus.

La taxe de voirie, d'hygiène et d'assainissement, d'un taux de 2 % de la valeur locative, s'applique aux propriétés suivantes :

- Les bâtiments ou constructions appartenant aux représentations diplomatiques et assimilées, exonérés de l'impôt sur le patrimoine foncier et de l'impôt sur le revenu foncier ;
- Les immeubles, bâtiments ou constructions, propriétés des entreprises bénéficiaires de l'exemption de l'impôt sur le patrimoine foncier prévue par le Code des Investissements et d'autres codes particuliers.

L'impôt général sur le revenu (IGR) frappe le revenu net global annuel des personnes physiques ayant en Côte d'ivoire une résidence habituelle ou des revenus de source ivoirienne. Les taux applicables au revenu net annuel imposable pour le calcul de l'impôt général sur le revenu sont fixés de façon progressive, pour chaque tranche de revenu déterminé tel que prévu dans le barème de calcul de l'IGR ci-dessus :

Revenus compris entre

1000	Et	2 200 000	Francs	2%
2 201 000	Et	5 200 000	Francs	22%
5 201 000	Et	9 600 000	Francs	24%
9 601 000	Et	12 600 000	Francs	26%

12 601 000	Et	15 000 000	Francs	30%
15 001 000	Et	19 750 000	Francs	32%
19 751 000	Et	24 000 000	Francs	34%
24 001 000	Et	au-dessus		36%

Le barème ci-dessus s'applique aussi bien aux salaires qu'à l'ensemble des revenus du contribuable. Les impôts cédulaires constituent des acomptes de l'IGR. Ils sont directement imputables sur cet impôt.

Le revenu imposable au titre d'une année est le montant total du revenu net réalisé, acquis par le contribuable ou rendu disponible au cours de l'année. Ce revenu est déterminé à partir des propriétés et des capitaux que le contribuable possède, des professions qu'il exerce, des traitements, salaires, pensions et rentes viagères dont il jouit, ainsi que des bénéfices de toutes opérations lucratives auxquelles il se livre, sous déduction de certaines charges qui ne sont pas prises en compte pour l'évaluation des revenus cédulaires. Est assujettie à cet impôt, toute .personne physique ayant en Côte d'ivoire une résidence habituelle. Il s'agit notamment des contribuables suivants :

- les personnes qui possèdent en Côte d'Ivoire une habitation à leur disposition à titre de propriétaire, d'usufruitier ou de locataire ;
- les personnes qui, sans disposer d'habitation en Côte d'ivoire, ont dans ce pays le lieu de leur séjour principal ;
- les salariés qui, pendant leur congé hors de Côte d'ivoire, continuent à être rétribués en Côte d'ivoire par l'employeur qui y est situé.

En l'absence de résidence en Côte d'ivoire, les personnes physiques ivoiriennes ou étrangères acquittent l'impôt seulement en raison des bénéfices ou revenus perçus ou réalisés en Côte d'Ivoire. Au plan de l'imposition, les bénéficiaires des revenus sont imposés à titre individuel sur ces revenus. Toutefois, par dérogation à ce principe, l'imposition peut porter sur les revenus du foyer si le contribuable exerce l'option prévue à cet effet. Dans ce cas, le chef de famille est imposable tant en raison de ses revenus personnels que de ceux de sa femme et de ses enfants mineurs, majeurs incapables, étudiants habitant avec lui. Néanmoins, il est loisible au contribuable de réclamer des impositions distinctes pour ses enfants mineurs, majeurs incapables, étudiants lorsqu'ils tirent un revenu de leur propre travail ou d'une fortune indépendante. Des exonérations sont prévues en ce qui concerne les personnes âgées de plus de 70 ans au 1er janvier de l'année d'imposition et les personnels diplomatiques de nationalité étrangère, sous réserve de réciprocité en ce domaine. Des exonérations sont également prévues en ce qui concerne certains revenus tels que les intérêts des bons du Trésor ; les intérêts des obligations émises par le Trésor public, les pensions, prestations et allocations exonérées de l'impôt cédulaire et les lots de la Loterie Nationale ou des loteries organisées avec l'autorisation de l'Etat.

Les droits d'enregistrement constituent des droits perçus lors des transactions, signatures ou authentifications des actes juridiques et autres opérations effectuées par les personnes physiques et morales. Ils concernent notamment les actes de transmission de propriété, d'usufruit ou de jouissance de biens meubles ou immeubles et apports en société. Les taux appliqués en l'espèce sont fixes, proportionnels ou progressifs suivant la nature des actes et mutations qui y sont assujettis.

L'impôt sur le revenu des valeurs mobilières est perçu sur les sommes mises en paiement ou distribuées par les sociétés concernant notamment :

- des revenus ou produits non mis en réserve ou non incorporés au capital;
- des sommes ou valeurs mises à la disposition des associés, actionnaires ou porteurs de parts et non prélevés sur les bénéfices ;
- des dividendes, intérêts, arrérages, produits d'actions ;
- des indemnités de fonction, remboursements de frais et toutes autres rémunérations allouées aux membres du Conseil d'Administration

Si le taux de droit commun de cet impôt est 12 %, des taux particuliers existent tout de même et se présentent comme suit :

- 10 % pour les dividendes versés par les sociétés cotées en bourse ;
- 15 % pour les lots d'obligations ;
- 2 % pour tous les produits lots et primes e remboursement payés aux porteurs d'obligations émises en Côte d'ivoire et remboursables en 5 ans au moins ;
- 18 % pour les distributions de bénéfices exonérés de l'impôt sur les bénéfices ou n'ayant pas effectivement supporté cet impôt au taux de droit commun.

Pour les sociétés, compagnies ou entreprises qui n'ont pas leur siège en Côte d'ivoire, l'impôt est perçu forfaitairement sur 50 % du bénéfice retenu, s'il existe une convention fiscale internationale.

L'impôt sur le revenu des créances s'applique aux intérêts versés par les banques et autres prêteurs. Il est perçu au taux de droit commun de 18 % qui est ramené pour les intérêts, arrérages et autres produits des comptes de dépôts et de comptes courants ouverts dans les écritures d'une banque, d'un agent de changes ou d'un courtier en valeurs mobilières établi en Côte d'ivoire à :

-comptes de dépôts

Echéance des comptes de dépôts:	Particuliers	Entreprises
Inférieure ou égale à 1 an	13,5 %;	16,5%.
Supérieure à 1 an et inférieure ou égale à 3 ans	10%	10%
Supérieure à 3 ans et inférieure et égale à 5 ans	5%	5%
Supérieure à 5 ans	1%	1%

- comptes courants :

Particuliers : 13,5%

-Entreprises, qu'il s'agisse de personnes physiques ou morales : 16,5%.

Les taux de 13,5% et de 16,5% sont réduits de moitié pour :

- Les intérêts des prêts consentis pour une durée moins 3 ans par les établissements financiers installée à l'étranger ;
- Les intérêts des emprunts contractés par les sociétés holdings auprès d'établissements financiers installés à l'étranger.

Les impôts indirects sont composés de la taxe sur la valeur ajoutée (TVA), de la taxe sur les prestations de services, de la taxe sur les contrats d'assurance et des droits d'accises.

Au plan de la taxe sur la valeur ajoutée, elle constitue une taxe à paiement fractionné perçue sur les transactions commerciales à un taux unique de 18 % sur une base taxes. La taxe est payée mensuellement après déduction de la taxe acquittée sur les achats de biens et services. Le champ d'application du droit à déduction est large et les biens exonérés sont en nombre très limité, qui sont notamment les produits pharmaceutiques, les livres et journaux, les engrais, les produits alimentaires naturels.

La taxe sur les prestations de services est assise sur les agios et les commissions bancaires au taux de 10 %. Les personnes assujetties sont les banques et les établissements financiers. Elle est payée mensuellement.

La taxe sur les contrats d'assurance porte sur les conventions d'assurance ou rentes viagères conclues avec une société ou compagnie d'assurances ou avec tout autre assureur ivoirien ou étranger. Le paiement de la taxe est libératoire des droits d'enregistrement et de timbre. En fonction des risques couverts, plusieurs taux sont appliqués :

- 7% pour les assurances contre les risques de toute nature de navigation maritime, fluviale ou aérienne ;
- 25% pour les assurances contre l'incendie ;
- 5% pour les contrats de rente viagère ;
- 0,1% pour les assurances des crédits à l'exportation ;

14,5% pour les risques automobiles et tous autres.

Le taux de la taxe sur les contrats d'assurance maladie a été réduit de 14,5 % à 8 % dans le but d'accroître les capacités des compagnies d'assurances à assurer convenablement la couverture maladie des familles et des travailleurs et promouvoir ce produit. Il est ramené à 3% pour les assurances maladie de groupe.

Les droits d'accises constituent des taxes spécifiques qui s'appliquent à certains produits particuliers tels que les produits pétroliers, les boissons alcoolisées et non alcoolisées, les tabacs, les cartouches et le bois.

Le dispositif fiscal ivoirien offre de nombreuses mesures d'allégement dérogatoires du droit commun, destinées à favoriser l'activité productive en général, et l'investissement en particulier. Il s'agit d'un système fiscal concurrentiel qui favorise la croissance économique. Ainsi, outre ceux prévus par le Code général des Impôts, d'importants avantages fiscaux sont contenus dans les trois importants codes déclinés ci-après :

- le Code des investissements ;
- le Code minier ;
- le Code pétrolier.

Par ailleurs, la Côte d'ivoire a engagé depuis quelques années la création de zones franches au profit de certaines activités. Ce qui confère des avantages très étendus et des exonérations fiscales particulières de nombreux impôts sur une très longue durée. C'est le cas de la zone franche de la biotechnologie et des technologies de l'information et de la communication située à Grand Bassam et du régime d'entreprises franches de transformation des produits halieutiques.

Au titre du Code Général des Impôts, les mesures d'incitations fiscales prévues portent sur la réduction d'impôts, l'exonération d'impôts sur les bénéfices industriels et commerciaux, l'exonération de l'impôt sur les bénéfices des plus-values provenant de la cession en cours d'exploitation d'éléments de l'actif immobilisé et tous les autres avantages en faveur des restructurations d'entreprises, de l'habitat social et de la création d'emplois.

La réduction d'impôts se traduit par la possibilité de déduire, dans la limite de 50% des bénéfices réalisés, de chacun des exercices considérés sur les résultats des quatre exercices suivant celui de l'achèvement du programme. Cette déduction est plafonnée, selon les régions concernées, à :

- 25% du montant des sommes réellement investies, pour la région d'Abidjan (départements d'Abidjan, d'Aboisso, d'Adzopé et d'Agboville) ;
- 30% du montant des investissements pou les autres régions du pays.

L'exonération d'impôts sur les bénéfices industriels et commerciaux intervient pendant 5 années en ce qui concerne les bénéfices provenant exclusivement de l'exploitation effective d'un gisement de substances minérales concessibles en Côte d'ivoire. Des mesures relatives à l'exonération de l'impôt sur les bénéfices des plus-values provenant de la cession en cours d'exploitation d'éléments de l'actif immobilisé existent également.

Les mesures en faveur des restructurations d'entreprises sont constituées de :

- l'exonération temporaire d'impôt sur les bénéfices au profit d'entreprises qui reprennent une entreprise en difficulté.
- le régime spécial des fusions de sociétés, scissions apports partiels d'actifs : Ces opérations s'analysent comme une cession ou une cessation totale ou partielle activité.

Les allègements concédés sont :

- l'exonération des plus-values ;

- le transfert à la société absorbante des déficits fiscaux, des amortissements réputés différés et des crédits de TVA de la société absorbée;

- l'application d'un taux réduit de droits d'enregistrement.

Les mesures en faveur de l'habitat social portent sur :

- le régime des logements à caractère économique et social. Ainsi, les entreprises de construction dont le programme prévoit la réalisation d'au moins 100 logements cessibles à un prix unitaire inférieur à 15 000 000 francs CFA hors taxes (22 867 Euros), bénéficient de la réduction de 50 % des bénéfices imposables, de l'exonération de TVA sur les travaux de construction, les matériaux, les travaux d'assainissement et de voirie et réseaux divers.

- Ce régime fiscal concerne également les grands investissements qui y sont réalisés et qui permettent d'obtenir l'exonération de patente pendant trois ans, l'exonération de la taxe sur les prestations de services pour les acquéreurs, différentes exonérations pour le volet construction de logements, la construction d'unités industrielles etc.

Le système du crédit d'impôt pour création d'emploi permet qu'un crédit d'impôt de 100 000 francs CFA (153 Euros) soit accordé par an sur les bénéfices par emploi net créé par l'embauche de personnes de nationalité ivoirienne.

En ce qui concerne les mesures d'appui aux petites et moyennes entreprises, le Code Général des Impôts leur accorde un crédit d'impôt sur les bénéfices de 20 % de la valeur d'acquisition des brevets.

Au titre du Code des Investissements de 1995, il contient des mesures fiscales applicables à toute entreprise qui exerce dans les secteurs suivants :

- agriculture, élevage et pêche ;
- industries extractives et production d'énergie
- industries manufacturières ;
- productions et industries culturelles ;
- santé ;
- éducation ;
- tourisme.

Les avantages que le Code des Investissements accorde en l'espèce sont le régime de déclaration et le régime d'agrément.

Les entreprises admises au premier régime bénéficient, durant la période d'agrément, d'une exonération des impôts et taxes sur les bénéfices industriels et commerciaux, sur les bénéfices non commerciaux ainsi que sur la contribution des patentes et des licences. Progressivement, l'exonération est totale durant les premières années, réduite à 50 % l'avant dernière année puis à 25 % la dernière année sur une période de cinq (5) ans dans la région d'Abidjan et de huit (8) ans dans le reste du pays. Toutefois, ce régime ne prévoit aucune exonération en matière de droits de douane et de TVA.

Dans le second régime, les investissements de création et de développement d'activités permettent aux entreprises bénéficiaires d'obtenir les avantages suivants :

- application d'un droit d'entrée (droit de Douane et droit fiscal d'entrée) unique et préférentiel de 5 % sur les équipements et les matériels, pour les investissements égaux ou supérieurs à 50 000 000 de FCFA ;
- exonération des droits d'entrée (droit de Douane et droit fiscal d'entrée) sur les équipements, matériels, premier ;
- lot de pièces de rechange, pour un montant d'investissement égal ou supérieur à 2 000 000 000 de FCFA ;
- exonération de la TVA sur les matériels de production industrielle destinés à une activité exonérée de la TVA ou à la prestation de santé.

De manière générale, il s'agit d'exonération d'impôts sur les bénéfices industriels et commerciaux, sur la contribution des patentes et des licences ainsi que sur les impôts sur le patrimoine foncier dont le taux varie selon le volume financier investi. Ces exonérations sont réduites à 50 % puis à 25 % des taxes et impôts normalement dus respectivement l'avant dernière année et la dernière année de bénéfice des avantages.

Au titre du code minier, les avantages fiscaux offerts sont calqués sur les phases de recherche et d'exploitation. Ainsi, en phase de recherche, les avantages offerts sont l'exonération de 50% des droits d'enregistrement lors de la constitution de la société ainsi que de tous droits et taxes (droits de douanes et TVA) liés à l'importation des matériels, matériaux, machines et équipements nécessaires réalisation du programme agréé, y compris les pièces détachées pour une valeur n'excédant pas 30 % de la valeur CAF des biens d'investissement. En phase d'exploitation, les exonérations portent sur l'exonération des droits d'entrée (TVA comprise) sur les biens d'investissement importés pour la réalisation du programme agrée et l'exonération des droits et taxes (droits de douane et TVA) liés à l'importation des matériels, matériaux et équipements y compris les pièces détachées.

Au titre du code pétrolier fondé sur la loi n° 96-669 du 29 août 1996, les titulaires de contrats pétroliers et, le cas échéant, leurs sous-traitants et sociétés affiliées bénéficient de l'exonération :

- de tout impôt sur les dividendes versés aux actionnaires du titulaire du contrat pétrolier ;
- de tous impôts, droits, taxes ou contributions de quelque nature que ce soit, nationaux, régionaux ou communaux, frappant les opérations pétrolières et tous y afférents ;
- de la taxe sur la valeur ajoutée, de la taxe sur les prestations de services directement affectés à l'exercice de leurs activités pétrolières
- des droits d'enregistrement relatifs aux prêts, cautionnements et contrats liés aux opérations pétrolières.

Par ailleurs, les prestataires de services pétroliers et leurs sous-traitants bénéficient d'un régime fiscal simplifié qui accorde d'importants avantages, à savoir :

- l'impôt sur les bénéfices est assis forfaitairement sur 10 % du chiffre d'affaires hors taxes réalisé en Côte d'Ivoire ;
- l'impôt sur les traitements et salaires est assis sur une base forfaitaire égale à 10 % du chiffre d'affaires dans les mêmes conditions que pour l'impôt sur les bénéfices ;
- l'assujettissement à la taxe sur les contrats d'assurances au taux de 0,1 % du chiffre d'affaires.

Le système fiscal ivoirien instaure de nombreux autres avantages en faveur des entreprises sinistrées et des entreprises fermées ou délocalisées du fait de la crise militaro-civile afin d'alléger leur charge fiscale, de les aider au renouvellement de leurs immobilisations détruites et à leur refinancement. Il s'agit de :

- l'impôt minimum forfaitaire dont le plancher et les taux sont fortement réduits ;
- l'exonération de la taxe sur la valeur ajoutée sur les biens neufs acquis au cours de la période de crise en remplacement de ceux détruits ;
- la défiscalisation des prêts et abandon de créances ;
- l'exonération des droits d'enregistrement liés à leur réimplantation en Côte d'Ivoire ;
- l'exonération pendant deux ans de la taxe sur les prestations de services pour les créances bancaires non encore remboursées en raison de la délocalisation et pour les crédits de réinstallation ;
- l'abandon de certaines impositions exigibles ;
- l'impôt sur les bénéfices ;
- la contribution des patentes et licences ;
- l'impôt sur le revenu foncier et de l'impôt sur le patrimoine foncier des propriétés bâties.

Des mesures d'encouragement à l'épargne de longue durée sont prévues en matière d impôt sur le revenu des capitaux mobiliers, d'impôt général sur le revenu, de construction de résidences universitaires privées.

De ce qui précède, il suit que l'interventionnisme fiscal nourrit fortement l'interventionnisme budgétaire.

L'interventionnisme fiscal nourrit fortement l'interventionnisme budgétaire.

L'interventionnisme budgétaire, fondé sur la politique budgétaire de l'Etat, entretient des liens très étroits avec l'interventionnisme fiscal, car l'impôt demeure la principale source de financement des dépenses publiques. Judicieusement manipulée, la fiscalité peut constituer un excellent instrument d'orientation de l'expansion économique et du progrès social. Il s'agit, en fait, étant entendu que les impôts sont perçus sur le revenu ou sur la dépense, de faire varier leur taux ou leur assiette afin de modifier le comportement des ménages ou des structures économiques. A l'égard de ces dernières, il sera assigné au système fiscal, une fonction économique de modernisation, avec comme principaux domaines d'interventions l'incitation à l'investissement, à l'industrialisation, à la restructuration et à la compétitivité des entreprises.

Pour ce faire, l'Etat utilise une gamme très étendue de techniques qui intéressent la TVA qui, à cause de sa neutralité vis-à-vis du processus de production et de distribution, conduit les entreprises à s'organiser sur la base de critères économiques. Elles intéressent également les dépenses fiscales, c'est-à-dire les régimes fiscaux de faveur tels que les exonérations, les abattements, les décotes, les taux préférentiels, les déductions avantageuses.

Elles concernent aussi les taxes de pénalisation, dont l'objet est de soumettre à une imposition accrue, voire confiscatoire, certaines opérations tels que les constructions en surdensité, les implantations de bureaux en zone fortement pourvues ou certains comportements jugés indésirables (alcool, tabac). En Côte d'Ivoire, le Code des Investissements, qui promeut les exemptions fiscales, tient compte des objectifs d'industrialisation en encourageant l'investissement privé. Il définit deux types de régimes d'incitations qui sont le régime de déclaration et le régime d'agrément à l'investissement.

Ainsi, le promoteur peut être classé prioritaire, en créant une activité, et bénéficier d'un allègement fiscal de longue durée, 5 ans pour la zone A, 8 ans pour la zone B. En outre, le Code Général des Impôts prévoit des régimes fiscaux d'exception au profit d'une catégorie d'agents économiques.

C'est notamment le cas pour le régime de l'usine nouvelle qui prévoit une exonération de cinq (5) ans de l'impôt sur le BIC à compter de l'année qui suit celle de la mise en marche effective de l'usine nouvelle.

La manipulation de la fiscalité impose de reconnaitre à l'impôt un rôle conjoncturel. Il faut noter qu'à l'inverse des dépenses de l'État, la fiscalité a un effet stabilisateur. En effet, par son alourdissement, l'impôt conduit à la réduction du revenu disponible des particuliers et des entreprises pour l'achat des biens de consommation ou d'investissement. Il peut en résulter une atténuation de l'inflation mais simultanément l'activité économique sera moins soutenue. Par l'allègement de la pression fiscale par contre, l'activité économique sera stimulée, car les charges d'exploitation des firmes vont diminuer. Ce qui constitue une opportunité de récupération de revenus supplémentaires. La trésorerie ainsi reconstituée leur permettra de consommer ou d'investir davantage.

A la réflexion, bien que la fiscalité soit appréhendée comme un instrument de réformes structurelles ou un mécanisme de régulation automatique de la conjoncture, il est difficile de préciser son impact économique. Aussi, est-il permis de s'interroger par exemple sur l'efficacité de l'incitation à investir, contenue dans les codes d'investissement. Ce qui a fait dire au Professeur J.C. MARTINEZ dans "Lettre ouverte aux contribuables" Albin Michel, 1985, P. 130 que « la seule certitude de l'interventionnisme fiscal est là : il fait perdre des recettes ; il a un coût budgétaire évident, celui des moins values fiscales qu'il entraîne ». L'auteur a d'autant plus raison qu'en faisant par exemple allusion au rôle des codes d'investissements en Afrique, il convient de faire remarquer que la décision d'investissement est multifactorielle. En effet, «l'accord se fait pour reconnaître que la stabilité politique et économique, la présence d'une main d'œuvre qualifiée, les équipements d'infrastructure, la proximité des matières premières, la situation géographique du pays (côtier ou enclavé) sont des facteurs tout aussi déterminants pour l'investisseur».

Il suit donc que l'incitation fiscale n'est qu'un paramètre parmi d'autres et probablement qu'il n'est même pas le plus décisif. La généralité d'une pratique ne saurait donc signifier efficacité de ses résultats.

Dans le cadre de sa politique budgétaire, l'Etat va se servir du budget afin de réaliser des mesures sociales ponctuelles plutôt qu'une politique sociale d'ensemble. A cet effet, il va utiliser les dépenses publiques, en particulier les dépenses de transfert ou l'impôt, en particulier l'impôt sur le revenu. Dans cette optique, il s'agira d'assigner à l'impôt une option sociale, un rôle de réducteur des inégalités. C'est notamment le cas de l'impôt sur le revenu. Cet impôt emporte un caractère progressif selon lequel, plus le revenu s'accroît, plus le prélèvement augmente. Il tient compte de la situation personnelle du contribuable en exigeant un quotient familial. Il exonère un minimum jugé vital. Avec toutes ces caractéristiques, l'impôt sur le revenu poursuit un but d'équité verticale car il permet de modifier la répartition primaire des revenus entre catégories sociales résultant des lois du marché du travail grâce à une discrimination dans la taxation.

C'est également le cas avec la taxe sur la valeur ajoutée lorsqu'il est pratiqué une réduction ou une exemption du taux sur les produits de grande consommation. L'interventionnisme budgétaire autorise donc à agir à la fois sur les structures et la conjoncture.

Sur les structures, les effets de cet interventionnisme sont multiples. En effet, l'utilisation des dépenses publiques dans un but de modernisation et de développement du pays, par le financement de certaines infrastructures, est multiforme. Il peut s'agir de dépenses publiques d'investissement, fortement productives en ce qu'elles concourent à l'accroissement du patrimoine de l'État ou favorisent le développement de l'appareil de production de la Nation, grâce au jeu du multiplicateur d'investissement. Il peut également s'agir de dépenses pour la réalisation de logements, l'aménagement du territoire, l'urbanisation, la protection de secteurs sensibles, etc. toutes choses qui conditionnent le développement économique. Ces axes peuvent être renforcés par la multiplication des subventions et être également accompagnés du développement des avances et des prêts tels que les fonds sociaux en Côte d'Ivoire, ainsi que de garanties publiques d'emprunt ou à l'exportation.

A l'analyse, il convient de remarquer que les principaux effets de l'interventionnisme budgétaire sont l'amplification considérable des dépenses publiques illustrée par la « Loi de WAGNER » et leur socialisation accrue.

La « Loi de WAGNER », dite aussi d'extension croissante des besoins financiers de la puissance publique dans les pays industrialisés, a permis de conclure que sur une longue période, les budgets publics augmentent plus vite que la richesse nationale du fait des dépenses d'industrialisation, d'urbanisation, d'innovations scientifique et technologique, de sécurité sociale, de communalisation, de modernisation de l'Administration…Ce qui traduit le phénomène d'amplification des dépenses publiques. Quant à celui de leur socialisation, en France, l'analyse économique a démontré que plus de la moitié des dépenses des administrations publiques sont des dépenses de redistribution, compte tenu notamment du poids des prestations sociales. En Côte d'Ivoire, l'analyse fonctionnelle indique que l'essentiel des dépenses publiques sont consacrées à l'Éducation Nationale (40 %) et à la Santé (8%).

Sur la conjoncture, la masse des dépenses publiques, en créant des revenus qui seront consommés ou épargnés, et en stimulant la demande, produit un effet multiplicateur qui permet d'augmenter les niveaux de revenus et de l'emploi. Il faut noter cependant que du fait de leur caractère conjoncturel notamment, les dépenses budgétaires comportent une trop grande inertie pour être un efficace gouvernail du pilotage à vue. En effet, la politique budgétaire en tant qu'instrument de la politique conjoncturelle, est rigide à court terme car de fortes incertitudes pèsent sur le diagnostic conjoncturel. Le décideur politique aura du mal à agir efficacement car il ne connaît qu'avec retard la situation réelle, tant la fiabilité des données est inégale. Les marges de manœuvres seront particulièrement étroites. Tel sera le cas des engagements pluriannuels de réduction des déficits publics qui vont limiter le champ d'initiative du Gouvernement à des fins conjoncturelles pour les années à venir.

Ce qui va le conduire, dans la programmation du déficit budgétaire dans un horizon donné avec un pourcentage déterminé par exemple, à fixer une norme de croissance à moyen terme de la dépense budgétaire limitée à la hausse des prix. Implicitement, afin de maintenir le niveau des recettes, cela conduit à fixer une norme de stabilisation de la pression fiscale de l'État qui interdit les allégements nets d'impôts sur la période.

Par ailleurs, il devient difficile d'agir de façon discrétionnaire sur l'évolution des recettes fiscales, car les mesures prises en matière fiscale pour obtenir un effet très ciblé ne sont que très rarement réversibles tels que les privilèges fiscaux. En conséquence, seules les ressources non fiscales, en particulier le produit des privatisations par exemple, peuvent permettre de dégager temporairement une certaine manœuvre. Il s'ensuit que les dépenses les plus malléables du budget de l'État vont disparaitre progressivement pour ne laisser place qu'aux services votés qui sont des dotations pratiquement incompressibles. Le décideur politique risque d'être dans un contexte d'incertitude et de sous évaluation ou de sur évaluation marqué. Les incertitudes affectent autant les moyens utilisés que l'efficacité de l'instrument budgétaire, car les points sur lesquels doivent porter des mesures concrètes sont difficiles à déterminer. Ce qui est en contradiction avec la détermination des principales orientations de la politique budgétaire, qui requiert une identification la plus exacte possible des tendances de l'économie et des évolutions budgétaires constatées. Il faut, en effet, une distinction la plus précise possible de ce qui présente un caractère « conjoncturel» et de ce qui présente un caractère « structurel ».

Dans un contexte de conjoncture, il ressort qu'en définitive, la forte inflexibilité à court terme de la politique budgétaire résulte essentiellement de l'accumulation des déficits des engagements pluriannuels, combinée avec le stock de dette accumulée et les dépenses de sécurité sociale. Il s'agit, en fait, de tous les facteurs qui retracent les choix passés et qui hypothèquent lourdement les choix futurs. Il faut cependant réserver que la politique budgétaire, en tant qu'instrument de politique structurelle, conserve une certaine crédibilité. De ce point de vue, il faut faire attention à sa mise en œuvre, qui est dépendante des prévisions de recettes et du choix et de la rentabilité de l'instrument.

La politique budgétaire est conçue dès le stade d'élaboration du budget.

I.2 Elaboration et évolution du budget

Le processus d'élaboration du budget de l'Etat est construit autour du respect de certaines étapes majeures soumises à de fortes contraintes politiques et économiques, inhérentes à l'environnement international et au contexte national qu'il importe de développer d'abord avant de faire état de la fiche rédigée en soutien aux projets d'investissement.

I.21 Des étapes majeures de l'élaboration du budget

I211 Brève présentation de la Direction Générale du Budget et des Finances

L'approche du contexte actuel d'élaboration du budget de l'Etat ivoirien enseigne que la pratique conduite en la matière, fait de la Direction du Budget de l'Etat, le point de convergence principal des travaux entrepris à cet effet. Ainsi, cette Direction élabore le budget en s'appuyant sur les résultats des différents travaux sur les cadrages, à savoir le cadrage macroéconomique et le cadrage budgétaire, le programme d'investissement public (PIP), les effectifs et la masse salariale, les abonnements et les résultats des établissements publics nationaux. Il s'agit de travaux réalisés en amont par d'autres structures compétentes. Par ailleurs, l'œuvre d'élaboration du budget intègre également les instructions du Gouvernement et les amendements du Parlement qui agissent en aval.

La Direction Générale du Budget et des Finances (DGBF) exerce ses attributions conformément aux dispositions de l'article 76 du décret N°2007-468 du 15 mai 2007 portant organisation du Ministère de l'économie et des finances. Elles consistent en trois fonctions principales :

- La fonction « budget de l'Etat » : elle concerne la programmation pluriannuelle des ressources et emplois, le cadrage macro-financier des projets de lois de finances, la préparation des lois de finances, le suivi de l'exécution du budget et la reddition des comptes dans le cadre de la loi de règlement.
- La fonction « contrôle budgétaire » : elle se rapporte au contrôle financier et budgétaire des opérations de l'Etat et des Etablissements Publics Nationaux, ainsi qu'au contrôle de la gestion des Collectivités Décentralisées
- La fonction « évaluation des dépenses » : elle vise à suivre la réalisation effective des actions inscrites au budget, à apprécier les montants exécutés par rapport aux besoins réels et à analyser l'efficacité des dépenses et leur impact sur les populations cibles.

Placée sous l'autorité d'un Directeur général, assisté de deux Directeurs généraux adjoints et d'un Inspecteur Auditeur Général, la Direction Générale du Budget et des Finances assure les missions de contrôle et de suivi d'une part des services d'élaboration et d'exécution du budget et d'autre part des services de contrôle répartis sous les responsabilités des deux directeurs généraux adjoints. Quant à l'Inspecteur Auditeur général, il a en charge les activités d'évaluation des dépenses publiques.

La Direction Générale du Budget et des Finances regroupe une Cellule de Revue des Dépenses Publiques, onze (11) Directions Centrales et quatre (4) Services rattachés. La Direction des Politiques et Synthèses Budgétaires, la Direction du Budget de l'Etat, la Direction des Marchés Publics, la Cellule de Réformes Budgétaires et de Modernisation de la Gestion Publique jouent des rôles éminemment importants en matière de préparation et d'exécution du budget.

La Direction des Politiques et Synthèses Budgétaires est chargée de l'élaboration et de la gestion des politiques budgétaires. A cette fin, elle élabore le cadrage budgétaire et définit les enveloppes budgétaires allouées aux ministères, en veillant, entre autres, à la cohérence entre la politique macroéconomique et la politique budgétaire. Par ailleurs, elle a également pour mission de réaliser des études, d'assurer la synthèse des statistiques et de l'information budgétaire, de coordonner la formation des acteurs des dépenses publiques et du personnel de la Direction Générale.

La Direction du Budget de l'Etat a en charge la préparation du budget de l'Etat. A cet effet, elle assure la mise en place des cadres à moyen terme et des cadres sectoriels de dépenses publiques. Par ailleurs, elle participe à l'élaboration des programmes d'investissements publics et assure le suivi de l'exécution du budget, en gérant notamment les actes modificatifs, les dépenses communes en liaison avec la Direction de l'Administration de la base du SIGFIP.

La Direction des Marchés Publics est chargée de la programmation et du suivi des procédures de passation des marchés pour les crédits budgétaires assujettis à l'obligation de passer marchés. A cette fin, cette Direction conseille et assiste, techniquement et juridiquement, les autorités contractantes et maîtres d'ouvrages pour la planification de la commande publique. D'une manière générale, elle doit veiller à la bonne application et au respect des dispositions relatives au code des marchés publics.

La Direction du Contrôle Budgétaire a en charge l'ensemble des contrôles découlant de la tutelle économique et financière exercée par le Ministre chargé de l'Economie et des Finances sur les Etablissements Publics Nationaux. En conséquence, d'une part elle veille à l'application et au respect des dispositions législatives et réglementaires en vigueur et d'autre part, elle évalue et analyse la gestion financière desdits établissements.

La Direction du Contrôle Financier est chargée d'exercer un contrôle des dépenses de l'Etat et de coordonner les activités des contrôleurs financiers. Dans ce cadre, elle veille à la bonne exécution du Budget I'Etat, dans le respect des autorisations données par l'Assemblée Nationale.

La Direction de l'Administration du SIGFIP est chargée de veiller au bon fonctionnement du système SIGFIP et à l'intégrité des données. Elle participe à la mise en place du budget sur le système SIGFIP, à la gestion des opérations de clôture budgétaire et assure la gestion de la régularité des engagements et la mise en œuvre des actes modificatifs des crédits budgétaires. Par ailleurs, elle assure la déconcentration du système auprès des services extérieurs de l'Administration.

La Cellule de Réformes Budgétaires et de Modernisation de la Gestion Publique élabore les réformes relatives aux dispositions et aux traitements budgétaires, propose les améliorations des outils de gestion publique dans le sens de leur modernisation, améliore et suit la qualité des procédures de gestion publique.

En perspective, la Direction Générale du Budget et des Finances entend, principalement, mettre en place un modèle de cadrage budgétaire. En effet, avec l'adoption des cadres stratégiques de lutte contre la pauvreté, elle envisage une nouvelle approche de projection des dépenses, intégrant notamment les préoccupations d'amélioration des conditions de vie des populations. Il s'agit de concevoir la mise en place d'un modèle de cadrage budgétaire apte à soutenir la définition d'un cadre budgétaire à moyen terme (CBMT) cohérent avec les objectifs globaux définis dans le Document Cadre de Politique Economique. Cet instrument devrait permettre d'éclairer les choix de dépenses pour élaborer de véritables stratégies de développement grâce à sa capacité de simulation de l'impact des dépenses et d'évaluation des politiques budgétaires. Toutes choses qui devraient contribuer à une meilleure conception et à une meilleure exécution du budget au plan technique.

I212 Présentation du processus technique d'élaboration du budget de l'Etat

Techniquement, l'élaboration du budget est enfermée dans une période bien déterminée par la loi organique qui va de mars, marqué par l'envoi des dossiers standards de préparation du budget, à septembre, consacré à l'impression du projet de loi de finances. Cette période enregistre, en temps normal, l'élaboration technique du budget sur la base d'un chronogramme qui pourrait être décliné en ces phases principales :

- l'élaboration et la validation du cadrage macroéconomique (rétrospectives sur 2 à 3 ans et perspectives économiques pour les 3 à 5ans à venir) ;
- l'élaboration et la validation du cadrage budgétaire (esquisse des engagements financiers probables) ;
- la lettre de cadrage du Premier Ministre (fixation des orientations et des contraintes lourdes, inventaire exhaustif des engagements contractés par l'Etat, fixation des priorités et plafonds budgétaires par ministère) ;
- la notification des enveloppes budgétaires ;
- la préparation et l'organisation des conférences budgétaires ;
- les arbitrages de la Direction Générale du Budget et des Finances ;
- les arbitrages du Ministre de l'Economie et des Finances (derniers réajustements avant le Conseil de Gouvernement) ;
- l'examen du projet de budget en Conseil de Gouvernement et en Conseil des Ministres ;
- la finalisation du projet de loi de finances et la rédaction des documents budgétaires ;
- le dépôt des documents budgétaires à l'Assemblée Nationale.

L'étape préparatoire de la remise des dossiers standards de préparation du budget et des fiches projets aux directeurs des affaires administratives et financières, aux directeurs des établissements publics nationaux et aux chefs de projets vise à mettre à la disposition de ces personnes les documents à renseigner sur les besoins en fonctionnement et en investissement des services placés sous leur autorité. Elles appuient ces demandes, classées par ordre de priorité, de tous justificatifs nécessaires.

La première étape est celle des travaux techniques de cadrage macroéconomique par la Direction de la Conjoncture et de la Prévision Economiques (D C P E), en liaison avec la Direction Générale des Impôts, la Direction Générale des Douanes, l'Institut National de la Statistique et la

Direction Générale du Trésor et de la Comptabilité. En effet, la D C P E a en charge la production et le traitement de toutes les données statistiques nécessaires à une bonne préparation du budget. A cette fin, elle va procéder, de prime abord, au cadrage macro-économique. Cet exercice préalable s'impose dans la mesure où la gestion de l'économie nationale exige l'établissement et la maîtrise de prévisions fiables concernant les données économiques, à l'effet d'induire les orientations stratégiques de l'Etat en rapport avec l'horizon temporel arrêté, qu'il s'agisse du court et/ou du moyen termes. En cela, le cadrage macroéconomique constitue une étape majeure incompressible de la politique économique. Il en est la base car seul il permet de construire des modèles de fonctionnement de l'économie en permettant de faire des prévisions en fonction d'hypothèses d'évolution intégrant de nombreuses variables. En fait, l'élaboration du cadrage macroéconomique consiste à établir des prévisions sur les principaux indicateurs économiques et d'en déduire les prévisions de recettes pour l'année à venir.

La phase d'élaboration du cadrage macroéconomique ne saurait se concevoir ni s'achever sans la prise en compte du tableau des opérations financières de l'Etat (TOFE). Il constitue une synthèse qui retrace les opérations financières de l'Etat. Ainsi, il fait ressortir le tracé des recettes, celui des dépenses du budget général, des budgets annexes et des comptes spéciaux du Trésor ainsi que celui des opérations de financement.

Ces opérations de trésorerie de l'Etat contribuent au financement du solde budgétaire. Ce tableau retrace également les opérations des organismes autonomes.

Au terme de l'arrêté n°201/MEMEF du 1er juillet 2005, le Comité TOFE dispose d'un secrétariat technique assuré par la DCPE. Ce Comité est chargé de :

- Suivre l'évolution des recettes, des dépenses, du service de la dette de l'Etat et des opérations de financement de l'Etat ;
- Veiller à la régularité de la production et à la cohérence des données financières qui servent de support à l'élaboration du TOFE ;
- Veiller à l'élaboration sur une base mensuelle du TOFE ;
- Informer et au besoin proposer au gouvernement des solutions relatives à la gestion et aux réformes engagées en matière de finances publiques ;
- Centraliser, traiter et assurer la diffusion des informations auprès des bailleurs de fonds, des opérateurs économiques et du grand public.

Au-delà, du tableau des opérations financières de l'Etat, le cadrage macroéconomique prend également en compte le suivi de la conjoncture économique tant au plan national qu'international.

Au plan national, le suivi de la conjoncture consiste dans le diagnostic de l'état présent de l'économie, dans l'analyse des facteurs explicatifs des fluctuations et dans l'élaboration de prévisions sectorielles de court terme, c'est-à-dire à moins d'un an.

Le diagnostic de l'état présent est fondé sur la description de l'économie et de ses évolutions infra annuelles. De ce point de vue, la production nationale, composée notamment des productions agricole, minière et industrielle et des différents secteurs d'activités que sont l'énergie, l'automobile, le bâtiment, les transports et le commerce intérieur et extérieur font l'objet de suivi.

Quant à l'analyse des fluctuations, elle se fonde sur la connaissance des séries temporelles et leur traitement. Ainsi, elle permet de dégager des composantes cycliques et tendancielles de l'économie, de quantifier l'importance respective des chocs de court et long terme, d'analyser la volatilité d'indices et agrégats tels que les prix, le taux de change et les taux d'intérêt.

Le suivi de la conjoncture économique internationale s'impose par le contexte de la mondialisation. Il ne saurait en être autrement dans la mesure où ce contexte emporte une ouverture plus accrue des marchés et le développement des échanges. Ce suivi est donc indispensable impose en vue d'une meilleure analyse et d'une meilleure anticipation de l'évolution de l'économie nationale. C'est dans cette optique que les cours des principales matières premières et du pétrole brut sont suivis sur le marché international. A cet égard, il est important de signaler qu'en ce qui concerne particulièrement le commerce extérieur, les exportations sont fortement dépendantes de la demande et de l'offre sur le marché international et que l'évolution des taux d'intérêt des principaux marchés financiers permet d'apprécier la compétitivité des marchés financiers nationaux et sous régionaux.

De ce qui précède, c'est la Direction Générale de l'Economie qui élabore les estimations macro-économiques au titre de l'année en cours, en rapport avec l'Institut National des Statistiques. En se fondant sur ces prévisions et les grandes orientations du Gouvernement en matière de politique économique et sociale, cette direction réalise les projections pour les prochaines années, au moins trois ans, en esquissant les tendances lourdes au plan de la croissance économique. Le cadrage économique ainsi élaboré est validé par le Gouvernement en ce qu'il doit marquer ou non son accord à l'image de la situation macro-économique projetée par la Direction Générale de l'Economie. A ce stade, le Gouvernement peut procéder à des ajustements ou à de nouvelles orientations nées de l'évolution de la situation socio-politique et économique. Ce premier cadrage montre que «La préparation du budget ne peut s'effectuer indépendamment du contexte économique (car), par la masse des dépenses en jeu et la politique fiscale adoptée, le budget de l'Etat exerce une influence sur la conjoncture, économique. A l'opposé, celle-ci conditionne le rendement de l'impôt et par là même, les marges de manœuvre disponibles tant en termes de variation du déficit que de mesures fiscales ou de dépenses» in les « Notes bleues de Bercy» (du 16 au 31 octobre 1992). Par conséquent, les prévisions macro-économiques, tels que notamment le PIB, les importations, les investissements, les exportations, les consommations, les constitutions de stocks etc. fournies grâce au Budget Economique de la Nation, sont incompressibles pour le calcul prévisionnel des ressources attendues pour le budget de l'Etat. Cette démarche s'avère d'autant plus importante qu'une très grande partie des recettes fiscales, ressources principales du budget, demeure intimement liée à des facteurs économiques précis. Il s'agit notamment des encaissements de prélèvements de TVA, fortement tributaires de la consommation des ménages, de l'impôt sur les sociétés, des bénéfices des entreprises, de l'impôt sur le revenu, du revenu distribué aux ménages etc. Cet important travail de prévision incombe à la Direction de la Conjoncture et de la Prévision Economique et aux Services des Recettes de la Direction Générale de l'Economie qui y travaillent sur un horizon de deux ans au moins.

La seconde étape, qui est celle du cadrage budgétaire, tient dans les prévisions de recettes fiscales tirées de la croissance économique fixée dans le cadrage macro-économique et examinées avec les Régies Financières. Ainsi, sur la base du cadrage macro-économique, la Direction de la Conjoncture et la Prévision Economique fait des projections de recettes budgétaires pour l'année à venir. A partir de ces projections, la Direction Générale du Budget et des Finances prépare une première esquisse macro-budgétaire du projet de budget axée sur la recherche d'une meilleure visibilité de l'évolution des grandes masses de dépenses et de recettes et l'évaluation des possibles marges de manœuvre. Ce cadrage intègre en priorité les dépenses de la fonction publique, les dépenses des secteurs sociaux (éducation, santé), dépenses incompressible salariale, abonnement), les dépenses ciblées à caractère impératif (subventions SOTRA, cotisations patronales, frais d'élections...), dépenses découlant des Conventions et Accords signés avec les Bailleurs de Fonds, dépenses en capital, dépenses visant à accroître les recettes, les dépenses ayant fait l'objet de communications en Conseil des Ministres (appuyées d'études de faisabilité pour les dépenses d'investissement) etc. Elles constituent donc les engagements prioritaires de l'Etat.

Le cadrage budgétaire résultant donc de toutes ces considérations va offrir un tableau d'équilibre mettant en cohérence les engagements de l'Etat et les ressources mobilisables. Ces ressources comprennent des recettes intérieures, fiscales et non fiscales, et concours extérieurs, en termes de dons et prêts projets et d'appuis budgétaires. Ainsi donc, sur la base du cadrage macroéconomique, le cadrage budgétaire va permettre d'arrêter les grandes masses de dépenses et de ressources, en cohérence avec les orientations stratégiques du Gouvernement, à savoir ses priorités économiques et sociales intérieures et ses engagements extérieurs. Le niveau de ces ressources sera fixé dans un processus intératif qui intègre notamment les projections macroéconomiques qui permettent de dégager les capacités de création de richesses de l'économie, les projections des différentes règles et des échanges avec les partenaires au développement. Le cadrage budgétaire va ainsi conduire à la représentation du budget composé des grandes masses de dépenses de l'Etat, déclinées à partir des priorités économiques et sociales du gouvernement ainsi que des engagements extérieurs d'une part, et d'autre part, des grandes masses de ressources de l'Etat. C'est en cela que le cadrage budgétaire, qui permet de fixer les grandes masses de dépenses de l'Etat en cohérence avec les perspectives économiques et les contraintes de ressources, constitue une étape critique dans l'élaboration du budget de l'Etat. Cet exercice relève exclusivement de la responsabilité de la Direction Générale du Budget et des Finances.

En fait, le cadrage budgétaire constitue la somme de travaux techniques entrepris en vue de dresser un tableau de représentation des engagements de l'Etat mis en cohérence avec les perspectives économiques et les contraintes de ressources.

Ce cadrage, représentation synthétique du budget, est soumis au gouvernement en vue de son approbation, en termes de choix de dépenses et de niveau de ressources mobilisables. La validation apportée par le gouvernement au cadrage budgétaire proposé ouvre la voie à la répartition des enveloppes entre les ministères, les institutions et les collectivités décentralisées.

La troisième étape constitue l'étape de la détermination des enveloppes budgétaires allouées aux ministères, institutions et collectivités décentralisées. A ce stade, les propositions d'allocations des crédits par ministère et institution sont arrêtées sur la base du cadrage budgétaire. A cette étape, les orientations de la politique budgétaire du gouvernement sont précisées ainsi que la méthodologie et le calendrier de la préparation du budget.

L'exercice de répartition des enveloppes budgétaires entre les différents services de l'Etat et ses démembrements va consister à décliner les objectifs globaux prescrits dans le cadrage budgétaire en objectifs sectoriels. Cette méthode de détermination des enveloppes budgétaires emporte cinq (5) considérations majeures qui s'expriment comme suit :

- Le montant de l'enveloppe budgétaire pour une gestion à venir dépend des crédits votés et de l'exécution de ces crédits au titre de la gestion précédente ainsi que des repères financiers fixés au TOFE ;
- Les allocations arbitraires des ressources aux services « dépensiers » doivent être évitées ;
- La méthode sans plafond, qui permet aux ministères, institutions et collectivités décentralisées d'être autorisés à demander les couvertures des charges qu'ils estiment essentielles sans tenir compte des ressources disponibles, est abandonnée ;
- Les ministères, institutions et collectivités décentralisées sont exhortés à établir un ordre de priorité dans leurs dépenses. En conséquence, les gestionnaires de crédits doivent déterminer les domaines où il convient

d'effectuer des réductions de crédits et identifier les postes prioritaires nécessitant un accroissement de crédits pour les dépenses envisagées.

- Les enveloppes budgétaires ne sauraient augmenter que si, dans le temps, les recettes de l'Etat augmentent (meilleur rendement au recouvrement d'impôts et taxes d'une année sur l'autre, inscription au budget de concours au titre d'aide budgétaire...), ou bien si un évènement engageant la souveraineté de l'Etat se produit.

Les critères admis en matière de détermination des crédits budgétaires alloués aux ministères, institutions et collectivités décentralisées résident dans la prise en compte :

- Du niveau des crédits mis à disposition et de l'utilisation qui en a été faite au cours de la gestion précédente ;
- Des opérations nouvelles mises à charge par décisions du Conseil des Ministres, par d'autres assemblées décisionnaires ou des engagements pris avec les partenaires au développement et sociaux ;
- Des prévisions budgétaires en conformité des repères financiers fixés au tableau des opérations financières de l'Etat arrêté dans le cadre des programmes économiques et financiers conclus avec les institutions de Brettons Wood).

Cette démarche permet d'apprécier notamment :

- Le retentissement financier des décisions des autorités politiques et administratives (gouvernement, assemblée nationale, autres assemblées décisionnaires) ;

L'impact financier des engagements relatifs à différents secteurs des accords internationaux avec les partenaires au développement ;

- L'incidence financière des opérations de rationalisation des dépenses publiques contenues dans la matrice des actions définie avec les partenaires au développement (Fonds Monétaire International et Banque Mondiale)

L'étape de la lettre de cadrage du Premier Ministre constitue l'étape au cours de laquelle les enveloppes budgétaires ainsi établies sur la base des critères et considérations sus exposés sont communiquées aux ministères, institutions et collectivités décentralisées. Il s'agit d'une lettre ayant pour objet de :

- rappeler les grandes données de l'économie et leurs évolutions prévisibles, en situant le budget dans son environnement macro-économique ;
- préciser l'option politique budgétaire choisie, en termes de rythme de croissance des dépenses, avec indication des efforts à fournir en vue d'identifier les moyens d'accroissement de l'efficacité de la gestion publique et la recherche de toutes les économies possibles dans le train de vie de

l'Etat, de niveau de pression fiscale et de déficit budgétaire, de créations ou de suppressions d'emplois dans la Fonction publique ;

- établir un inventaire exhaustif des engagements pris par l'Etat, ainsi que des contraintes et des priorités y afférentes ;
- fixer par Ministère les « les enveloppes plafond » à l'intérieur desquelles les propositions budgétaires doivent se faire ;
- fixer une date limite pour la remise des propositions des Ministères à la Direction du Budget.

Cette lettre contient donc l'énoncé des priorités du gouvernement sur la base desquelles les enveloppes sont réparties par les services et selon leurs propres besoins. Les besoins complémentaires n'ayant pas de couverture en cette occasion peuvent être exposés en vue d'être examinés au cours des conférences budgétaires.

En considération donc des priorités du Gouvernement contenues dans les enveloppes communiquées et sur la base de leurs propres besoins en phase avec ces priorités, chaque ministère ou institution procède à la répartition des enveloppes communiquées. Cette phase se déroule essentiellement au sein de chaque ministère ou institution. Elle vise à recueillir les propositions des services et à arrêter les enveloppes par service. Cette opération est menée en tenant compte des priorités de chaque ministère concerné et en conformité des orientations générales de la politique budgétaire du gouvernement.

Au terme de cette étape, les Directeurs Administratifs et Financiers des ministères saisissent les propositions de répartition des enveloppes budgétaires des ministères dans le SIGBUD (Système Informatisé de Gestion du Budget) et les transmet électroniquement aux chargés d'études de la Direction Générale du Budget et des Finances.

A l'étape du retour des propositions budgétaires des ministères techniques à la Direction Générale du Budget et des Finances, les chargés d'études de cette direction préparent les conférences budgétaires. Il s'agit donc de l'étape de la préparation des conférences budgétaires. A cette fin, ils s'assurent que tous les services sont dotés de façon cohérente et que les opérations non dénouées des gestions antérieures sont prises en compte. Par ailleurs, ils analysent les demandes complémentaires de budget exprimées par les directeurs administratifs et financiers en ce qui concerne certains projets et services. Cette étape relève de la compétence exclusive de la Direction Générale du Budget et des Finances.

L'étape des conférences budgétaires permet, à la fois, d'analyser les propositions de répartition des enveloppes effectuées par les structures dépensières, de s'assurer de la pertinence des propositions de dépenses et de recenser les problèmes en suspens. Ces conférences se tiennent au niveau ministériel, au plan des effectifs et au plan du budget.

Au niveau ministériel, les conférences sont présidées par le Ministre de l'Economie et des Finances et chaque Ministre, accompagné éventuellement du DAAF, expose les questions restées en suspens lors des conférences budgétaires. Il s'agit de rechercher des compromis entre les propositions sectorielles des différents Ministres dépensiers, soucieux d'assurer le bon fonctionnement des services de leur département et les contre-propositions du Ministre de l'Economie et des Finances, responsable et garant de l'équilibre financier global de l'Etat.

La Conférence des effectifs consacre le catalogue des mesures nouvelles. À cet effet, elle examine les demandes en personnel formulées par les Ministères et arrête, à l'issue de ses travaux, les effectifs, ministère par ministère, qui sont pris en compte dans le budget.

Les conférences budgétaires permettent à la Direction du Budget de s'assurer que les répartitions de crédit tiennent compte des priorités et des engagements du Gouvernement, de recenser les difficultés rencontrées dans la répartition des enveloppes par Ministère et les doléances et autres suggestions. En conséquence, chaque Directeur des Affaires Administratives et Financières (DAAF) y est appelé à défendre ses propositions de ventilations des crédits alloués à son ministère, à indiquer les priorités de celui-ci et à justifier les demandes de crédits complémentaires. Il appartient donc à la Direction du Budget de sauvegarder la cohérence de l'ensemble de l'action gouvernementale et particulièrement de faire respecter les limites du niveau des ressources de l'Etat. Ces conférences sont élargies au Bureau National d'Etudes Techniques et de Développement (BNETD) et à la Direction du Plan. En fait, les conférences budgétaires constituent des rencontres consacrées à l'examen de la répartition des enveloppes proposée par les structures dépensières qui permettent de :

- s'assurer que les seuils fixés par le cadrage budgétaire, tels que prescrits par la lettre de cadrage, sont respectés ;
- s'assurer que toutes les unités administratives sont dotées effectivement de ressources, y compris les structures nouvellement créées ;
- s'assurer que les engagements antérieurs (reliquat, DENO…) sont pris en charge ;
- s'assurer que les opérations ponctuelles (achats d'ordinateurs, de meubles,…) de la gestion précédente ne sont pas systématiquement reconduites ;
- analyser les justifications des demandes éventuelles de crédits des ministères et institutions, ainsi que les problèmes en suspens et leur incidence financière ;
- s'assurer que les projets prévus aux programmes d'investissements publics sont pris en compte ;
- s'assurer que le catalogue des mesures nouvelles a été examiné.

L'étape de la tenue des conférences budgétaires avec les représentants des structures dépensières que sont les ministères, les institutions et les collectivités décentralisées est ouverte au Bureau d'Etudes Techniques et de Développement et à la Direction Générale du Plan.

L'étape consécutive à celle des conférences budgétaires est consacrée aux arbitrages et à l'édition de l'avant-projet de budget. Les arbitrages ont pour objet l'examen des points restés en suspens à l'issue des conférences budgétaires. En effet, au terme de ces conférences, la Direction Générale du Budget et des Finances procède à une synthèse des demandes complémentaires et effectue les modifications appropriées au cours desdits arbitrages. Après avoir donc discuté avec les différents ministères, la Direction Générale du Budget et des Finances arrête les niveaux des crédits alloués à l'ensemble des structures au terme d'un arbitrage ultime. A ce stade, un avant-projet de budget est édité et présenté en l'état au ministre chargé du budget. A l'effet d'être soumis en dernière analyse à l'approbation du Conseil des Ministres, le ministre chargé du budget arrête, après un dernier examen des dotations des ministères et des institutions, le niveau global du projet de budget.

A cet effet, il peut organiser des rencontres spécifiques avec certains ministres. En tout état de cause, au terme de ce processus, les niveaux définitifs des dotations sont arrêtés en vue de la finalisation du projet de communication en Conseil des Ministres relatif à la présentation du projet de budget. Il suit donc que, si à l'issue des conférences ministérielles des points de désaccord subsistent toujours, qui sont en général d'ordre stratégique ou politique, ils sont portés à l'arbitrage du Premier Ministre. A charge pour ce dernier de signifier à chaque membre du Gouvernement les moyens financiers accordés à son département et rappeler les contraintes budgétaires de l'heure. A ce stade, le Premier Ministre peut toujours accorder des crédits à un ministère s'il les juge indispensables pour mener à bien sa mission. L'avant-projet est, éventuellement, repris sur la base des amendements apportés par le Premier Ministre et le Ministre de l'Economie et des Finances et devient le projet de budget de l'Etat de l'année à venir à soumettre à l'Assemblée Nationale.

L'étape qui suit celle de l'arrêté du niveau global du projet de budget est celle de la finalisation du projet de loi de finances et de la rédaction des documents budgétaires. Cette phase permet de prendre en compte les ultimes ajustements du Conseil des Ministres dans le projet de loi de finances et de procéder à l'édition des documents budgétaires. Cette phase est donc celle de l'examen de l'avant projet de budget en Conseil de Gouvernement et en Conseil des Ministres. L'avant projet est ainsi transmis par le Ministre de l'Economie et des Finances au Secrétariat Général du Gouvernement en vue de son examen en Conseil de Gouvernement. Une fois validé par ce Conseil, il est soumis au Conseil des Ministres qui, après délibération, adopte le projet de budget. Cette adoption marque la fin de l'intervention du pouvoir exécutif dans l'élaboration du budget.

À l'étape de transition vers l'Assemblée Nationale, les documents budgétaires sont déposés auprès de cette institution. En effet, les documents budgétaires édités sont transmis au Secrétariat Général du Gouvernement en vue de leur acheminement à l'Assemblée Nationale. Il s'agit des documents suivants :

- Le rapport de présentation ;
- Le projet de loi de finances ;
- L'annexe fiscale ;
- Le rapport économique et financier ;
- Le catalogue des mesures nouvelles ;
- L'annexe sur le budget des établissements publics nationaux ;
- L'annexe des dotations transférées aux collectivités territoriales ;
- L'annexe sur le budget des représentations de la Côte d'Ivoire à l'extérieur.

En principe en septembre, tous les documents budgétaires doivent être examinés par le Conseil des Ministres, dont les avis constituent des orientations de la politique économique devant être pris en compte pour y être intégrés, puis déposés au plus tard le premier mardi du mois d'octobre sur le Bureau de l'Assemblée Nationale. Le projet de budget est présenté par le ministre chargé du budget à l'Assemblée Nationale qui l'examine puis procède à son vote sous la forme de la loi des finances de l'année. Elle est promulguée par la suite par le Président de la République et rendue exécutoire.

La voie de l'Assemblée Nationale peut être remplacée par celle de l'ordonnance. En effet, le Président de la République peut, lorsque l'Assemblée Nationale est défaillante, signer un projet d'ordonnance en vue de la promulgation et de la mise en exécution du budget.

Schématiquement, l'ensemble des ministères et des établissements publics participent à l'élaboration du budget dans la mesure où chaque structure présente son budget à la conférence budgétaire pilotée par la Direction Générale du Budget et des Finances. Au terme de cette conférence, la Direction Générale arrête, de concert avec les différentes directions des affaires administratives et financières des départements ministériels, un niveau financier des engagements susceptibles d'être contractés par l'Etat traduit par une enveloppe budgétaire. Cette enveloppe est, par la suite, soumise à l'approbation du Conseil des Ministres par le canal du Ministre en charge du budget. Le Conseil statue sur le projet de budget puis le transmet à l'Assemblée Nationale pour analyse et échanges avec le Ministre de l'Economie et des Finances en vue de son adoption. Car, selon l'article 79 de la Constitution ivoirienne « L'Assemblée Nationale vote le projet de loi de finances dans les conditions déterminées par la loi ». L'article 61 précise que « L'Assemblée Nationale vote la loi et consent l'impôt ». L'article 76 prévoit que « La loi fixe les règles concernant l'assiette, le taux et les modalités de recouvrement des impositions de toute nature…Les lois de finances déterminent les ressources et les charges de l'Etat ».

« Le débat budgétaire est l'instant privilégié ou le Parlement peut exercer la plénitude de son contrôle sur les actions du Gouvernement et de l'Etat. » aux dires d'Alain POHER, ex-Président du Sénat français. En effet, après son dépôt et sa distribution le 1er mardi du mois d'octobre, le projet de loi de finances est discuté et votée par l'Assemblée Nationale en deux grandes phases successives, celles de l'examen en commission suivie des débats en séance publique.

L'étape des discussions en commission est conduite par la Commission des Affaires Economiques et Financières de l'Assemblée Nationale qui, en cette occasion, peut formuler des critiques et proposer des amendements sans procéder, toutefois, à un bouleversement du texte. Dans cette commission, les rapporteurs procèdent à un examen technique approfondi du projet de loi de finances. Ainsi les rapporteurs spéciaux étudient les budgets des différents ministères et les budgets annexes éventuels pendant que le rapporteur général donne une vue d'ensemble sur la situation économique générale et conduit une analyse globale du texte avant son exposé en séance plénière.

En séance publique, tenue généralement entre novembre et décembre, les discussions menées comportent une phase de discussion générale, au cours de laquelle le Rapporteur Général de la Commission des Affaires Economiques et Financières fait un exposé introductif général. Cette intervention est suivie d'un exposé du ministre chargé des finances sur la politique économique et financière, les objectifs et le contenu des principales dispositions du projet de loi de finances. Après cette double intervention, le débat général s'ouvre, suivi par l'examen des articles. En effet, à l'instar de tout projet de loi, le projet de loi de finances est également soumis à la procédure du vote article par article. A cet égard, il est important de signaler que la première partie du texte porte sur « les conditions générales de l'équilibre financier », à savoir l'autorisation de perception des ressources, la prévision des montants des recettes, la fixation des grandes catégories de dépenses et la détermination des données générales de l'équilibre tandis que la seconde partie a trait à la répartition des crédits, en termes de fixation des montants des dépenses par titre, d'autorisation des opérations des comptes spéciaux du Trésor et des budgets annexes.

Contrairement à la France ou chaque ministre vient défendre le projet de budget concernant son département ministériel, en Côte d'Ivoire, le projet est soutenu par le seul Ministre de l'Economie et des Finances qui, au besoin, peut être accompagné de certains de ses collègues à l'effet d'apporter des éclairages techniques spécifiques à leurs départements.

Au cours des discussions en vue de l'adoption du projet de loi de finances, l'article 78 de la Constitution déclare irrecevables tous les amendements qui sont de nature à aggraver les charges ou à diminuer les ressources de l'Etat pendant que l'article 40 de la Loi organique énonce l'irrecevabilité de la présentation de « tout article additionnel ou amendement, sauf s'il tend à supprimer ou à réduire effectivement une dépense, à créer ou à accroître une recette ou à assurer le contrôle des dépenses publiques » Ces dispositions sont en faveur du Gouvernement ivoirien, tout comme les dispositions constitutionnelles françaises qui permettent au Gouvernement de la France de recourir, selon le cas, aux procédures du vote bloqué ou de la question de confiance. La première contraint les membres de l'Assemblée Nationale à se prononcer en bloc sur un ensemble d'articles sous peine de dissolution éventuelle tandis que la seconde permet au Gouvernement de faire adopter des textes sans vote. Il suit que si les pouvoirs de l'Assemblée Nationale sont formellement proclamés par tous les textes fondamentaux , il n'en demeure pas moins que dans la réalité, le débat budgétaire est limité, au point qu'Edgar FAURE a pu dire à ce sujet en 1973 qu'il s'agissait de litanies et de liturgie budgétaires conduisant à la léthargie.

En tout état de cause, l'Assemblée Nationale doit se prononcer dans les 70 jours qui suivent le dépôt du projet de loi de finances. A défaut, les dispositions du projet peuvent, éventuellement, être mises en vigueur par voie d'ordonnance ou l'Assemblée est saisie pour ratification en session extraordinaire dans un délai de 15 jours au terme duquel, le budget est établi définitivement par ordonnance s'il n ya pas eu vote.

Par ailleurs, si le projet n'a pu être déposé en temps utile pour être promulgué avant le début de l'exercice, le Président demande d'urgence à l'Assemblée Nationale de reprendre le budget de l'année précédente par douzième provisoire, tout comme il peut « pour l'exécution de son programme, demander à l'Assemblée Nationale, l'autorisation de prendre par ordonnance, pendant un délai limité, des mesures qui sont normalement du domaine de la loi ».

Les dispositions sus-exposées permettent de constater qu'en fait, l'élaboration du budget recouvre deux volets, technique et politique. L'aspect technique intègre essentiellement les sept phases majeures que sont l'élaboration du cadrage macro-économique, l'élaboration du cadrage budgétaire, la détermination des enveloppes budgétaires, la lettre de cadrage du Premier Ministre, la tenue des conférences budgétaires avec les Directeurs des Affaires Administratives et Financières, les arbitrages budgétaires et l'édition du projet de budget. Le volet politique s'applique à la validation du cadrage macro-économique, la validation du cadrage budgétaire, l'adoption du projet de budget en Conseil des Ministres, le vote du budget par l'Assemblée Nationale et la promulgation par le Président de la République.

Toute cette procédure demeure marquée par de fortes tensions internationales et nationales.

I.213 L'élaboration budgétaire est soumise à de fortes contraintes internationales et nationales

Selon P. Lalumière, in « finances publiques, P. 180 » «La préparation du projet de Loi de Finances est directement influencée par des choix opérés en matière de politique économique ; c'est, en effet, en fonction des objectifs de celle-ci que sont déterminées la masse et l'orientation des politiques publiques, l'importance du prélèvement fiscal, le niveau du budgétaire... ». Il suit donc que le budget se présente comme le résultat de contraintes ressortissant à la fois de l'environnement international et du contexte national. En conséquence, il est immanquablement affecté par un environnement international marqué par une forte inflation, une dépression sur les marchés des matières premières, une hausse des cours du pétrole ou des taux d'intérêt sur les places financières...Toutes choses qui peuvent conduire, pour un pays en développement comme la Cote d'Ivoire, à une asphyxie du fait de la restriction des débouchés à l'exportation et de la raréfaction des recettes. Par contre, une libéralisation accrue des échanges internationaux et la réduction ou l'élimination des obstacles tarifaires constituent autant de facteurs aptes à favoriser l'élargissement de l'accès des pays émergents aux marchés mondiaux...Toutes choses qui améliorent à la fois la balance commerciale et les finances publiques.

Les contraintes qui pèsent sur l'élaboration du budget sont essentiellement d'ordre politique et économique

Au plan politique, l'idéologie et la conjoncture politique constituent les principaux facteurs qui déterminent l'orientation du budget dans sa phase d'élaboration. A titre d'exemple, en France, l'idéologie de la «Droite» considère l'interventionnisme budgétaire comme un moyen d'ajustement conjoncturel qui permet d'atteindre les trois «E», à savoir Epargne, Exportation, Emploi ; pendant que celle de la « Gauche» appréhende le budget comme un des moyens les plus importants pour réaliser les réformes de structures ; l'objectif prioritaire étant le partage du travail. Par ailleurs, par la présence et les actions des groupes et moyens de pression tels que le patronat, la grève des ouvriers, les revendications sociales et les séductions des promesses électorales, le budget s'insère intimement dans le contexte politique interne d'une part et d'autre part dans le contexte politique étranger, par les répercussions d'une augmentation de taxe sur les importations dans certains pays qui pèsent dans les échanges commerciaux mondiaux.

Au plan économique, lors de son élaboration, le budget de l'Etat demeure ouvert à la fois sur l'activité économique antérieure, la présente et les projections futures

L'ouverture du budget sur l'activité passée se traduit par l'intégration des comptes rétrospectifs du TOFE. En France, ces comptes constituent une des annexes du rapport économique et financier avec le rapport des comptes de la Nation, qui résume toute l'activité économique de l'avant dernière année par rapport au projet de budget. En Côte d'Ivoire, le Tableau des Opérations Financières de l'Etat, (TOFE) est un outil essentiel de prévision qui vise à faire refléter fidèlement, autant que faire se peut, la situation financière de l'Etat pour une période donnée. Ce tableau est surtout utilisé dans le cadre de la préparation et du suivi des différents programmes d'ajustements structurels (PAS) avec le Fonds Monétaire International (F .M.I.) depuis 1988. La structure du TOFE, constituée de quatre(4) grands postes, est détaillée comme suit :

1) Les Recettes : les recettes fiscales(de tous les organismes collecteurs : Direction Générale des Impôts, Direction Générale de la Douane, Trésor Public), les recettes non fiscales(des principales caisses : Caisse Nationale de la Prévoyance Sociale (CNPS), Caisse Autonome d'Amortissement (CAA), Caisse de Soutien et de Stabilisation des Prix des Produits Agricoles (CSSPPA) (jusqu'à sa disparition), Caisse Générale de Péréquation de prix des produits de grande consommation (CGPP) (jusqu'à sa disparition), Caisse Générale de Retraite des Agents de l'Etat (CGRAE) et les divers fonds pétroliers, les autres recettes non fiscales(Recettes domaniales, recettes diverses et accidentelles, recettes des services, fonds de soutien à l'habitat, recettes des comptes spéciaux du Trésor...)

2) Les Dépenses Primaires (hors intérêts sur dette) : les dépenses de personnel, les prestations sociales, Les autres dépenses de fonctionnement (salaires et traitements des agents des caisses et les dépenses de toutes natures pour le fonctionnement de l'appareil de l'Etat), Les déficits de stabilisation, Les dépenses d'investissement

NB :

a) La différence entre les recettes et les dépenses primaires (hors intérêts) est dite Solde primaire. Ce solde permet de voir la capacité de l'Etat à couvrir ses dépenses courantes. Ainsi :

- si le solde est positif, l'Etat a une capacité à rembourser une partie des intérêts sur dette intérieure et/ou extérieure ;

- si le solde est négatif, l'Etat n'est pas en mesure de rembourser les intérêts sur dette.

b) Le solde budgétaire : Solde primaire - intérêts dus sur dette publique:

- si ce solde est positif, l'Etat a une capacité financière lui permettant d'investir sans faire appel aux capitaux extérieurs ;

- si ce solde est négatif, l'Etat est obligé de recourir aux financements intérieurs et / ou extérieurs pour relancer l'économie.

3) Le Financement intérieur : cette rubrique présente toutes les possibilités dont l'Etat dispose pour mobiliser des ressources nettes en capital nécessaires sur le plan intérieur. Il s'agit de :

a) La Banque Centrale : Son financement s'effectue par le biais des instruments suivants :

Contreparties F.M.I. (rachat contre DTS de la monnaie nationale déposée au F.M.I. lors d'une opération de tirage de DTS) :

- avances statutaires que la BCEAO peut accorder à l'Etat et qui s'élèvent à 20 % du montant total des recettes constatées d'une année passée ;
- conventions de consolidation permettant la transformation de certains arriérés vis-à-vis des opérateurs économiques, en emprunts de l'Etat vis-à-vis de la BCEAO ;
- dépôts et encaisses identifiés par la BCEAO comme propre au Trésor et qui constituent selon leur variation une source de financement pour l'Etat.

b) Les Entreprises publiques par le processus :

- des avances nettes à l'Etat (transfert de fonds au bénéfice du Trésor) ;
- dette restructurée (restructuration de la dette de l'Etat contractée auprès des entreprises publiques) ;
- variation d'arriérés (sommes dues par l'Etat et non payées aux entreprises publiques).

c) Autres possibilités par lesquelles l'Etat peut acquérir des moyens de financement : emprunts du Trésor, produits de la privatisation, les produits des cartes de séjour, ventes de logements...

4) Le Financement Extérieur : ce poste présente tous les moyens ou instruments par lesquels l'Etat mobilise des capitaux auprès de la Communauté internationale.

L'ouverture de la préparation du budget sur les indicateurs économiques et sociaux de l'heure conduit à considérer notamment le commerce extérieur et le taux de croissance sur le tableau économique et le niveau des prix et le chômage sur le tableau social.

En termes d'ouverture sur l'avenir, le budget économique constitue l'outil par excellence. C'est dans cette optique que, tenant compte de l'interdépendance entre l'évolution économique (en fonction des hypothèses de hausse des prix et des salaires, du développement de la production nationale, des exportations, les recettes budgétaires seront modifiées) et le budget de l'Etat (Le budget (par le niveau des recettes et des dépenses publiques) est u instrument d'action sur la situation économique générale), l'élaboration de la Loi de Finances est accompagnée de celle du Budget Economique de la Nation.

Ce document, qui consacre les comptes prospectifs, constitue des projections macroéconomiques qui découlent de la conjoncture nationale et permettent d'établir l'ensemble des ressources et des emplois pour l'année à venir. Les techniques de la comptabilité nationale et du Plan s'ajoutent également au Budget économique et au TOFE.

Schéma du budget économique

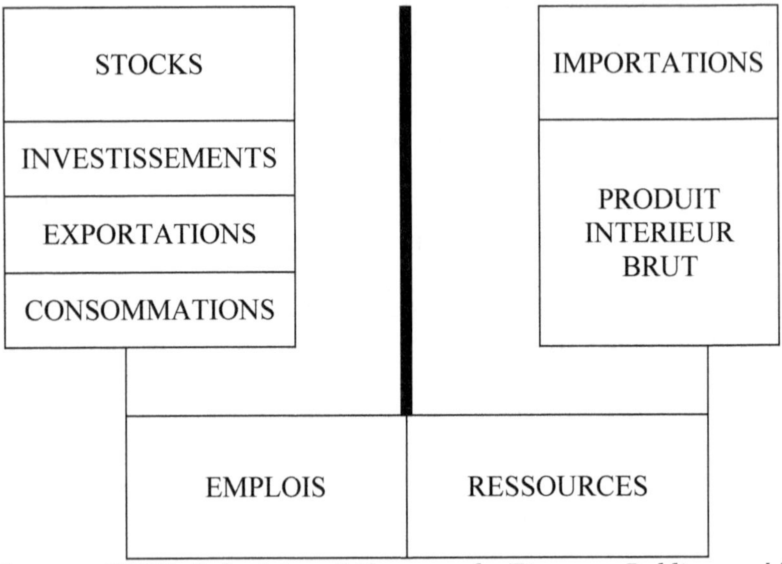

Source : CISSE Bakari in « L'épreuve de Finances Publiques »édition 2001

Tableau synthétique des contraintes d'ordres international et national de la préparation du budget

Contraintes de l'environnement international		**Contraintes de l'environnement national**		**Budget de l'Etat**		
Inflation (transmise par les coûts)		**Contraintes politiques :**		**Charges**	**=**	**Dépenses**
Cours des matières premières Cours du pétrole Taux d'intérêt sur les places financières		L'idéologie politique et la conjoncture politique avec les groupes de pression (patronat, grèves et revendications des syndicats).		**Dépenses de fonctionnement** : Salaire, abonnement, fournitures, carburant, entretien,…		**Recettes fiscales** **Recettes non fiscales** **Transferts et dons reçus** **Emprunts**
Obstacles tarifaires, dumping		**Contraintes économiques :**				

contingentement Programmes d'ajustement structurel **NB :** Les facteurs susmentionnés peuvent favoriser ou restreindre les débouchés à l'exportation, améliorer ou non la balance commerciale et par voie de conséquence, les finances publiques, les recettes n'étant que le produit des activités économiques.		**TOFE** : Recette, Dépenses primaires, financement extérieur **Indicateurs économiques** : Commerce extérieur, taux de croissance, revenus, profits, épargne nationale **Indicateurs sociaux** : Niveau des prix, chômage **Budget économique** : PIB, importations, stocks, investissement, exportations, consommables		**Dépenses en capital** : Routes, adductions d'eau, centres de santé, électrificati on… **Dépenses de redistributi on** : ou de solidarité nationale et de justice sociale		**et cessions** de meubles, immeubles, remboursem ent et reversement s au profit de l'Etat.

Source : CISSE Bakari « L'épreuve de finances publiques » édition 2001

I.214 Présentation de la fiche « projet d'investissement public » éditée pour l'élaboration du budget

En vue de l'élaboration du budget et dans le cadre de la collecte des données nécessaires à cette fin, des dossiers standards de préparation du budget sont remplis par les différents acteurs des services dépensiers. Ils concernent le budget dans ses composantes de fonctionnement, d'investissement et de comptes spéciaux du Trésor. A cet égard, des fiches sont éditées dont les plus importantes relèvent des investissements publics.

En effet, la fiche « projet d'investissements publics » constitue le support privilégié des requêtes élaborées en vue du financement des projets d'investissements que les services de l'Administration publique entendent initier. Son remplissage correct constitue le gage d'une préparation sérieuse du projet. A cette fin, la fiche élaborée comporte sept pages qui se présentent, chacune, comme suit :

- Première page : constituée de quatre rubriques relatives aux responsables du projet, à son identification, aux dossiers et projets avec financements extérieurs, elle comporte également le nom donné au projet. Les rubriques qui la composent sont présentées ainsi :

- Destination : il s'agit du code donné au projet dans la nomenclature budgétaire. Etant entendu que seuls les projets d'exécution peuvent porter un code destination, cependant, les cases y afférentes ne sauraient être remplies pour les projets nouveaux. Ce code figure sur les documents de notifications budgétaires envoyés par le Ministère de l'Economie et des Finances après l'adoption de la loi de finances.

- Responsable : il s'agit des noms, prénoms et des contacts du responsable du projet, qui est en général le premier responsable de la structure qui fait la requête.

- Rédacteur de la fiche : il s'agit des noms, prénoms et des contacts de celui qui remplit la fiche.

- Date de remplissage de la fiche : il s'agit de la date à laquelle la fiche est remplie.

Le renseignement de ces rubriques permet d'identifier et de garder le contact avec les concepteurs du projet pour d'éventuelles informations complémentaires.

-Identification du projet : cette rubrique comprend les trois parties suivantes :

- Première partie : elle est remplie par le rédacteur de la fiche et comporte la section ou ministère, à savoir le ministère ou l'institution de l'Etat qui assure la tutelle du projet, le nombre de phases, c'est-à-dire le nombre total d'étapes d'exécution du projet identifié par un chiffre, la date de démarrage qui est la période de démarrage de l'exécution effective sur le terrain de la phase en vigueur, la durée du projet en termes de nombres d'années nécessaires à l'exécution du projet,

- la zone d'exécution qui est la sphère géographique d'exécution du projet (région, département, district, commune, hors CI) et le milieu d'exécution du projet, en zone urbaine ou rurale.

Il reste entendu que la division en phases d'un projet peut se faire à priori ou à postériori. Elle est faite à priori lorsque dès la conception du projet, les grandes étapes homogènes ont été prédéfinies avec la durée de chacune d'elle. La division est faite à postériori, lorsqu'initialement prévu en une phase, les réalités du terrain nécessitent la mise en œuvre d'autres activités pour la consolidation des résultats du projet. Le numéro de la phase indique le rang de la nouvelle orientation donnée au projet après l'atteinte des objectifs antérieurs. Il est identifié par un chiffre.

Il reste également entendu que si le projet est mis en œuvre à cheval sur le rural et l'urbain, les rubriques correspondant à cet état de fait sont renseignées en conséquence.

- Deuxième partie : Elle est remplie relativement au montant récapitulatif des coûts, soit l'agrégation du coût total du projet et de la demande de financement pour l'année de base du programme.

- Troisième partie : Elle est remplie par les services de la Direction Générale du Plan qui prennent en compte les données suivantes :

- Le code du projet : les deux premiers chiffres correspondent au code du sous-secteur, les quatre suivant à l'année de base de la programmation et les trois dernières constituent le numéro du projet dans sa catégorie ;

- L'année de base de la programmation : c'est la première année de la période triennale correspondant au programme en cours d'élaboration ;

- Le type de projet : variable de catégorisation du projet selon le domaine et la nature des tâches à exécuter ;

- Le type d'intervention : sous composante du type du projet, il permet d'identifier le volet du projet, c''est-à-dire la ou les tâches spécifiques à exécuter ;

- Le secteur : il s'applique aux besoins collectifs fondamentaux à satisfaire, conformément à la classification des secteurs d'activités de l'administration ivoirienne retenus dans la classification budgétaire ;

- Le sous-secteur : il renvoie à la fonction principale dans la classification budgétaire. Il permet d'identifier les activités contribuant à un même objectif permettant de répondre à l'un des besoins fondamentaux ;

- L'Impact socio-économique : il s'agit des effets de la mise en œuvre du projet sur les populations bénéficiaires. Il permet de vérifier le type de projet et particulièrement d'identifier les projets contribuant à la réduction de la pauvreté ;

- L'ordre de priorité du Ministère : il s'agit du rang attribué au projet lors du classement par ordre de priorité de l'ensemble des projets du Ministère. Il est identifié par un chiffre.

La fiche projet est accompagnée de tous dossiers de nature à l'expliquer et à le soutenir en vue de l'obtention du financement. Ainsi, qu'il s'agisse d'un projet en cours d'exécution ou d'un nouveau projet, les différents documents nécessaires à sa compréhension et à son acceptation doivent être produits à son appui.

Un projet est si au cours de l'année précédente il a bénéficié d'un financement interne ou externe. Dans le cas contraire, il est nouveau. Ces documents sont notamment :

- Le rapport de la dernière supervision : il sanctionne la dernière visite effectuée sur le terrain par les responsables du projet ;

- Le rapport d'exécution : il s'agit du document élaboré par le gestionnaire de projet à la fin de chaque année et qui fait le bilan des activités menées ;

- Les termes de référence : il s'agit du document qui décrit les tâches du consultant en vue de l'étude à mener dans le cadre de la préparation et la conception du projet ;

- L'étude de faisabilité : c'est un document qui permet d'examiner la possibilité de réaliser le projet à travers une analyse de tous ses aspects ;

- Le rapport d'achèvement de la phase précédente **:** ce document consacre la clôture d'une étape d'exécution d'un projet. Ses conclusions permettent d'apprécier la nécessité d'engager de nouvelles opérations dans le cadre du projet. La nouvelle phase à initier est alors considérée comme un nouveau projet ;

- L'attestation du Secrétariat Général du Gouvernement : ce document sanctionne une communication en Conseil des Ministres et témoigne de la priorité que la mise en œuvre du projet constitue pour le gouvernement. Il est dès lors important pour les responsables des projets à soumettre en communication en Conseil des Ministres de se rapprocher des services de la Direction de la Programmation des Investissements Publics.

En dehors de ces documents, le projet peut être accompagné de tout autre document dont la production peut lui être profitable.

En ce qui concerne particulièrement les projets avec financements extérieurs, il est impératif de joindre à la fiche, les accords de financement surtout pour les nouveaux projets. Le tableau élaboré dans ce cadre comporte les rubriques suivantes :

- La source : elle indique le nom du bailleur et précise s'il s'agit d'un prêt ou d'un don ;
- La date limite de tirage : elle constitue la date au-delà de laquelle le bailleur de fonds entend mettre un terme à ses décaissements ;
- L'engagement contractuel : Il s'agit de savoir si l'assistance du bailleur est assujettie à une contribution précise de l'Etat ;
- L'avancement des négociations : il s'agit de préciser l'état d'avancement en termes d'état et de date. L'état étant entendu ici comme le niveau d'avancement des négociations et la date comme celle à laquelle cet état a été constaté.

La référence du document de la convention de financement est marquée ainsi qu'éventuellement la prorogation. Il s'agira, dans ce cas, de préciser si la demande de financement constitue une prorogation d'une convention antérieure et si tel était le cas d'en préciser la durée. En tout état de cause, la demande de prorogation ne saurait constituer un nouveau financement.

- Deuxième page : elle porte sur la description du projet et les variables qui y sont inscrites ressortent des termes de références élaborés par les initiateurs du projet. Le but recherché est d'en faire un résumé succinct. A cet égard, les rubriques à renseigner s'appliquent aux données suivantes :

- Les secteurs d'intervention : il s'agit de relever les caractéristiques du secteur, les stratégies sectorielles et les axes prioritaires de l'action gouvernementale sur lesquels le projet est fondé.

Au titre des caractéristiques, il s'agit de procéder à l'identification et au constat. L'identification consiste à donner le secteur et le sous-secteur tandis que le constat permet de décrire la situation dans laquelle se trouve le secteur. A titre d'exemple, dans le domaine de l'Education Nationale, l'identification portera sur le secteur de l'éducation, avec pour sous-secteur éducation de base. Le constat à dresser pourrait être le faible taux de scolarisation.

En ce qui concerne les stratégies sectorielles, elles s'appliquent aux stratégies définies par les différentes structures ministérielles. En l'espèce, Il s'agit de préciser la ou les stratégies (s) du Ministère que le projet concourt à réaliser. Les stratégies sectorielles sont aussi contenues dans les documents de base tels que le Document de Stratégie de Réduction de la Pauvreté, les Objectifs du Millénaire pour le Développement ainsi que dans les plans sectoriels tels que le Plan National de Développement Sanitaire, le Plan National de Lutte contre le SIDA etc.

Les axes prioritaires constituent les grands sentiers de l'action gouvernementale. Ils varient en fonction des orientations du gouvernement. Ainsi, selon les besoins de la période, il peut s'agir des axes de la Réconciliation, de la Reconstruction, du Redéploiement de l'Administration, du Désarmement, de la Démobilisation, de la Réinsertion, des Elections, de la Décentralisation, de la Gratuité de l'école, du VIH/SIDA, de l'Assurance Maladie Universelle, de la Lutte contre la pauvreté…

Le projet devra donc être situé dans l'un de ces axes convenus par le Gouvernement.

- Le problème à résoudre **:** il s'agit de relever le problème principal qui a motivé la requête de financement. A cette fin, il doit être concis et clairement défini.

- Les objectifs généraux du projet : ils précisent les bénéfices à long terme pour les bénéficiaires et la société et constituent l'objectif macroéconomique ou sectoriel auquel le projet devrait contribuer.

- Les composantes du projet : elles composent les grands volets du projet regroupant un ensemble d'activités.

- Les bénéficiaires : il s'agit de groupes cibles ou institutions directement affectés par la présence du projet. Ces bénéficiaires doivent être clairement identifiés grâce aux divers renseignements relatifs aux catégories, à l'âge, au sexe, à la géographie, au potentiel, aux faiblesses, aux craintes et aux espoirs etc.

- Les objectifs spécifiques : ils concernent les bénéfices immédiats du groupe cible ou les effets attendus par la mise en œuvre du projet.

- Les résultats : ils sont constitués des biens et/ou services qui seront livrés/rendus aux bénéficiaires. Ils sont quantifiés au besoin.

- Les activités : elles sont les actions élémentaires qui concourent à la réalisation du résultat attendu. Ainsi, elles décrivent ce que le projet se propose de faire dans chaque composante.

- Les coûts : ce sont les montants nécessaires à la réalisation des activités. Il s'agit donc de mentionner le coût de chacune des activités à mettre en œuvre.

- Le maître d'œuvre : il s'agit de la structure chargée de mener les études techniques et de contrôler l'exécution du projet.

- Le maître d'ouvrage : il s'agit de la structure responsable du projet (par exemple un ministère).

- Troisième page : cette page qui ne concerne que les projets en cours, c'est-à-dire ceux qui ont déjà bénéficié d'un financement, porte sur l'état d'avancement de l'exécution physico-financière du projet en cours. A cet égard, il s'agit de faire un bilan physique et financier de l'exécution du projet et de faire ressortir tous les problèmes rencontrés. Le bilan physique correspond au point des réalisations effectives depuis le démarrage du projet et le bilan financier au montant des engagements effectués, des ordonnancements, des DENOS (Dépenses Engagées Non Ordonnancées) ainsi que des passifs éventuels. Le bilan d'exécution financier doit correspondre aux dotations budgétaires annuelles. Cette page fait ressortir également les difficultés rencontrées dans l'exécution physico-financière du projet et souligne, au titre de l'observation générale, l'impression du gestionnaire du projet sur l'état d'avancement notamment en ce qui concerne les atouts, les faiblesses et les autres problèmes rencontrés,...

- Quatrième page : elle est relative à l'échéancier des prévisions en valeur (en millions de FCFA). Elle comporte deux tableaux dont chacun exprime la programmation des ressources par source et par nature de financement. Le premier tableau est rempli pour les projets spécifiques dont le financement est entièrement supporté par le Trésor (code 1), avec éventuellement une participation des collectivités territoriales (code 4), des populations (code 5) ou du secteur privé (code 6). Quant au second tableau, il est rempli pour les projets financés ou cofinancés par un ou des bailleur (s) de fonds sous formes de don ou de prêt, avec une contrepartie du Trésor et, éventuellement, une participation des collectivités territoriales, des populations ou du secteur privé. Il comporte les rubriques relatives au code de financement, qui retrace le type de financement et le degré des négociations, et inscrit le nom du ou des bailleurs. La source de financement, le coût total du financement selon le type de financement, le niveau de réalisation avant l'année n-, le niveau de réalisation en année n-1 et n-2, la dotation en année n, les prévisions correspondant aux demandes des trois années (n+1, n+2, n+3) de la programmation, le total des années (n+1) à (n+3), le montant du financement à réaliser après l'année n+3, la contrepartie du financement de l'Etat dans le coût total du projet cofinancé par le bailleur ou les bailleurs etc. constituent autant de rubriques à renseigner.

- Cinquième page : cette page est consacrée à la répartition des dépenses d'investissement. Dans ce tableau 3, il s'agit de préciser la durée de vie des natures d'investissement du projet et de faire une programmation financière des dépenses. Les éléments constitutifs de ce tableau sont les suivants :

- Désignation des investissements : par les libellés des articles et des paragraphes de la nomenclature budgétaire relatifs à ce type de dépenses, les dépenses d'investissement ou les dépenses de la classe 2 sont des dépenses relatives aux biens durables dont la vie utile est supérieure à 1 an (utile= servant à la production ici administrative) et /ou la valeur financière dépasse le seuil de 1 500 000 FCFA.

- Durée de vie : elle s'applique au nombre d'années nécessaires à l'amortissement de l'investissement. Il s'agit d'indiquer par un chiffre ce nombre d'années.

-Coût total : il désigne la dépense totale à effectuer pour la désignation d'investissement.

- Sixième page : cette page de répartition des dépenses de fonctionnement porte sur le tableau 4 et permet d'identifier les dépenses de fonctionnement relatives au projet et de faire une programmation financière de ces dernières. Les éléments inscrits dans ce tableau sont les suivants :

- Dépenses de fonctionnement : par les libellés des articles et des paragraphes de la nomenclature budgétaire relatifs à ce type de dépenses, les dépenses de la classe 6 sont les dépenses relatives aux biens de consommation courante ne remplissant aucune des deux conditions des dépenses de la classe 2.

-Septième page : cette page se rapporte à la répartition des dépenses par zone d'exécution du projet. Il s'agit d'indiquer le nom de l'entité décentralisée dans laquelle s'exécute le projet. Il est nécessaire de faire précéder le nom de l'entité de sa nature telle que région, district, département, commune. L'objet de la dépense portera sur la réalisation physique à laquelle correspondent les différents coûts, pendant que le montant total alloué à l'entité pour chaque objet de dépense sera précisé et que la part que représente le montant à allouer à l'entité par rapport au montant total du projet sera exprimée en pourcentage.

De manière générale, dans la phase de préparation du budget, en vue d'examiner efficacement les demandes de crédits budgétaires formulées par les Directeurs des Affaires Administratives et Financières auprès de la Direction Générale du Budget et des Finances, le Directeur Général leur adresse des correspondances qui mentionnent des indications portant essentiellement sur la constitution des documents listés ci-après :

- Véhicules

Etat exhaustif du parc automobile existant présentant : marque, immatriculation, puissance, année de mise en circulation, service utilisateur, état.

Affectation prévue ou service utilisateur envisagé.

- Entretiens : locaux, matériels informatiques, matériels de télécommunication, gardiennage, photocopieurs, etc.

Contrats ou marchés correspondants ou tout autre document

Tableau présentant l'état récapitulatif des matériels à entretenir ou un descriptif des locaux à garder.

- Acquisition de mobiliers

Tableau récapitulatif du parc mobilier existant avec les affectations par service ;

Tableau de répartition par service des biens à acquérir.

- Indemnités et frais de mission

Le calendrier des missions retenues par la Commission présidée par la Primature.

-Tout projet d'investissement :

Un tableau récapitulatif des points suivants

-Coût total, durée et prévision de réalisation physique du projet ;

-Prévision des réalisations physiques par années ;

-Cumul des dotations déjà consenties et aperçu de l'état physique du projet ;

-Dotation demandée et la réalisation physique attendue ;

-Accord de don ou de prêt pour les projets cofinancés.

Déjà, au stade de l'élaboration, le budget est soumis au respect de certaines règles qui constituent de véritables principes. Effet, des principes majeurs sont applicables au budget de l'Etat.

I.3 Des principes majeurs applicables au budget de l'Etat

La loi organique susvisée exprime des principes fondamentaux en ce qui concerne le budget. Il s'agit de principes nés dans le contexte de l'Etat libéral ou « Etat Gendarme » ou encore « Etat Bourgeois » en France au 19 è siècle. Leur double mission consistait à tendre d'une part vers l'exercice d'un contrôle efficace de l'Exécutif par le Parlement et d'autre part vers l'organisation d'une gestion comptable claire des deniers publics. Ce qui permettait de satisfaire à la fois l'objectif politique de contrôle et l'objectif technique ou financier de gestion.

Ainsi, l'élaboration et l'exécution du budget de l'Etat, et par conséquent de celui de l'hôpital, demeurent assujetties à un certain nombre de principes fondamentaux. Il est important de souligner qu'ils restent toujours d'actualité en dépit des coups de boutoir qu'ils ont reçus et qui ont introduit en leur sein de nombreuses inflexions. Ces grands principes budgétaires sont notamment les principes de la légalité, de l'équilibre, de l'unité, de l'annualité, de l'universalité et de la spécialité. Les quatre principes que sont l'annualité, l'unité, l'universalité et la spécialité jouent des rôles spécifiques dans le champ budgétaire selon Loïc Philip in Dictionnaire encyclopédique de Finances publiques, Economica, 1991 P. 1226. En effet, cet auteur fait remarquer que « la règle de l'annualité garantit la fréquence du contrôle et limite la durée de l'autorisation parlementaire, celle de l'unité offre une vue claire de la situation financière de l'État, celle de l'universalité lui donne les moyens d'exercer un contrôle effectif sur les recettes et les dépenses publiques et celle de la spécialité limite le montant de l'autorisation parlementaire et le pouvoir d'appréciation des ministres en matière de choix des dépenses.

I.31 Le principe de légalité

Le principe de légalité budgétaire signifie que le budget relève du domaine de la loi. Il n'est donc point une matière réglementaire. C'est ainsi que la Constitution dispose que le vote du budget est du domaine de la loi. Par conséquent, aucune recette ni dépense ne peut être ordonnée ou ordonnancée pour le compte de l'Etat sans être autorisée par la Loi. Ainsi, chaque année les Lois de Finances déterminent la nature, le montant et l'application des ressources et des charges de l'Etat, compte tenu de la conjoncture économique et de l'équilibre financier. C'est l'affirmation du principe de légalité. C'est une règle fondamentale des régimes démocratiques que le budget soit approuvé par l'Assemblée Nationale. Cette légalité procède de la Constitution ivoirienne qui précise que « la loi fixe les règles concernant l'assiette, le taux et les modalités de recouvrement des impositions de toute nature ». Par ailleurs, c'est la loi de finances qui « prévoit et autorise, pour chaque année civile, l'ensemble des ressources et des charges de l'Etat ».

Ainsi, chaque année, les lois de finances déterminent la nature, le montant et l'application des ressources et des charges de l'Etat, compte tenu de la conjoncture économique et de l'équilibre financier. A cet égard, il est important de noter que les ressources prises en compte revêtent un caractère évaluatif alors que les dépenses qu'elles doivent couvrir obéissent au caractère limitatif.

Ce qui signifie que les ressources de l'Etat ne peuvent faire que l'objet d'une évaluation dans le budget. En conséquence, les recettes qui y sont inscrites doivent être évaluées de manière sincère, car elles déterminent le montant des autorisations de dépenses. Les recettes n'étant pas limitatives, elles peuvent être dépassées. Leur nature même impose une évaluation sincère. En effet, il s'agit des impôts, des rémunérations des services rendus, des dons et legs, des revenus des domaines de l'Etat, des remboursements de prêts et avances. Le caractère limitatif des dépenses induit que les crédits sont limitatifs, sauf exceptions prévues par la loi, telles que la dette publique, la dette viagère, les pensions, les frais de justice et de réparation civile, les remboursements et restitutions. En conséquence, les dépenses sur crédits limitatifs ne peuvent être engagées et ordonnancées que dans la limite des crédits ouverts.

Si le vote de la loi de finances est du domaine de la loi de manière incontestable, il reste toutefois important de souligner que son initiative appartient au pouvoir exécutif. C'est en cela que le Ministre de l'Economie et des Finances, par délégation du Président de la République, élabore le projet de loi de finances, le présente à l'Assemblée Nationale, en expose les motifs et en soutient la discussion devant la Commission des Affaires Economiques et Financières. Ce pouvoir exclusif du Gouvernement en matière d'élaboration budgétaire tient principalement à des raisons techniques et politiques. L'élaboration du budget exige une technicité de plus en plus relevée en termes d'analyse des prévisions économiques, de maîtrise des techniques de planification, d'appréciation du rendement des recettes etc.

Au plan politique, la Constitution confie au Gouvernement la responsabilité de déterminer et de conduire la politique de la nation. Pour ce faire, il dispose de la loi de finances qui n'est rien d'autre que la traduction chiffrée de cette politique. Malgré ce monopole du pouvoir exécutif, le pouvoir législatif reste en selle en ce sens que ces deux pouvoirs se partagent, selon l'expression de L. Trotabas, « La loi des quatre temps alternés des pouvoirs financiers de l'Etat ». Ainsi au Gouvernement l'initiative puis à l'Assemblée Nationale la décision, ensuite au Gouvernement l'exécution et enfin à l'Assemblée Nationale le contrôle. En fait, c'est au nom du principe de légalité que les opérations de perception des recettes et de réalisation des dépenses sont possibles. En effet, il faut qu'elles aient été préalablement autorisées par le Parlement dans le vote de la loi de finances de l'année. La vocation de la loi de finances est d'être, avant tout, un acte d'autorisation donné par l'autorité législative à l'autorité exécutive.

I.32 Le principe d'équilibre

Le principe de l'équilibre budgétaire signifie que le projet de loi de finances doit prévoir les recettes nécessaires à la couverture intégrale des dépenses dans un équilibre parfait des montants. Par conséquent, l'Assemblée Nationale vote le budget en équilibre. En France, le Conseil Constitutionnel a érigé (le 24/12/1979) la définition de l'équilibre économique et financier, en un principe fondamental du droit public financier afin « d'amener le Gouvernement et le Parlement à prendre clairement leurs responsabilités en examinant conjointement les répercussions des mesures qu'ils décidaient » (G. DEVAUX, cité par R. MIZELLEC in« Finances Publiques », Sirey, 1986 P. 248. Les finances publiques orthodoxes sont restées attachées au principe de l'équilibre budgétaire en s'appuyant sur le modèle classique de l'équilibre économique de plein emploi. Dans un tel cadre, l'Etat est reçu comme un simple consommateur qui assure la couverture de ses charges régaliennes. Dans cette optique, de nombreux pays occidentaux et du tiers monde avec l'application des PAS, ont exprimé un choix de retour à l'équilibre. Ainsi- le Président français Mitterrand fixe un seuil du déficit à 3 % du PIB à ne pas dépasser en 1982, pendant qu'aux USA, en 1985, la loi GRAMM RUDMAN est adoptée en vue de mettre en place un sévère mécanisme d'austérité et de réduction automatique des déficits (par pallier). Ces options s'expliqueraient essentiellement par différentes raisons liées notamment :

- aux doutes suscités par les limites de l'application des politiques keynésiennes qui n'ont pu résorber le chômage et l'inflation qu'elles devraient annihiler ;

- à la théorie dite des «anticipations rationnelles», élaborée dans les années 1970 et selon laquelle les agents économiques, utilisant la même information que l'Etat, anticipent sur la conjoncture en cours ou à venir, de sorte que lorsque celui-ci applique ses politiques budgétaires, elles sont déjà dépassées ;

- à la thèse des néolibéraux qui expliquent que le déficit budgétaire par l'accroissement de la demande n'est pas le seul instrument de régulation économique, la réduction des impôts en constitue un autre, et qu'une action sur l'offre seule constitue le fondement de la richesse nationale. Par ailleurs, ils préconisent une neutralisation de l'action budgétaire publique afin de créer un environnement économique et fiscal favorable, sur la base de la théorie de l'offre, la nécessité économique de l'équilibre budgétaire, car les déficits budgétaires perturbent l'équilibre économique, et la subordination de la politique budgétaire à la politique monétaire (maîtrise des taux d'inflation, d'intérêts de change).

La justification politique essentielle de ce principe repose sur l'idée qu'il faut freiner l'intervention de l'Etat en l'obligeant à n'agir que dans le cadre strict de ses ressources réelles et propres. Il suggère une certaine neutralité des finances publiques par la limitation des dépenses publiques aux dépenses de fonctionnement et une modération de la charge fiscale. Sous cet angle, le principe préconise un équilibre comptable, étant entendu qu'en l'espèce, quelque soit la situation, le meilleur budget sera « celui qui frôle le déficit en dégageant un excédent symbolique ». L'article 80 de la Constitution ivoirienne consacre ce principe en énonçant que « le projet de loi de finances doit prévoir les recettes nécessaires à la couverture intégrale des dépenses. L'Assemblée Nationale vote le budget en équilibre». Force est de convenir aujourd'hui que le fétichisme d'un équilibre budgétaire absolu et hors du temps est largement révolu et que la politique à mettre en œuvre est celle d'une politique d'équilibre global, en ce sens que «la politique financière doit s'efforcer non seulement d'équilibrer le budget stricto-sensu, mais les comptes généraux de l'économie, en fonction de la situation conjoncturelle ».

L'équilibre budgétaire qui représentait la règle d'or à laquelle tous les financiers classiques étaient le plus attaché; par sa valeur de maxime universelle pour toute saine gestion à leurs yeux, a également influencé la pensée financière moderne, sauf qu'«à l'idée traditionnelle d'un équilibre purement financier, on tend à substituer celle d'un équilibre économique général ». En effet, il s'agissait donc d'un équilibre purement comptable qui semble aujourd'hui dépassé avec les théories de John Maynard KEYNES. Cet auteur démontre que selon le contexte économique, le déficit peut être bénéfique ou néfaste sur la relance de l'économie. Le principe fondamental en la matière réside dans le fait que l'équilibre économique et financier fait l'objet d'un rapport qui le définit et qui accompagne la loi de finances. Il s'agit, en fait, pour le gouvernement de formuler des objectifs, compte tenu des données prévisionnelles de l'économie nationale et internationale sur lesquelles reposent les hypothèses budgétaires retenues pour l'élaboration du projet de loi de finances.

Elles portent notamment sur le taux de croissance économique permettant de déterminer les recettes fiscales. Il va sans dire que la définition de l'équilibre économique et financier qu'emporte le vote de la loi de .finances est la traduction pour l'année de l'impact du budget de l'Etat sur l'économie nationale.

La définition d'un tel équilibre a été élevée à hauteur de « principe fondamental» par le Conseil Constitutionnel français dans sa décision n° 79-110 DC du 24 décembre 1979. En conséquence, l'équilibre financier auquel se réfère la loi de finances est inclus dans l'équilibre économique et financier et dominé par celui-ci. Cet équilibre résultera de la comparaison des ressources et des charges de l'Etat apparaissant dans la loi de finances sous la forme d'un tableau « d'équilibre» englobant budget général, budgets annexes et comptes spéciaux du Trésor et présentant un solde éventuellement négatif.

Il s'agit, comme le précise la loi des finances, d'un équilibre économique et financier. Dès lors, l'équilibre arithmétique des classiques cède sa place à une autre conception de l'équilibre budgétaire en ce sens que cet équilibre devient un instrument de politique économique de l'Etat. Il faut voir ici une manifestation caractérisée des finances modernes placées sous l'influence de Keynes.

En vue de protéger le principe de l'équilibre budgétaire, l'article 78 de la Constitution ivoirienne prévoit, à l'intention du législateur, que « les propositions et amendements déposés par les membres de l'Assemblée Nationale ne sont pas recevables lorsque leur adoption aurait pour conséquence soit une diminution des ressources publiques, soit la création ou l'aggravation d'une charge publique, à moins qu'ils ne soient accompagnés d'une proposition d'augmentation de recettes ou d'économies équivalentes ». Cette disposition de portée générale est exprimée sous une forme plus contraignante par la loi organique relative aux lois de finances en ces termes : « Aucun article additionnel, aucun amendement à un projet de loi de finances ne peut être présenté que dans les conditions déterminées par l'article 78 de la Constitution ou s'il tend à assurer le contrôle des dépenses ».

Il faut souligner qu'un tel équilibre est tout à fait spécifique au budget de l'État et ne correspond pas à l'équilibre budgétaire pratiqué par les autres personnes publiques que sont les collectivités territoriales et les établissements publics. En effet, celles-ci doivent faire ressortir une égalité parfaite entre les recettes et les dépenses.

I.33 Le principe d'unité

Le principe de l'unité budgétaire impose de présenter dans un document de synthèse l'expression chiffrée de l'activité économique et financière de l'Etat sur l'année. Aux termes de l'ordonnance française du 2 janvier 1959 « Toutes les recettes et toutes les dépenses sont imputées à un compte unique intitulé Budget Général ». A propos de la règle de l'unité budgétaire, A. PAYSANT faisait remarquer dans « Finances Publiques » P.23 Ed. MASSON 1979, qu'elle « n'est pas une simple question de reliure ; (mais qu') il s'agit d'une règle qui doit se traduire par l'existence d'un seul document de synthèse de l'ensemble des finances publiques ». Selon ce principe, au plan matériel, toutes les recettes et toutes les dépenses de l'Etat doivent être retracées. Au plan formel, ce tracé doit se faire dans un seul et même document. C'est dans le respect de cette double contrainte que les recettes et les dépenses doivent être présentées simultanément au vote de l'autorité budgétaire qu'est l'Assemblée Nationale.

La présentation du budget en un seul document permet de comparer les dépenses entre elles et d'en apprécier l'utilité relative. Le respect de ce principe permet aux députés d'évaluer plus aisément la charge totale que l'Etat impose aux contribuables.

Au plan technique, cette présentation du budget en facilite le contrôle, contrairement à la présentation qui repose sur une multiplication de documents, avec le risque de masquer certaines zones d'ombres, notamment en matière de déficit. Par ailleurs, politiquement, la règle permet d'avoir aux membres de l'Assemblée Nationale d'avoir une vue d'ensemble du montant et de la composition du budget et d'émettre, par conséquent, des opinions éclairées. La règle consiste donc à regrouper l'ensemble des dépenses et des recettes du budget dans un seul document afin de donner aux parlementaires une vue d'ensemble de la situation budgétaire et d'assurer une présentation claire et commode de celle-ci. Le principe de l'unité est résumé en ces termes par Gaston ZEZE : « le budget doit être présenté de telle façon qu'il suffise de faire deux additions pour obtenir le total des recettes et des dépenses et une soustraction pour savoir si le budget est en équilibre, en excédent ou en déficit ».

En Côte d'Ivoire, la règle de l'unité a connu une dérogation notable du fait de l'existence d'un budget spécial d'investissement et d'équipement à côté du budget général de fonctionnement, mais la réforme budgétaire réalisée en 1999 y a mis fin. Toutefois, il faut mentionner qu'avec les budgets autonomes des personnes publiques décentralisées, les budgets annexes, les comptes spéciaux du Trésor et les lois de finances rectificatives, des entorses sont portées au principe. Il s'agit du phénomène de débudgétisation qui constitue une atteinte caractérisée à l'unité du budget, dans la mesure où elle consiste à reporter sur des organismes autonomes le financement de charges jusqu'alors supportées par le budget de l'État. Elle constitue ainsi une tentation permanente du gouvernement pouvant lui permettre de réaliser plus facilement l'équilibre des dépenses et des recettes et, éventuellement, de cacher le niveau exact du déficit budgétaire. Par ailleurs, ce mécanisme permet, en outre, de placer hors du contrôle parlementaire de multiples interventions financières de la puissance publique réalisées dans la confidentialité.

Les budgets autonomes constituent les budgets de personnes publiques dont les comptes sont exclus des comptes financiers du budget de l'État. Ainsi, il en va des budgets des collectivités territoriales, des entreprises publiques et des établissements publics nationaux dont l'autonomie budgétaire accordée cache en fait souvent une grande dépendance financière vis-à-vis du budget de l'État, par l'octroi de subventions. Les budgets autonomes tranchent doublement avec les budgets annexes en ce sens qu'ils ne sont pas inscrits dans la loi de finances, les dotations qu'ils reçoivent ayant un caractère de subvention, et ils se situent en dehors des compétences du Parlement, car ils sont adoptés par Conseil d'Administration (ou Municipal) et ne sont pas publiés au Journal Officiel. Ces budgets sont soumis au double principe de participation, leur déficit est comblé par le budget général et leur excédent y est inscrit, et d'autonomie, ce qui leur permet de fonctionner comme des entreprises privées car ils disposent de ressources propres.

Les budgets annexes, à la différence des budgets autonomes, retracent les dépenses et les recettes des services non dotés de la personnalité morale. Il permet de retracer les activités des services qui, en principe, produisent des biens ou effectuent des prestations de service. Ils sont financés par les recettes d'exploitation et leurs comptes doivent normalement s'équilibrer. Cette technique a été abandonnée depuis 1992 en Côte d'Ivoire.

Les comptes spéciaux du Trésor sont normalement destinés à retracer des opérations à caractère temporaire qu'il est impossible d'intégrer dans le budget général.

Il en existe sept catégories aux termes de l'Arrêté n°1572/MEF/CAB du 31/12/1998 portant codification détaillée de la Nomenclature budgétaire de l'Etat. Il s'agit des comptes d'affectation spéciale, des comptes de commerce, des comptes de règlement avec les gouvernements ou autres organismes étrangers, des comptes d'opérations monétaires, des comptes de prêts, des comptes d'avances et des comptes de garanties et d'avals. Selon J.C. MARTINEZ, les comptes spéciaux du Trésor sont « presque des comptes de transhumance car ils retracent des fonds qui ne font que passer; c'est-à-dire des opérations « en dessous de la ligne » qui se soldent au total comme des opérations « blanches ». Il s'agit donc de comptes ouverts dans les écritures du Trésor à l'effet d'enregistrer des opérations de recettes et de dépenses effectuées en dehors du budget général, par des services d'État qui ne sont dotés ni de la personnalité juridique, ni de l'autonomie financière. Ainsi, leur création est destinée à retracer des opérations à caractère temporaire ou provisoire aptes à se solder en équilibre (prêts ou avances destinés à être rembourser, cautionnement d'un comptable public appelé à être restitué), à établir une corrélation entre certaines recettes et certaines dépenses, à évaluer avec précision le coût d'un service. Ils constituent un dépassement du principe dans son acception formelle ; en ce sens qu'ils sont individualisés dans le budget de l'État et traités particulièrement.

Les lois de finances constituent des lois dont l'objet consiste à réajuster les lois de finances initiales ou de l'année. De par leur existence, elles participent à brouiller les pistes de la règle de l'unité budgétaire. En effet, la multiplicité des lois de finances rectificatives rend difficile, au plan technique, le respect du principe de l'unité.

L'existence de ces exceptions ne constitue pas des infractions à la règle de l'unité en ce sens qu'elles sont légalement prévues par les textes en vigueur. Elles constituent, en fait, des assouplissements. Néanmoins, leur présence ne permet pas de donner aux parlementaires une vue globale de la situation financière de l'État, dans la mesure où ces budgets et comptes sont traités en dehors du budget général. Ce qui fait dire que « la proclamation de l'unité budgétaire tient plutôt d'une fidélité symbolique et rituelle qu'à un principe».

Car en définitive, la règle ne s'applique qu'au budget de l'État et elle « ne permet plus d'avoir une vue synthétique des finances publiques ».

I.34 Le principe d'annualité

Le principe de l'annualité signifie que le budget de l'Etat est élaboré pour un an et s'exécute dans le cadre d'une seule année. En effet, la loi de finances détermine pour l'année le montant des ressources et des charges de l'Etat. Elle se définit simplement en ce sens que la loi de finances est établie chaque année et pour un an, afin de permettre un contrôle périodique de l'activité gouvernementale. Le budget est donc préparé, voté et exécuté pendant une année. Par conséquent, une dépense non engagée avant la fin de l'année devient caduque. En conclusion, ce principe énonce que les prévisions et les autorisations budgétaires doivent s'exécuter sur la période d'une année.

Les fondements majeurs de cet important principe se déclinent aux plans politique, économique et technique. D'un point de vue politique, ce principe est censé garantir l'exercice des droits de l'Assemblée Nationale sur la gestion des ressources de l'Etat conduite par l'Exécutif. Au plan économique, il s'agit de coïncider avec le rythme de la vie économique et sociale, établi sur une année.

En général, cette période s'étend sur l'année civile qui va du 1er janvier au 31 décembre, contrairement à certains pays comme la Grande Bretagne, le Japon et le Canada qui font débuter l'année budgétaire le 1er avril pendant que d'autres la commencent le 1er juillet (Suède, Australie, USA). Au niveau technique, il s'agit d'établir les comptes de l'Etat dans un délai relativement raisonnable afin d'observer une certaine rigueur et de conduire le

Gouvernement et l'Assemblée Nationale à faire l'état exact de l'avancement des programmes et, le cas échéant, d'y apporter les rectifications idoines.

Des règles de présentation budgétaire, l'annualité budgétaire est celle qui fait l'objet des plus vives remises en cause. En effet, étant entendu que le budget s'offre de plus en plus comme un plan d'action financier au service d'une politique économique et sociale à moyen ou long terme, l'horizon annuel se révèle, en effet, insuffisant pour faire totalement coïncider l'activité financière et l'année civile. Ainsi, la règle de « l'annualité budgétaire ne signifie plus seulement un cadre annuel de la prévision budgétaire mais également une articulation annuelle d'une prévision pluriannuelle » selon Jean BONTOUX et Alain Collot in « Législation financière » (Budget), Ministère de l'Économie et des Finances, France, Avril 1977 P.34. Toutes choses qui ont conduit à l'adoption d'aménagements nécessaires en l'espèce relatifs tant au cadre annuel de droit qu'à l'exécution annuelle des crédits. En effet, de nombreuses dérogations existent et sont mises en œuvre selon qu'il s'agit de périodes inférieures ou supérieures au cadre annuel pendant que des adaptions sont exécutées concernant l'exécution annuelle du budget.

Lorsqu'il s'agit de périodes inférieures à un an, il peut être fait recours aux mécanismes des douzièmes provisoires, des lois de finances rectificatives et des décrets d'avances.

Par la procédure des douzièmes provisoires, le budget antérieur est reconduit et il est mis à la disposition de chaque administration le douzième de sa dotation de l'année précédente ou celui du budget proposé par le Gouvernement pour l'année à venir.

L'objet de la loi de finances rectificative est de modifier les dispositions initiales de la loi de finances de l'année. De ce fait, elle introduit de nouvelles dispositions qui n'avaient pas été soumises au départ à la règle de l'annualité.

Par la voie des décrets d'avances, en vue de faire face à des situations d'urgence et d'intérêt national imprévues par la loi des finances initiale, le Gouvernement peut ouvrir des crédits supplémentaires.

Lorsqu'il s'agit de périodes supérieures à un an, les textes prévoient les autorisations de programmes et les lois de programmes ainsi que les reports de crédits.

Le dépassement du cadre annuel devenait de plus en plus pressant en raison de son inadaptation aux finances modernes. En effet, les programmes d'équipement qui accompagnent les grandes décisions de politique gouvernementale sont rarement réalisés en douze mois. La mise en œuvre d'outils juridiques permettant de dépasser ce cadre s'avérait donc nécessaire. Ainsi, le législateur a l'opportunité de voter des autorisations de programmes pour les dépenses en capital.

Les autorisations de programmes constituent la limite supérieure des dépenses que le ministère de l'économie et des finances est autorisé à engager pour l'exécution des investissements prévus par la loi. Les plans approuvés par l'Assemblée Nationale, définissant des objectifs à long terme, ne peuvent donner lieu à des engagements de l'Etat que dans les limites déterminées par des autorisations de programmes. Ces autorisations peuvent être groupées dans des lois de programmes ou apparaître dans le cadre de plans approuvés par l'Assemblée Nationale et définissant des objectifs à long terme. Les lois de programmes regroupent les investissements publics qui doivent être réalisés sur une période de trois ans pour atteindre les objectifs du plan. Elles constituent un document intermédiaire entre le budget et le plan. En fait, l'autorisation de programmes concerne une opération dans son ensemble et reste valable sans limitation de durée. Une seconde autorisation est nécessaire pour la partie effectivement réalisée au cours de l'année, sous forme de crédits de paiement inscrits en loi de finances. Ces mécanismes d'autorisation pluriannuelle que sont les autorisations de programmes et les lois de programmes sont de véritables budgets pluriannuels.

Les aménagements sus-exposés constituent des assouplissements apportés au cadre annuel de droit. Il en existe également au plan de l'exécution des crédits. A cet égard, deux systèmes existent, en l'occurrence

Le système de « l'exercice » et celui de « la gestion ». Le premier système est fondé sur le rattachement juridique pendant que le second est consacré à l'exécution matérielle des opérations budgétaires, sans aucun rapport avec la date d'engagement. Ainsi, dans le premier cas, toutes les recettes et toutes les dépenses seront rattachées au budget de l'année de leur engagement, quelque soit la date de paiement ou d'encaissement. Ce qui permet, comptablement, après la clôture de l'exercice budgétaire, de rapprocher les prévisions et les réalisations de la loi de Finances et du Budget.

Malheureusement, ce système peut d'une part retarder l'apurement des comptes et rendre illusoire le contrôle de l'exécution du budget, et d'autre part favoriser la divergence entre la comptabilité des comptables et celle des ordonnateurs sur une longue période. Le second système, celui de la gestion, est en vigueur en France depuis 1953 et est également consacré en Côte d'Ivoire ainsi que dans les États membres de l'UEMOA. Plus pratique parce que fondé sur la prise en compte des opérations au titre du budget où il y a eu effectivement décaissement ou encaissement, le système de la gestion complète l'année civile par une «journée complémentaire» fictive qui prolonge l'année expirée et permet le rattachement des opérations à cette année. Ainsi, si la comptabilité d'exécution d'un budget est close en principe le 31 décembre, ce système permet que les opérations de régularisation de même que certains ordonnancements ou mandats soient émis jusqu'au 20 janvier et pris en compte au titre du budget de l'année précédente. Pour les comptables, la journée du 31 décembre est prolongée jusqu'au 28 février.

(Article 8 de la Directive 05/98 UEMOA). Toutefois, en raison de l’existence du système des reports pour les dépenses en capital, il n'existe pas de journée complémentaire pour les dépenses en capital. Si ce système emporte l'avantage de permettre la clôture rapide des exercices budgétaires et l'apurement des comptes, malheureusement, « il peut provoquer des faux équilibres budgétaires (il suffit de ne pas payer des dépenses au cours de l'année où elles ont été autorisées) et des déficits réels (les années suivantes où il faudra régler les dépenses engagées antérieurement) » selon R. MUZELLEC in « Finances Publiques » P. 218.

I.35 Le principe d’universalité

Le principe de l’universalité indique qu’il est fait recette du montant intégral des produits sans contraction entre les recettes et les dépenses. L'article 6 de la loi organique énonce le principe comme suit : « Il est fait recette du montant intégral des produits sans contraction entre les recettes et les dépenses. L'ensemble des recettes assurera l'ensemble des dépenses ». Ce principe qui distingue, au sein du budget, le « bloc » des recettes d'un côté et le « bloc » des dépenses de l'autre, vise doublement à assurer la clarté des comptes de l'État et, dès lors, à permettre un contrôle efficace de l’Assemblée Nationale. En conséquence, l’ensemble des recettes doit couvrir l’ensemble des dépenses. Selon ce principe, aucun service public ne doit disposer d’autres ressources que les crédits qui lui sont alloués par le budget. Il est donc interdit que l’on établisse des compensations entre les recettes et les dépenses pour ne faire apparaître que le solde de l’opération au budget. A titre d’exemple, il faut dire que les services douaniers ou les hôpitaux qui produisent des recettes par leurs activités ne sont pas autorisés à déduire de ces recettes leurs dépenses et à inscrire le solde au budget. C’est contre une telle pratique qu’à été posé le principe de l’universalité budgétaire. De ce principe découlent les règles de non affectation des recettes d’une part et du produit brut ou de non contraction ou de non compensation d’autre part.

La règle de non affectation des recettes interdit que certaines recettes déterminées soient affectées à la couverture de certaines dépenses déterminées, car c’est l’ensemble des recettes qui assure la couverture de l’ensemble des dépenses. Cette règle emporte de nombreux avantages en termes de lutte contre les gabegies financières, de respect de l’égalité des dépenses et de celle des services publics, d’interdiction de corrélation entre ressources et charges de même nature, de sauvegarde des valeurs de solidarité nationale, d’intérêt général et de justice sociale qui s’expriment au moyen du budget. Ses limites et inconvénients apparaissent dans l’instabilité des recettes non affectées d’une année à l’autre, dans l’attitude du Gouvernement qui affecte les crédits à sa discrétion et dans son incompatibilité avec les contraintes d’une gestion commerciale des services.

La règle de non affectation comporte toutefois des assouplissements légaux qui portent essentiellement sur les budgets annexes, les comptes spéciaux du Trésor, les fonds de concours pour les dépenses d'intérêt public, les dons et legs, les rétablissements de crédits ou restitution et les recettes affectées. Dans tous ces cas, la règle de non affectation est mise en berne en ce sens que les recettes précises générées sont directement affectées, en partie ou en totalité, à la couverture de dépenses précises avec lesquelles elles entretiennent des liens.

En fait, la règle de non affectation appuie et conforte celle de non contraction et demeurent, toutes les deux, orientées vers l'impératif d'unité ou de totalité budgétaire. En effet, hors l'exigence que toutes les recettes et toutes les charges de l'Etat doivent être réunies dans le budget, elles doivent, en plus, l'être sous la forme d'une masse unique et indifférenciée, dans laquelle l'ensemble des recettes couvre indistinctement l'ensemble des dépenses. '

En ce qui concerne la règle du produit brut ou de la non compensation ou de la non contraction, elle signifie que le budget récapitule toutes les recettes et toutes les dépenses dans leur intégralité sans possibilité de déduire directement certaines recettes de certaines dépenses ou vice-versa. La règle du Produit Brut ou de non contraction ou de non compensation exige le produit brut dans le budget ; car un solde ne renseigne ni sur le montant total, ni sur la nature des opérations. Il s'ensuit que l'enregistrement exhaustif de toutes les recettes et dépenses doit être décrit en valeur toutes taxes comprises (Directive 05/97 de l'UEMOA)

La règle permet politiquement d'offrir une appréciation globale des masses complètes des recettes et des dépenses. Techniquement, elle évite la discrimination entre les services rentables et les services moins rentables d'un côté et lutte contre la gestion occulte des deniers publics de l'autre côté. Ses principaux inconvénients résident dans le fait qu'il apparait rigide au regard de l'idée d'autofinancement des services et qu'il peut décourager les économies et les initiatives car toutes les recettes sont versées indistinctement au Trésor. Ses assouplissements concernent surtout les comptes spéciaux du Trésor et certains marchés de transformation ou de conversion au profit de l'Armée, dans le cas de la France par exemple.

I.36 Le principe de spécialité

Le principe de spécialité applicable aux crédits signifie que les autorisations de crédits ne sont pas accordées en bloc mais plutôt par fraction avec des affectations bien précises. C'est dans cette optique que les autorisations sont ventilées et votées par titre, par section et par chapitre. Le titre et la section permettent de déterminer le ministère concerné pendant que le chapitre sert à regrouper les dépenses ayant la même nature (ressources humaines, matériels...) ou la même destination (action économique, construction d'une structure sanitaire...). La règle de la spécialité s'est développée pour des raisons essentiellement politiques en ce sens que plus l'autorisation est détaillée, plus les crédits reçoivent une affectation précise et définitive, plus le contrôle parlementaire est serré et plus la marge de manœuvre du Gouvernement est limitée. La règle de la spécialité budgétaire est opposée à celle dite d'abonnement, fondée sur une adoption globale du texte budgétaire et qui laisse la liberté au Gouvernement d'orienter les crédits à sa volonté tout au long de l'exercice budgétaire.

L'ordonnance française du 2 janvier 1959 dispose, au sujet de la règle de la spécialité, que « les crédits ouverts par les lois de finances sont mis à la disposition des Ministres pour les dépenses ordinaires, les dépenses en capital et les prêts et avances... les crédits sont affectés à un service ou à un ensemble de services. Ils sont ventilés par chapitre groupant les dépenses selon leur montant ou selon leur destination ».

L'article 9 (1er alinéa) de la Directive de l'UEMOA relative aux lois de Finances qui prévoit que « les crédits ouverts par les lois de Finances sont affectés à un service ou un ensemble de services. Ils sont spécialisés par chapitre, groupant les dépenses selon leur nature ou leur destination »

En Côte d'Ivoire, la spécialisation budgétaire résultant de la réforme budgétaire de 1999 répartit les crédits par titres, par sections (ministères), par chapitres, sous-chapitres, articles, paragraphes et lignes.

Cette réforme budgétaire a visé la mise en place d'un budget avec une conception moins structurelle « budget de moyens » mais plus fonctionnelle « budget de fonctions ». L'objectif ici est que pour chaque opération de dépense, il importe de connaître à quelle activité de l'Etat cette dépense est destinée et quel est l'objet ou la nature de cette dépense. Par ailleurs, l'imputation budgétaire des opérations du Budget Général et des Comptes Spéciaux du Trésor résulte de la combinaison de deux nomenclatures distinctes mais complémentaires. Il s'agit d'une nomenclature par destinations, fonctionnelle et administrative et d'une nomenclature des opérations selon leur nature économique.

Ce qui a conduit à un système de codification des dépenses, basé selon ce double classement, sur un code fonctionnel pour identifier la destination budgétaire et un code économique pour identifier l'objet ou la nature de la dépense.

Il y a une distinction à opérer entre la spécialité parlementaire des votes, qui s'effectue au niveau du ministère et du titre et la spécialité technique de répartition des crédits au niveau du chapitre et de l'article, réalisée par les ministres dépensiers en vue de leur utilisation effective.

Cette règle impose donc que les crédits ouverts par la loi de finances soient affectés à une catégorie de dépenses déterminée. Elle constitue ainsi un élément important de l'autorisation de dépense, que vient compléter la spécialité des votes. En effet, les crédits ne sont pas accordés en bloc pour n'importe quel usage, l'autorisation de dépense est détaillée par son montant, par son objet et elle est sanctionnée à chaque fois par un vote particulier de l'Assemblée Nationale. Ainsi, les crédits étant spécialisés par chapitre, le principe conduit à une division tripartite des crédits par titre, destination et nature pour n'autoriser une dépense qu'à un service administratif particulier et pour un objet particulier. Si le chapitre budgétaire est l'unité d'exécution du budget, le titre constitue, au-delà du ministère, l'unité fondamentale de présentation des dépenses publiques.

Par les mécanismes de transferts et de virements de crédits et par la non spécialisation de certains crédits le principe connaît des assouplissements notables. En effet, la conséquence de cette règle est qu'il est interdit au service bénéficiaire d'un budget de faire des virements de chapitre à chapitre, sauf autorisation du ministre chargé de l'économie et des finances. Il en résulte qu'il n'est possible d'imputer sur un chapitre que les dépenses correspondant à l'objet de ce chapitre, et sans dépasser le montant des crédits votés par l'Assemblée Nationale. Cette interdiction est levée avec les mécanismes de transfert et de virement de crédits. Le mécanisme de transfert de crédits est réalisé dans le cas de transferts d'attributions d'un ministère à un autre. Dans ce cas, les crédits restent affectés au même emploi, donc sans changement de nature, sauf que le service chargé de l'exécution des opérations change. Tel fut le cas dans la loi de Finances pour l'exercice 1992 qui comportait un transfert de crédit du Ministère de la Construction et de l'Urbanisme au profit du Ministère de la Sécurité relatif aux baux des Policiers. Les virements de chapitre à chapitre à l'intérieur du budget d'un même ministère peuvent être effectués, par arrêté du Ministre de l'Economie et des Finances, à condition qu'ils portent sur une même catégorie de dépenses et dans la limite du dixième (1/10e) de chaque chapitre. En outre, ils ne sauraient permettre d'accroître les crédits limitatifs par des crédits évaluatifs (article 17 de la Loi Organique).

Par ces jeux, les crédits changent de nature, dans la mesure où les chapitres ont une spécialisation différente.

La non spécialisation des crédits est surtout illustrée par le phénomène des crédits globaux, des crédits évaluatifs, des crédits provisionnels et des fonds secrets ou spéciaux.

Les crédits globaux constituent des crédits non ventilables destinés à faire face à des dépenses éventuelles ou accidentelles mais qui ne peuvent être exécutés que par arrêté du ministre chargé des finances et qu'après avoir été réimputés aux chapitres et lignes devant recevoir les dépenses définitives. Ils sont également ouverts pour des dépenses dont la répartition par chapitre ne peut être faite au moment du vote.

Les crédits évaluatifs, contrairement au principe général selon lequel tous les crédits sont limitatifs, constituent des dépenses dont on ignore le montant exact au montant du vote. En conséquence, leur montant peut excéder la dotation initiale et ils doivent être réglés sans délai. Ils s'appliquent aux charges de la dette publique, de la dette viagère et des pertes de charge, aux frais de justice et aux réparations civiles, aux remboursements, aux dégrèvements et aux restitutions, aux avances aux collectivités locales...

Les crédits provisionnels sont destinés à couvrir des besoins dont la survenance ne saurait être liée que partiellement à la volonté de l'administration et qui ne peuvent être connus avec exactitude au moment du vote du budget. Il s'agit, par exemple, des frais de réception des personnalités étrangères, des voyages officiels, des dépenses relatives aux élections, secours d'urgence, à l'entretien des détenus des services pénitentiaires.

Les fonds spéciaux ou secrets sont constitués en vue de financer ultérieurement des opérations à caractère confidentiel (contre espionnage, subventions politique, à l'intérieur et à l'extérieur...). Ces fonds ne sont donc pas ciblés.

L'exemple pratique du projet de budget 2011, saisi ici à travers les cadrages macroéconomique et budgétaire ainsi que la communication en conseil des ministres, permet de mieux rendre compte du processus d'élaboration du budget de l'Etat en Côte d'Ivoire.

I.4 Présentation des cadrages macroéconomique et budgétaire et de la communication en conseil des ministres relatifs au projet de budget 2011

En l'espèce, le cadrage macroéconomique, le cadrage budgétaire et le projet de communication en conseil des ministres au titre de la gestion 2011 seront successivement présentés à titre d'exemple.

I.41 Présentation du cadrage macroéconomique du projet de budget 2011

Le cadrage macro-économique du budget consiste, en fait, à décrire les environnements économiques mondial, régional et national dans lesquels le budget est conçu et à dégager les perspectives susceptibles de présider à son exécution. Il est construit, notamment, sur les tendances lourdes qui fondent ces différents environnements économiques. En cela, il ressort les traits caractéristiques majeurs de l'environnement économique et financier international en mettant en exergue la tendance à la récession, à la stabilité ou à la croissance au niveau mondial. Ces données sont également mises en lumière dans l'approche appliquée à l'analyse de l'économie de l'UEMOA. Toutes ces démarches visent à établir les retentissements éventuels de ces environnements sur l'économie ivoirienne et, partant, sur la conception et l'exécution du budget de l'Etat.

Au niveau national, le cadrage prend en compte divers éléments permettant de traduire la bonne santé ou la mauvaise santé de l'économie nationale. En s'intéressant aux enseignements tirés de l'évolution récente de l'économie ivoirienne, il permet, à partir de l'ensemble des données agrégées et engrangées, de dégager les perspectives d'évolution de l'économie.

Ainsi, au plan national, le cadrage fait ressortir d'abord une analyse globale de l'économie, avec ses tendances fortes en termes de croissance, de stabilité ou de récession, de production intérieure, de chocs, de programmes économiques et financiers, de situation politique et socio-économique générale. Ensuite, il situe, les traits dominants du coté de l'offre , du point de vue du rythme de croissance, relié à l'évolution des secteurs et des sous secteurs de l'économie que sont les secteurs primaire, secondaire et tertiaire et du produit intérieur brut non marchand. Du point de vue de la demande, le cadrage s'appesantit sur les composantes essentielles que sont la consommation finale, les investissements, les exportations, les importations, le niveau général des prix, la situation monétaire etc. A partir de ces données tirées de l'évolution récente de l'économie ivoirienne, le cadrage s'oriente vers les perspectives de l'évolution à venir. Il émet des hypothèses à partir des grandes tendances observées au plan international, régional et national en prenant assise sur les différents paramètres analysés dans le cadre de l'évolution économique passée. Ces paramètres sont ceux qui constituent l'offre et la demande ainsi que les tendances fortes qui marquent les environnements économiques mondial, régional et national.

L'exemple du cadrage économique produit à l'occasion de la préparation du budget 2011 par la Direction Générale de l'Economie situe, de manière concrète, les composantes majeures qui assoient une telle démarche. Ainsi qu'il suit, ce cadrage, conformément à la méthodologie retenue depuis longtemps par ladite direction, distingue dans une première partie l'évolution de l'économie ivoirienne sur l'année la plus récente et, dans une seconde partie, les perspectives sur l'année d'élaboration et d'exécution du budget. Dans l'exemple présent, le cadrage économique a séparé l'évolution de l'économie ivoirienne à fin décembre 2010 et les perspectives 2011.

Au titre de l'évolution de l'économie ivoirienne à fin décembre, la Direction Générale de l'Economie expose que la période récente a été marquée par un environnement international instable, le rétablissement de relations harmonieuses avec les partenaires au développement et les effets des crises socio politiques. L'analyse est donc portée au triple plan international, régional et national.

Au plan International, la Direction Générale de l'Economie note qu'à la suite de la crise financière de 2008, l'économie mondiale est entrée dans une récession en 2009 avec un taux de croissance de – 0,5% mais qu' elle a amorcé un retour rapide sur les sentiers de la croissance à la faveur de la mise en œuvre de politiques budgétaires de relance et de politiques monétaires accommodantes dans les principaux pays industrialisés. Ainsi, ces politiques couplées aux initiatives de réglementations des marchés ont induit la reprise de la demande mondiale et ont permis de porter la croissance mondiale à +5,1% en 2010. Cette croissance est attendue à 4,4% en 2011.

- Reprise économique de +5,1% grâce à une politique budgétaire de relance et une politique monétaire accommandante dans les pays industrialisés contre -0,5% en 2009 ;
- Bonne tenue du cours des matières premières.

Au plan régional, cette Direction prévoit que la situation économique de l'UEMOA devrait globalement pâtir de l'impact de la crise post électorale en Côte d'Ivoire et que sur cette base, en 2011, le taux de croissance économique de l'Union avoisinerait 1,2% contre une prévision initiale de 4,6%. Elle fait observer que l'activité économique des pays membres de l'UEMOA enregistre un taux de croissance de 4% contre 2,8% en 2009, grâce :

- Bonne production vivrière, en dépit des inondations notées dans plusieurs Etats membres dont le Bénin et le Togo;
- production minière vigoureuse, notamment au Burkina Faso et au Niger;
- poursuite du dynamisme du BTP ;
- bonne orientation des prix des matières premières exportées par l'Union.

Au plan national, la même Direction fait remarquer qu'en 2010, d'une manière générale, l'économie a bénéficié des retombées de la mise en œuvre des programmes économique et financier et de la normalisation progressive de la situation socio politique grâce aux avancées enregistrées dans l'exécution du programme de sortie de crise. Elle indique cependant que la progression de la croissance économique a été contrariée par des chocs endogènes, principalement le délestage électrique observée sur le premier trimestre de l'année, la baisse drastique de la production du pétrole brut et la crise post électorale déclenchée en décembre 2010. Ainsi, cette crise a provoqué, pour le seul mois de décembre 2010, une perte de croissance de 0,4 point de pourcentage du PIB. En remarque générale, le taux de croissance de l'économie ivoirienne est ressorti à 2,4%, contre 3,8% en 2009, soit un recul de 1,4 point :

- crise énergétique au premier semestre (délestage électrique et baisse des produits pétroliers) ;
- contraction de la production de pétrole brut et les perturbations liées à la crise post électorale de novembre 2010.

Poursuivant son analyse, la Direction susvisée établit que l'année 2011 porte également l'empreinte de la crise post-électorale déclenchée en décembre 2010. Elle fait observer qu'après la perturbation des activités économiques au cours de la période allant de janvier à août 2011, liée à la destruction partielle de l'outil de production, au pillage des stocks des entreprises et à la généralisation de l'insécurité, le gouvernement entend créer les conditions d'une reprise économique avec la mise en place d'un programme d'urgence.

Par ailleurs, elle note que les conséquences de la crise post électorale 2010-2011 ont causé la suspension du programme en vigueur soutenu par la Facilité Elargie de Crédit (FEC) et qu'à cet effet, le gouvernement a conclu un programme intérimaire appuyé par la facilité de Crédit Rapide (FCR). Celui-ci vise la mise en œuvre des actions prioritaires du Gouvernement et la stabilisation du cadre macroéconomique.

Concernant le PIB, la Direction Générale de l'Economie prévoit qu'il devrait se contracter de 8,7 points par rapport à 2010 pour se situer à -6,3%, imputable aux secteurs secondaire et tertiaire qui se replieraient respectivement de 8,4% et de 13,4%, le secteur primaire ressortant en quasi stabilité. Elle conclue que face à cette situation, le Gouvernement a adopté des mesures énergiques pour atténuer l'impact de la crise post électorale et créer les conditions de reprise de l'activité. Ces mesures concernent notamment la consolidation de la paix, la restauration de la sécurité sur toute l'étendue du territoire national, la lutte contre le racket, la réhabilitation des infrastructures socio économiques, l'amélioration du climat des affaires et le renforcement de la bonne gouvernance, avec un accent particulier sur la promotion de l'état de droit.

En termes de données statistiques majeures relatives à l'évolution de la situation économique en 2010, la Direction Générale de l'Economie expose que l'année 2010 a été marquée par la crise énergétique survenue au premier semestre, à savoir le délestage électrique et la baisse des produits pétroliers, la contraction de la production de pétrole et les perturbations liées à la crise post électorale de décembre 2010. Ainsi, à la suite des effets de cette dernière crise, le taux de croissance de l'économie a enregistré une perte de 0,4 point ressortir à 2,4%, contre une prévision de 2,8%. Elle distingue les composantes du côté de l'offre de celles qui forment le côté de la demande.

Du côté de l'offre, la Direction susvisée note un ralentissement du rythme de la croissance qui est imputable au secteur primaire et au secteur tertiaire.

- Secteur Primaire : perte de 5,9 points de croissance due au recul des activités dans les sous-secteurs que sont l'extraction minière et l'agriculture d'exportation.

Le sous-secteur agriculture vivrière et élevage s'est consolidé de 0,3 point en passant de 3% à 3,3% en 2010 grâce à une bonne pluviométrie et aux actions de développement des produits vivriers.

Le sous-secteur extraction minière a connu un recul de croissance de 31,3 points en passant de 13,7% à –17,6% (baisse de la production de l'or et du pétrole brut sur les champs CI 26 et CI 40).

Le sous secteur de l'agriculture d'exportation a connu un recul de croissance de 15,8 points en passant de 16% en 2009 à 0,2% en 2010, (baisse du cacao 3,20%, du café 50,30%, du palmier à huile 9,80% et du sucre 9,5%).

- Secteur Secondaire : croissance de 4,7%, soit un gain de 6,2 points de croissance (4,7% en 2010 contre -1,5% en 2009) grâce à la bonne tenue du sous-secteur BTP (grands travaux d'investissement, réhabilitation de l'Hôtel Ivoire et autoroute du nord ; actions du DSRP liées aux infrastructures et aux bâtiments dans les secteurs sociaux).
- Secteur Tertiaire : recul de 2,3 points de croissance (2,7% en 2010 contre 5% en 2009) imputable au ralentissement des activités dans tous les sous-secteurs que sont le transport, les télécommunications, le commerce, et les droits de taxes .
- Le PIB non marchand : est demeuré positif de 2%; grâce au soutien des activités gouvernementales à travers :
    - des nouveaux recrutements dans la fonction publique ;
    - des différentes actions et reformes entreprises dans le cadre de la mise en œuvre du DSRP dans les secteurs de l'éducation, de la santé et de la sécurité.

Du côté de la demande, la Direction Générale de l'Economie relève qu'au niveau de l'évolution des composantes de la demande, le PIB a été soutenu essentiellement par la consommation finale des ménages et de l'administration. Cette consommation finale s'est accrue de 4,9%, en 2010 contre 0,5% en 2009, soit un bond de 4,4 points, résultant :

- de la revalorisation des salaires d'une certaine catégorie de fonctionnaires ;
- de l'amélioration du revenu des producteurs liée à la bonne tenue des cours des produits de base.

Au plan de l'investissement, elle note qu'il a connu un repli de 0,7 point en passant de 5,6% à 4,9% mais que, cependant, le niveau de progression des matériaux de construction a conforté le développement des activités civiles immobilières, les grands travaux cités plus haut, soit un taux d'investissement de 8,5% du PIB.

La Direction Générale de l'Economie fournit les données suivantes en ce qui concerne les autres déterminants du PIB du côté de la demande :

- les exportations des biens et des services non facteurs se sont contractés de 12 points pour se situer à -1,4% en 2010 contre 10,6% en 2009, en liaison avec la baisse du volume vendu de cacao, de café et de pétrole brut ;
- les importations ont connu un repli 1,7 point, passant de 5,2% à 3,5% en 2010. La progression de 3,5% en 2010, est liée à l'importation des biens intermédiaires et d'équipement ;
- le niveau général des prix affiche un taux de croissance de 1,8% en 2010, contre 1% en 2009. Ce niveau cadre avec les objectifs de convergence en matière de prix dans la zone UEMOA, plafonné à 3%. Cette hausse est liée à l'accroissement des prix de produits

alimentaires, du coût des transports, des utilités (eau, électricité), du logement et des autres combustibles.

En ce qui concerne la situation monétaire, la Direction Générale de l'Economie fait noter que le profil des agrégats monétaires à fin décembre 2010, fait état d'une progression de 640,4 milliards de la masse monétaire par rapport à 2009, soutenue par :

- la consolidation des avoirs extérieurs nets de 236,2 milliards, liée à l'amélioration de la position extérieure de la BCEAO de 269,1 découlant de la bonne tenue du commerce extérieur et des concours extérieurs ;
- le crédit intérieur de 329,7 milliards (crédit net à l'Etat de 166,3 milliards et des crédits à l'économie de 163,4 milliards).

Au terme de l'analyse menée sur l'évolution de l'économie nationale en 2010, la Direction Générale de l'Economie a dégagé les perspectives macroéconomiques suivantes en 2011.

- La conjoncture internationale serait caractérisée par :
  - une consolidation de la croissance économique mondiale à hauteur de 4,4%, selon le FMI contre 5,1% en 2010, est soutenue par le développement des activités économiques enregistrées dans les pays émergents (7,3%) et les pays avancés (3%) ;
  - une remontée de la demande mondiale, susceptible de soutenir la poursuite de la bonne tenue des cours des produits de base.

Au niveau régional, celui de l'UEMOA, les perspectives de croissance se situeraient à 1,2% contre une prévision initiale de 4,6% du fait de l'impact prévisible de la crise post électorale ivoirienne sur les autres économies de l'Union.

Au plan national, l'activité économique serait marquée par la crise post électorale débutée en décembre 2010 qui a connu un dénouement en avril 2011. Les faits marquants de cette crise sont :

- Dégradation de la situation sécuritaire et humanitaire ;
- Pillage et destruction des outils et des unités de production tant dans le secteur public que privé ;
- Fermeture des banques au premier trimestre 2011 ;
- Embargo, notamment sur les ports ;
- Arrêt de l'exécution des grands travaux d'investissements de l'Etat ;
- Attentisme des opérateurs économiques.

Au regard des faits rappelés ci-dessus, la Direction Générale de l'Economie conclut que les perspectives économiques en 2011 indiquent que l'économie ivoirienne connaitrait une décroissance de 6,3% contre une croissance de 2,4% en 2010. Le retournement à terme, c'est-à-dire en fin

2011, d'une telle décroissance reste fortement tributaire des solutions envisagées par le Gouvernement, de la capacité d'adaptation de l'économie et de l'exécution rigoureuse des programmes économiques et financiers de relance qui seront mis en œuvre sur le reste de l'année 2011. Ces conclusions sont envisagées tant du point de vue de l'offre que de la demande.

Au niveau de l'offre, cette décroissance se repartit entre les différents secteurs comme suit :

- secteur primaire (-0,3%) ;
- secteur secondaire (-8,4%) ;
- secteur tertiaire (-13,4%).

- Le secteur primaire connaîtrait une baisse de croissance (-0,3% en 2011contre 0,5% en 2010), soit un recul de 0,8 point en relation avec:

- des perspectives moroses pour le sous-secteur agriculture d'exportation (-6,7% en 2011 contre 0,2% en 2010, le cacao, la banane, l'ananas et le palmier à huile ;
- le sous-secteur extraction minière qui subirait la persistance de la baisse de production du pétrole brut et du gaz ;
- seul le sous-secteur de l'agriculture vivrière et élevage maintiendrait un rythme de croissance de 3%, proche de son niveau antérieur de 2010 de 3,3%, lié à la bonne tenue de la pluviométrie et à la poursuite de l'exécution des projets vivriers, notamment le projet rizicole.

- Le secteur secondaire connaîtrait un repli de croissance de 13,1 points pour se situer à -8,4% en 2011 contre 4,7% en 2010, en relation, notamment avec :

- le recul du BTP (-20%) dû à l'arrêt des grands chantiers (pont de JACQUEVILLE et Autoroute du Nord) ;
- le retournement de l'agro-industrie (-10%) lié au pillage et à la destruction des unités de production ;
- l'arrêt de production par manque d'intrants et pour cause d'insécurité.

- Le secteur tertiaire connaîtrait une décroissance de 13,4%, contre une croissance de 2,7% en 2010, soit un repli de 16,1 points qui s'expliquerait par:

- la baisse des activités de toutes les composantes de ce sous-secteur (télécommunications, transport, commerce, et droits et taxes)
- Le secteur non marchand connaitrait une évolution positive de 3,9% en 2011contre 2% en 2010, soit un gain de croissance de 1,9 point

dû à l'augmentation des effectifs de la fonction publique imputable aux recrutements exceptionnels dans les secteurs de l'éducation et de la sécurité.

Tableau d'évolution des différents secteurs d'activités

En %	2008 réal	2009 réal	2010 est.	Var 09-10
Secteur primaire	-1	6,4	0,5	-5,9
dont Agriculture vivrière et élevage	2,9	3	3,3	0,3
Extraction minière	-1,6	13,7	-17,6	-31,3
Agriculture d'exportation	-13,2	16	0,2	-15,8
Secteur secondaire	3,7	-1,5	4,7	6,2
dont BTP	8,6	-7,6	27,2	34,8
Agroalimentaire	8,4	17,8	13,4	-4,4
Produits pétroliers	2,7	-8,8	-14,7	-5,9
Energie (eau, électricité, Gaz)	2,9	2,1	1,8	-0,3
Secteur tertiaire	3,2	5	2,7	-2,3
dont Transport	2,4	4,3	0,8	-3,5
Télécommunications	10,9	9,8	5,5	-4,3
Commerce	3,8	3,8	2,6	-1,2
Droits et taxes	2,1	9,5	4,4	-5,1
PIB non marchand	4	3,9	2	-1,9
PIB Total	2,3	3,8	2,4	-1,4

Source MEF/DGE/DCPE

Tableau des principales productions du secteur primaire

	2008 réal	2009 réal	2010 est.	Var 09-10
CULTURES DE RENTE				
Cacao	1 137,2	1 304,5	1 301,3	-3,2
Café	67,9	144,7	94,4	-50,3
Caoutchouc	200,9	203,1	231,5	28,4
Palmier à huile	359,2	394,3	384,5	9,8
Noix de cajou	312,3	340,3	370	-29,7
CULTURES ANNUELLES (X1000 TONNES)				
Coton	125,7	140,6	176,7	36,1
Banane	333,7	285,6	372,9	87,3
Ananas	98,9	77,8	78,5	0,7
Sucre	161,1	168,4	158,9	9,5
EXTRACTION MINIERE ET PETROLIERE				
Pétrole brut (X 1000 tonnes)	16 519,5	18 542,4	14 562,1	-3 980,30
Gaz naturel (millions de m3)	1 547,1	1 540,2	1 665,80	125,6
Or (kg)	2 883,6	7 054,9	5 079,80	-1 975,10

Source MEF/DGE/DCPE

Tableau d'évolution des différents secteurs d'activités

En %	2010 est	2011 prév.	Var 10-11
Secteur primaire	0,5	-03	0,8
dont Agriculture vivrière et élevage	3,3	3	0,3
Extraction minière	-17,6	-7,7	9,9
Agriculture d'exportation	0,2	-6,7	-6,9
Secteur secondaire	4,7	-8,4	-13,1
dont BTP	27,2	-20	-47,2
Agroalimentaire	13,4	-10	23,4
Produits pétroliers	-14,7	-2,3	12,4
Energie (eau, électricité, Gaz)	1,8	4,7	2,9
Secteur tertiaire	2,7	-134	-16,1
dont Transport	0,8	-95	-10,3
Télécommunications	5,5	-2	-7,5
Commerce	2,6	-94	-1,2
Droits et taxes	4,4	-267	-31,1
PIB non marchand	2	3,9	1,9
PIB Total	2,4	-6,3	8,7

Source MEF/DGE/DCPE

Tableau des principales productions du secteur primaire

	2010 est	2011 prév.	Var 10-11
CULTURES DE RENTE			
Cacao	1 301,3	1 232,80	-68,50
Café	94,4	40,3	-54,10
Caoutchouc	231,5	245	13,50
Palmier à huile	384,5	320	-64,50
Noix de cajou	370	380	10,00
CULTURES ANNUELLES (X1000 TONNES)			
Coton	176,7	174	-2,7
Banane	372,9	298,3	-74,6
Ananas	78,5	62,8	-15,7
Sucre	158,9	183	24,1
EXTRACTION MINIERE ET PETROLIERE			
Pétrole brut (X 1000 tonnes)	14 562,10	12 416,80	-2 145,30
Gaz naturel (millions de m3)	1 665,8	1 482,10	-183,70
Or (kg)	5 079,80	7 029,30	1 949,50

Source MEF/DGE/DCPE

Au plan de la demande, la décroissance de 6,3% de l'économie serait visible, selon la Direction suscitée, à travers :

- la contraction de la consommation finale qui passerait de 4,9% en 2010 à -6,5% en 2011, soit un recul de 11,4 points de croissance lié au repli de la consommation des ménages et de celle de l'administration (baisse du revenu de l'Etat, forte perturbation des circuits de distribution et fermeture des banques au premier trimestre 2011) ;

- le repli des investissements publics (18,6 points) en raison du ralentissement des grands chantiers de construction de l'autoroute du Nord et du pont de JACQUEVILLE. Le repli des investissements privés (21 points) lié à la fermeture de certaines entreprises et à l'attentisme des opérateurs privés qui pourraient être confrontés à des difficultés d'accès aux financements bancaires ;
- Les exportations et les importations replieraient pour se situer respectivement à -2,3% et -8,6% en 2011, contre 1,4% et 3,5% en 2010.

L'évolution des prix repartirait à la hausse pour se situer à 3%, contre 1,8% en 2010. Cette poussée inflationniste, qui atteindrait le plafond communautaire UEMOA fixé à 3%, serait due à la hausse des prix des produits alimentaires occasionnée par le phénomène du racket.

Toutefois, cette hausse sera contenue par l'Etat à travers la maitrise des prix des produits pétroliers, et la bonne tenue de l'agriculture vivrière.

Tableau d'évolution des composantes de la demande

	2008 réal	2009 réal	2010 est.	Var 09-10
Consommation finale	3,1	0,5	4,9	4,4
Consommation des ménages	3,1	0,7	5,3	4,6
Consommation publique	3,2	-0,5	3,3	3,8
Investissements	10,4	5,6	4,9	-0,7
Investissements privés	7,6	5,5	4,9	-0,6
Investissements publics	17,8	5,7	4,7	-1
Exportations	-0,8	10,6	-1,4	-12
Importations	2,4	5,2	3,5	-1,7

Source MEF/DGE/DCP

Tableau d'évolution des composantes de la demande

	2010 est	2011 prev.	Var 10-11
Consommation finale	4,9	-6,5	-11,4
Consommation des ménages	5,3	-6,5	-11,8
Consommation publique	3,3	-6,7	-10
Investissements	4,9	-15,4	-20,3
Investissements privés	4,9	-16,1	21
Investissements publics	4,7	-13,9	-18,6
Exportations	-1,4	-2,3	-0,9
Importations	3,5	-8,6	-12,1

Source MEF/DGE/DCPE

Sur la base de tout ce qui précède, la Direction Générale de l'Economie conclut qu'en 2011, les effets de la crise post électorale devraient conduire l'économie ivoirienne vers une décroissance de 6,3% mais que les actions de relance de l'économie par le biais de l'instauration d'un programme d'urgence, la normalisation de la situation sécuritaire et la poursuite de la lutte contre le racket pourraient atténuer significativement la décroissance prévue. Elle fait remarquer que si la situation projetée se réalisait comme telle, elle pourrait engendrer une baisse drastique des ressources intérieures de l'Etat et qu'en tout état de cause, une rigueur s'impose dans la gestion des finances publiques.

L'élaboration du budget s'appuie également sur les prévisions de recettes fiscales et de recettes douanières établies respectivement par la Direction Générale des Impôts et la Direction Générale des Douanes

Au titre des prévisions de recettes fiscales établies dans le cadre du budget 2011, il convient de noter qu'il s'agit d'objectifs de recettes à mobiliser dont les hypothèses de prévisions intègrent les principaux facteurs suivants :

- le niveau des réalisations de l'année 2010 : 1 007 milliards.
- le taux de croissance réelle du PIB en 2011 : -6,3% (DGE) ;
- la reprise progressive de l'activité économique ;
- l'évolution des facteurs qui influent directement sur chaque impôt et taxe (assiette de l'impôt) ;
- l'impact budgétaire des mesures nouvelles prévues par l'annexe fiscale 2011(coût global 32,4 mds).

La méthodologie mise en avant en l'espèce se fonde également sur les mesures à caractère général, les mesures à caractère spécifique et les autres mesures spécifiques.

Le premier type de mesures, d'un coût global de 26 milliards, a trait à :

- la suspension du paiement de la vignette pour tous les assujettis ;
- la suspension du paiement de la patente transport ;
- la réduction de 50% de la patente commerciale pour toutes les entreprises ;
- la réduction de 25% de l'impôt foncier dû au titre de l'année 2011 lors du règlement avant le 31/12/2011 ;
- la réduction de 25% de l'impôt synthétique pour soutenir les petits commerçants et artisans.

Le second train de mesures, dont le coût global est 6 milliards, porte sur :

- l'annulation des arriérés d'impôts des entreprises entièrement détruites ;
- l'annulation de l'impôt foncier au titre de l'année 2011, pour les contribuables dont les immeubles ont subi des dommages ou destructions du fait de la crise postélectorale, d'un montant égal à au moins 500 000 francs pour les habitations et 5 millions de francs pour les entreprises.

Les autres mesures à caractère spécifique, fondées sur l'article 6 de l'annexe fiscale 2011, sont :

- l'autorisation accordée aux entreprises qui exportent au moins 30% de leur chiffre d'affaires, à effectuer en franchise de la TVA, tous leurs achats de biens d'équipement et cela jusqu'au 31 décembre 2012. L'objectif visé est d'accroître la compétitivité des grandes entreprises exportatrices et de lutter contre l'accroissement permanent de leurs crédits de TVA. Les entreprises des secteurs visés sont :
- les secteurs de transformation du café, du cacao, de l'hévéa, du palmier à huile et de la banane (avant 2011) ;
- les secteurs du coton, de l'ananas, de l'industrie du textile et des emballages métalliques ou en carton (à compter 2011).

Les prévisions de recettes fiscales brutes établies en considération de toutes ces hypothèses et contraintes sont fixées à 733,5 mds pour la période allant du 26 avril au 31 décembre 2011

Tableau des données détaillées

IMPÔTS ET TAXES (Montants en milliards de FCFA)	Prévisions en termes bruts	Prévisions en termes TOFE	Prévisions en termes budget
TOTAL DGI	733,5	688,3	664,2
Impôts directs	422,2	410,6	410,6
Impôts sur bénéfice	269,0	267,8	267,8
dont Impôt Bic hors pétrole gaz	106,1	106,1	106,1
Impôt Bic pétrole gaz	156,9	156,9	156,9
Impôt synthétique	2,4	1,2	1,2
Prélèvement AIRSI	3,6	3,6	3,6
Impôts sur revenus et salaires	107,3	107,3	107,3
Impôt foncier	13,1	2,6	2,6
IRVM/IRC	21,6	21,6	21,6
Autres impôts directs	11,2	11,2	11,2
Impôts indirects	311,3	277,8	253,6
TVA	90,6	77,7	71,7
TOB	11,3	11,3	11,3
Taxes sur boissons et tabacs	7,9	7,9	7,9
Droits d'enregistrements et de timbres	82,5	82,5	82,5
dont enregistrement café et cacao	70,7	70,7	70,7
Patentes et Licences	12,1	2,5	2,5
Taxes d'exploitation pétrole gaz	67,2	67,2	67,2
Accises et autres taxes indirectes	24,4	13,5	10,4
Taxes affectées	15,2	15,1	0,0

Les données inscrites dans ce tableau supposent l'existence d'un lien entre les recettes brutes, le TOFE et le budget. En effet, l'application des principes et règles budgétaires commande que les prévisions de recettes de la DGI soient retracées en termes brut, TOFE et budget.

Ainsi, lorsque les prévisions de recettes brutes se situent à 733,5 mds, celles de recettes en termes TOFE cumulent à 688,3 mds. Elles s'obtiennent par la déduction :

- des remboursements des crédits de TVA : 12,9 milliards ;
- des transferts aux collectivités territoriales : 32,3 milliards.

En ce qui concerne les prévisions de recettes en termes budget qui sont de l'ordre de 664,2 mds, par rapport aux recettes du TOFE, ces prévisions de recettes s'obtiennent par la déduction :

- de la TVA reversée au secteur de l'électricité : 6 milliards ;
- des transferts aux structures spécialisées (FDFP, RTI, sport, etc.) : 15,1 milliards ;
- des Taxes et revenus du domaine : 3 milliards.

La ventilation de ces prévisions de recettes fiscales brutes par nature d'impôts se décline comme suit :

- Impôt BIC (hors pétrole-gaz) : le niveau de 106 milliards a été fixé sur la base des estimations des résultats des entreprises à fin 2010 ;
- Impôt BIC pétrole-gaz : le montant attendu (157 milliards) se fonde sur les projections de production de pétrole brut et du gaz communiquées par la PETROCI ;
- l'impôt synthétique et l'impôt foncier : les niveaux projetés sont nets de l'abattement des 25% prévus par l'annexe fiscale 2011 ;
- TVA (90 milliards) : au regard de la situation sécuritaire qui se normalise progressivement, l'hypothèse est faite que la consommation des ménages va augmenter et les entreprises vont entreprendre des investissements, toutes choses qui concourent à améliorer le niveau de la TVA et justifient le montant de 90 milliards ;
- ITS (107 milliards) : avec la reprise progressive de l'activité économique, les employés mis en chômage technique ou licenciés pour cause de crise postélectorale devraient retrouver leurs emplois. La normalisation devrait également favoriser le retour des entreprises délocalisées et la création de nouvelles entités, entraînant ainsi un accroissement de la masse salariale. Ces facteurs justifient le niveau attendu de 107 milliards en matière d'impôts sur les salaires ;
- Droits d'enregistrement café-cacao (70,7 milliards) : ce montant prend en compte les droits sur les stocks de cacao et café non exportés pour cause d'embargo et les récoltes attendues de ces deux produits sur la période de mai à décembre.

Au titre de la Direction Générale des Douanes, l'objectif brut de recettes assigné en 2011 s'élève à 578,67 milliards dont 553,2 milliards inscrits au budget et 25,47 milliards pour les taxes communautaires et la SGS (taxe de sûreté). Les différentes hypothèses émises à cet effet, en rapport avec les différents produits, se présentent comme suit :

A. Au titre des produits pétroliers

L'objectif de recettes a été fixé au regard des hypothèses suivantes :

- Maintien pour le reste de l'année du niveau de la taxe spécifique unique TSU du mois de mai 2001 pour tenir compte du soutien des prix à la consommation des produits sensibles que sont le super carburant et le gasoil.
- Croissance de 5% de la consommation en volume du super carburant et de 3% de celle du gasoil.

En considération de ce qui précède, au niveau des produits pétroliers, il est prévu 63,54 milliards de f CFA de recettes dont 28,56 milliards de f CFA au titre de la TSU, 2311 milliards de f CFA pour la TVA et 11,55 milliards pour le droit de douane.

B. Au titre des marchandises générales

En vue de la fixation de l'objectif de recettes, les hypothèses retenues en l'espèce sont les suivantes :

- Hausse de 8 % des importations selon le cadrage macro économique;
- Réunification du pays à la suite des élections.

Compte tenu de l'impact de la crise, les hypothèses additionnelles qui suivent ont été émises :

- Dégradation du tissu économique suite à la longue crise post électorale ;
- Remise à niveau progressive de l'outil de production et du réapprovisionnement des entreprises.

Intégrant toutes ces contraintes, les objectifs de recettes sur les marchandises générales initialement fixés lors du cadrage budgétaire d'octobre 2010 ont été réajustés sur la base des propositions ci-après :

- Baisse de 30% au niveau de l'objectif du mois de mai ;
- Baisse de 20% de l'objectif du mois de juin ;
- Baisse de 10% de l'objectif de la période juillet-septembre ;
- Les objectifs de recettes de la période octobre-décembre restent inchangés.

Sur la base des hypothèses ainsi émises au niveau des marchandises générales, l'objectif de recettes attendues est fixé à 279,38 milliards de f CFA dont 145,42 milliards de f CFA au titre de la TVA, et 112,47 milliards de f CFA pour le droit de douane.

C. Au titre des recettes sur les produits à l'exportation

L'objectif de recettes a été arrêté sur la base des hypothèses suivantes :

- Projection de la production de cacao à 1 200 mille tonnes pour l'année 2011 : Cette projection s'appuie sur :

- l'existence d'un stock report de 2010 suite à l'attentisme des exportateurs face à la mise à niveau de la réglementation en termes de contrôles, de taxation... ;

- l'existence d'un important stock de cacao, à hauteur de 465 mille tonnes selon la filière, suite à la mesure d'interdiction d'exportation et à l'embargo sur les deux ports ivoiriens.

L'objectif de recettes assigné en ce qui concerne les produits à l'exportation s'élève à 210,3 milliards de f CFA avec une contribution de 196,37 milliards de f CFA pour le cacao.

Par ailleurs, la Direction Générale des Douanes devra collecter 25,47 milliards de f CFA afin de permettre à l'Etat d'honorer ses engagements vis-à-vis des organisations sous régionales (UEMOA et CEDEAO) et de la société d'inspection BIVAC dans le cadre de la convention SCANNER.

Le tableau ci-dessous expose les différentes données afférentes aux objectifs déclinés par grandes rubriques :

OBJECTIF DOUANES	MONTANT (en milliards de f CFA)
Produits pétroliers	63,54
Dont	
TSU	‘ 28,56
TVA	23,11
DD	11,55
Droits et taxes à l'importation	279,38
Dont	
TVA	145,42
DD	112,47
Taxes à l'exportation	210,28
Dont cacao	196,36
SOUS TOTAL BUDGET	553,3
Taxes communautaires et SGS	25,47
PCS & PCC	20,74
SGS	4,73
TOTAL DGD	578,67

L'objectif brut de 578,67 milliards assigné à la Direction Générale des Douanes comporte une part inscrite au budget à hauteur de 553,22 milliards de f CFA qui se répartit comme suit :

- 63,5 au titre des recettes sur les produits pétroliers ;
- 279,3 au titre des marchandises générales ;
- 210,2 milliards de f CFA attendus sur les recettes à l'exportation.

En conclusion, l'objectif de recettes brut de la Direction Générale des Douanes pour la période budgétaire est fixé à 578,67 milliards de f cfa dont 553,22 milliards de f cfa sont inscrits au budget et 25,47 milliards de f cfa de ressources affectées.

Les hypothèses émises par les Directions Générales des Impôts et des Douanes en vue de la fixation des objectifs de recettes qui leur sont assignés tiennent nécessairement compte des données exprimées par le cadrage macroéconomique. En fait, ce cadrage sert de fondement et d'orientation au cadrage budgétaire. En effet, le cadrage budgétaire ne saurait se détourner des analyses, descriptions, remarques et conclusions portées par le cadrage macroéconomique. Il s'en sert absolument et émet ses hypothèses et conclusions en conséquence

I.42 Présentation du cadrage budgétaire 2011

En se fondant sur les principales hypothèses émises dans le cadrage économique, le cadrage budgétaire élaboré par la Direction Générale du Budget et des Finances intègre également les contraintes majeures qui s'appliquent au projet de budget. Ces deux types de balises, en l'occurrence les garde-fous économiques et budgétaires, guident le volume des composantes du budget au double plan des ressources et des dépenses. C'est dans cet esprit que les hypothèses et les contraintes majeures qui ont présidé à l'élaboration du budget 2011 ont été émises. Elles ont conduit à la détermination des principales composantes du budget.

En l'espèce, la Direction Générale du Budget et des Finances a cerné le projet de budget 2011 en établissant successivement les hypothèses et les contraintes majeures telles que présentées.

Les hypothèses qui servent de fondement aux prévisions budgétaires 2011 sont, en l'espèce :

- La baisse attendue de la production des principaux produits d'exportation (café, café) ;
- La baisse attendue de la production de pétrole :
- Le renforcement de la coopération avec les principaux partenaires au développement ;
- La réduction du train de vie de l'Etat
- L'environnement économique nationale : fléchissement de la croissance attendue à - 6,3%

Quant aux contraintes majeures retenues ici par la Direction Générale du Budget et des Finances, elles sont au nombre de cinq et se présentent comme suit :

- Contrainte de temps : élaboration en un (01) mois ;
- Contrainte de financement : un besoin de financement de 360,5 milliards ;

- Niveau élevé de la masse salariale : 727,3 milliards en raison des nombreuses revalorisations obtenues suite aux revendications de certaines corporations : 727,3 milliards, soit 57,7% des recettes fiscales contre 35% préconisé par la norme communautaire. Ces inscriptions de niveau élevé ont conduit à la mise en œuvre d'actions de maitrise de la masse salariale, en termes de recensement des fonctionnaires et agents de l'Etat et de mise en place du Fichier Unique de Référence.
- Poids du service de la dette publique : 1 291,5 milliards le niveau élevé correspond à la totalité des échéances de l'année, afin d'assainir les relations avec les partenaires nationaux et internationaux pour l'atteinte du point d'achèvement de l'initiative PPTE.
- Période couverte : mai à fin décembre 2011

Après avoir exposé les hypothèses et les contraintes majeures d'élaboration du budget 2011, la Direction Générale du Budget et des Finances s'est appesanti sur les caractéristiques dudit budget. De ce point de vue, les caractéristiques majeures sont les suivantes :

- il couvre la période du 26 avril à fin décembre 2011 ;

- il affiche une prudence dans la projection des ressources tenant compte de la capacité réelle de recouvrement des recettes intérieures ;

- il bénéficie d'importants concours des partenaires au développement dans la cadre du programme intérimaire appuyé par la Facilité de Crédit Rapide (FCR) ;

- il prend en compte la totalité des échéances de la dette publique afin d'assainir les relations avec les partenaires nationaux et internationaux au développement ;

- il dégage un besoin de financement à rechercher pour espérer couvrir l'ensemble des dépenses du budget.

Ces caractéristiques font ressortir notamment les effets de l'environnement général sur le volume des dotations qui sont portées dans le budget 2011. Dans le cas d'espèce, cette Direction établit que l'impact de la crise se traduit au niveau budgétaire par l'amenuisement des ressources de l'Etat et l'accroissement des charges du fait des importants dégâts causés à l'appareil de production lors du conflit armé et des enjeux de la reconstruction nationale. Elle conclut que de cette double contrainte, il résulte des besoins de financement considérables.

Concrètement, l'équilibre budgétaire né de ces considérations se situe en ressources et en charges à 3 050,4 milliards. Les composantes qu'il emporte se présentent comme suit :

- Les ressources du budget 2011

- Ressources intérieures : 2 086,2 milliards soit 68,4% dont :

- recettes fiscales : 1 216,3 milliards (58,3%)

- recettes non fiscales : 43 milliards (2,1%) ;

- emprunts sur les marchés monétaire et financier : 804,6 milliards (38,6%). (24,6% des ressources budgétaires) dont 574,6 milliards de bons du Trésor, 200 milliards d'obligations du Trésor et 30 milliards d'emprunts obligataires.

- Ressources extérieures : 964,2 milliards soit 31,6%, avec des appuis budgétaires de 437,3 milliards dont :

- 262,4 milliards de l'Agence Française de Développement ;
- 68,4 milliards de la BAD ;
- 58,5 milliards du FMI ;
- 46 milliards de la Banque Mondiale ;
- 2 milliards de l'UEMOA ;
  - gains liés à la restructuration de la dette extérieure : 54 milliards ;
  - crédits DTS : 20,1 milliards
  - emprunts et dons projets, dons-programmes : 91,1 milliards

Le besoin de financement s'élève à 60,5 milliards correspondant :

- à des concours identifiés auprès de certains bailleurs de fonds et non encore confirmés ;
- aux contreparties d'échéances de la dette extérieure qui, ne pouvant être honorées, sont en cours de renégociation.

-Les dépenses du budget 2011 : elles concernent le service de la dette publique, les charges de personnel, les autres charges de fonctionnement et les dépenses d'investissement. Elles couvrent respectivement les proportions suivantes :

- Service de la dette publique: 1291,5 milliards (42,3%) ;
- Charges de personnel : 727,3 milliards (23,8%) ;
- Autres charges de fonctionnement : 691,6 milliards (22,7%);
- Dépenses d'investissement : 340,1 milliards (11,2%) ;

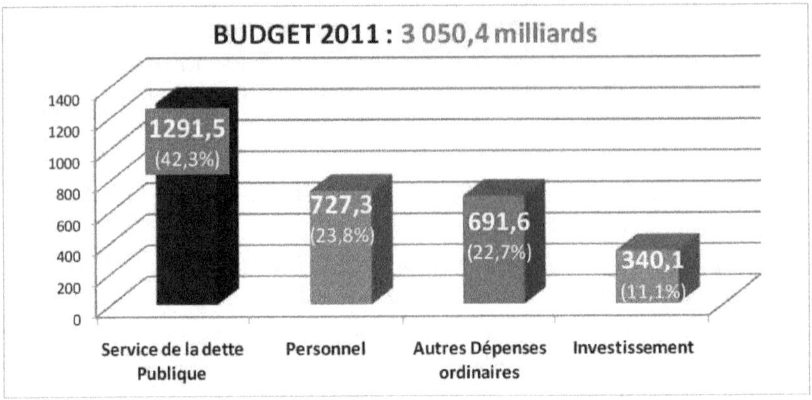

Le poids de la dette publique et des charges salariales (2 018,7 milliards soit 66,2%) réduit les marges budgétaires. [11]

En portant une analyse plus détaillée sur les structures du service de la dette publique et des dépenses de personnel, ces composantes majeures offrent la physionomie suivante :

- Service de la dette Publique 1291,5 milliards
- Service dette intérieure : 914,2 milliards soit 70,8% dont ;
- Titres (emprunts) publics : 732,6 milliards ;
- BCEAO : 28,9 milliards ;
- Dette SIR : 19 milliards ;
- Banques commerciales : 33,6 milliards ;
- Secteur privé non bancaire : 100,1 milliards (dont dette titrisée des fournisseurs 24,6 milliards).

Service dette extérieure : 377,3 milliards soit 29,2%

- échéances restructurées des créanciers privés (Standard Bank London et New Jersey) pour 21,8 milliards ;
- Echéances rééchelonnées et annulées des créanciers membres du Club de Paris, pour respectivement 8 milliards et 24,2 milliards ;
- Echéances exigibles : 323,2 milliards comprenant principalement :

69,9 milliards au titre des créanciers multilatéraux ;

217,6 milliards pour les créanciers bilatéraux ;

26,8 milliards pour les créanciers membres du Club de Londres.

- Les dépenses de personnel : 727,3 milliards, avec une période couverte allant de mars à fin décembre 2011. Ce montant traduit l'impact net des recrutements et des sorties de carrière mais en terme annuel, les charges salariales sont évaluées à 870 milliards, en prenant en compte les salaires payés au mois de janvier et février qui ne sont pas intégrés dans le budget.

En ce qui concerne les autres dépenses ordinaires, elles s'élèvent à 691,6 milliards dont :

- frais d'abonnement et de consommation d'eau, d'électricité et de téléphone : 46,3 milliards ;
- charges de fonctionnement des services : 205,5 milliards ;
- transferts et subventions de l'Etat au profit des institutions, des organismes publics et parapublics : 403,8 milliards dont :
- Subvention aux écoles privées : 51,9 milliards ;
- Couverture du déficit du régime de retraite de la CGRAE : 30,3 milliards ;
- Soutien au secteur électricité : 87,3 milliards ;
- Subvention au profit de la SIR pour améliorer le raffinage : 8,2 milliards ;
- Soutien aux prix des médicaments et vaccins : 10,7 milliards ;
- Promotion de l'emploi jeunes et réduction du chômage : 10,5 milliards ;
- Soutien à la création du fonds développement des transports routiers : 1,5 milliard ;
- Subvention à la filière coton : 7 milliards ;

Dépenses de carburant de l'armée : 5 milliards ;

Les dépenses d'investissement cumulent à 340,1 milliards financées sur ressources intérieures et extérieures comme suit :

- ressources intérieures: 247,8 milliards (72,8%) dont
- Programme Présidentiel d'Urgence : 45 milliards ;
- Transfert de la capitale et réhabilitation Hôtel Ivoire : 40 milliards
- Fonds d'investissement en milieu rural FIMR : 10 milliards ;
- Autres opérations de reconstruction et de développement : 152,8 milliards
- Financées sur ressources extérieures : 92,3 milliards (27,2%) dont :
- Programme d'urgence infrastructures urbaines : 12,2 milliards (Banque Mondiale);
- Programme de renforcement des capacités et de modernisation des administrations financières et du plan financé de 4,1 milliards ;
- Construction du troisième pont : 23 milliards (BOAD, BIDC) ;
- Poursuite des travaux de l'autoroute du Nord (18,4 milliards OPED, BADEA et BOAD), du pont de Jacqueville (3,7 milliards OPED, BADEA et BOAD) et la reconstruction des zones CNO (4 milliards) et programme d'assistance d'urgence post crise (5,8 milliards) : 26,1 milliards (OPEP, BADEA, BOAD et BID) ;

Le budget 2011 comporte des axes prioritaires, c'est-à-dire outre le service de la dette, des dépenses qui concourent à la normalisation de la situation sociopolitique, à la réduction de la pauvreté et au renforcement de la sécurité des personnes et des biens.

- Au titre de la normalisation de la situation socio-politique, les actions de sortie de crise inscrites se situent à 85 milliards dont 75,1 milliards sont financées sur ressources intérieures et 9,8 milliards sur ressources extérieures. Les principales composantes identifiées sont :
  - Identification et élections générales : 35,6 milliards dont 16 milliards pour les élections ;
  - Accords de Ouagadougou et volet militaire du processus de sortie de crise : 18,8 milliards ;
  - PNRRC & CCI: 10,5 milliards ;

Assistance et reconstruction post-crise : 10,4 milliards soutenus par les concours extérieurs à hauteur de 9,8 milliards.

Tableau 1 : dépenses de normalisation de la situation sociopolitique

DEPENSES	MONTANT		
	Trésor (1)	Finex (2)	TOTAL (3)=(1)+(2)
Effort de paix, Service Civique	21,9		21,9
Dont Programme service civique et réinsertion	2,5		2,5
Accord de Ouagadougou	10,0		10,0
PNRRC & CCI	10,5		10,5
Programme Redéploiement de l'Administration	0,5	0	0,5
Election	16	0	16
Identification	19,6		19,6
dont Rémunération opérateur technique (SAGEM)	16		16
Autres	6,6	9,8	16,4
dont Reconstruction zones CNO	0,5	4,0	4,5
Recasement VAN	3		3
TOTAL	75,1	9,8	84,9

Au titre des dépenses pro-pauvres, elles s'élèvent à 840,1 milliards soit 7,1% du PIB. En effet, malgré les marges budgétaires réduites par le service de la dette publique, le budget 2011 consacre 840,1 milliards, soit 27,5% du budget, à l'amélioration des conditions de vie des populations. Elles sont éclatées comme suit :

- Education : 515,9 milliards, soit 4,6% du PIB (charges salariales, fonctionnement des services, réhabilitations et constructions des infrastructures scolaires et universitaires, bourses, subventions aux écoles privées. Outre les charges salariales d'un montant de 337,5 milliards, ces crédits permettront de couvrir :

- les moyens de fonctionnement et d'équipement des structures éducatives : 77,3 milliards ;

- les manuels et kits scolaires ainsi que des kits et manuels pédagogiques : 5 milliards ;

- les bourses, subventions aux écoles privées : 73,3 milliards ;

- l'extension et l'équipement des cantines scolaires : 1,4 milliards ;

- la réhabilitation et la construction des infrastructures scolaires et universitaires : 20,8 milliards

- Santé : 108,7 milliards, soit 0,8% du PIB (dépenses de personnel, renforcement du cadre institutionnel, soutien aux prix des médicaments et vaccins, amélioration du plateau technique)

En plus des dépenses de personnel prévues à 48,9 milliards, les crédits de ce secteur sont consacrés :

- au renforcement du cadre institutionnel et des moyens d'actions du système de santé en vue de l'amélioration des soins : 34,6 milliards ;

- à l'amélioration du plateau technique et à la consolidation des actes de santé et de lutte contre les pathologies et les endémies : 14,4 milliards ;

- au soutien au prix des médicaments et vaccins au titre des dépenses sociales ciblées : 10,7 milliards.

- Développement agricole et ressources halieutiques : 46,4 milliards (encadrement, formation, diversification et promotion de l'agriculture, d'équipement rural, d'appui à l'élevage)

Les principales actions inscrites dans ces secteurs outre les charges salariales d'un montant de 6,6 milliards, concernent :

- l'encadrement, la formation, la diversification et la promotion de l'agriculture : 26,8 milliards ;

- l'équipement rural avec le fonds d'investissement en milieu rural : 10 milliards ;

- l'appui à l'élevage, la production laitière, la pêche, l'aquaculture : 2,8 milliards.

- Développement des infrastructures de base : 53,7 milliards. (poursuite de l'assainissement, renforcement de l'accès à l'eau potable, poursuite des programmes d'électrification rurale et d'extension des réseaux urbains, renforcement des routes et ouvrages d'art).

Les principales actions retenues concernent :

- poursuite de l'assainissement, renforcement de l'accès à l'eau potable : 9,9 milliards ;

- poursuite des programmes d'électrification rurale et d'extension des réseaux urbains : 8,8 milliards ;

- renforcement des routes et ouvrages d'art : 35 milliards se rapportant principalement :

- Entretien des pistes : 0,7 milliard ;

- Construction d'ouvrages d'art : 7,3 milliards (pont de Jacqueville, et de la Marahoué) ;
- Projet d'urgence infrastructures urbaines (13,6 milliards) ;
- Aménagement de la route Boundiali-Tengrela-Mali : 4,3 milliards ;
- Dotation au fonds de développement du transport routier : 1,5 milliards ;

Divers travaux d'entretien du réseau routier : 6,5 milliards.

- Salubrité publique et protection de l'environnement: 13,1milliards (charges courantes, programmes de gestion des ordures ménagères dans les grandes villes)

Outre les charges salariales prévues à 9,4 milliards, les dotations inscrites sont destinées à prendre en compte notamment :
- l'étude institutionnelle et la politique sectorielle d'assainissement ;
- les programmes de gestion des ordures ménagères dans les grandes villes.

- Décentralisation : 29,5 milliards (activités des collectivités autres que celles menées dans les secteurs de l'éducation, la santé et l'agriculture)

Tableau 2 : dépenses pro-pauvres 2011

	2011 Ordonnance		
	Financement intérieur	Financement extérieur	Total
01 Agriculture et développement rural	36,7	4,6	41,3
02 Ressources Halieutiques et Production Animale	4,7	0,3	5,1
03 Éducation	512,6	3,3	515,9
04 Santé	108,7	0,0	108,7
05 Eau et Assainissement	18,1	4,8	22,9
06 Énergie	8,8	0,0	8,8
07 Routes et ouvrages d'art	13,1	21,9	35
08 Affaires Sociales	13,9	0,0	13,9
09 Décentralisation (hors éducation, santé et agriculture)	29,4	0,0	29,4
10 Reconstructions et réhabilitations	1,1	0,0	1,1
11 Autres domaines de lutte contre la pauvreté	57,8	0,0	57,8
Total	805,0	35,1	840,1

Les dépenses de sécurité et de défense sont évaluées à 223 milliards ventilées comme suit :

- Charges salariales : 159,5 milliards ;
- Autres dépenses : 63,5 milliards couvrant principalement :

-Le renforcement de la surveillance des frontières,
-La réhabilitation des casernes militaires et de police,
-Le renforcement des moyens d'actions de ces entités,
-Le programme d'urgence sécurité.

La présentation des composantes majeures du budget 2011 par la Direction Générale du Budget et des Finances précise que dans l'attente de la concrétisation des hypothèses de mobilisation des 3050,5 milliards, la détermination des dépenses du budget exécutable a conduit à opérer des ponctions aussi bien sur les charges de fonctionnement que sur les dépenses d'investissement. En conséquence, lorsque les hypothèses de mobilisation de ces ressources seront concrétisées, la part des crédits budgétaires affectés aux dépenses d'investissement sera accrue, notamment dans les infrastructures socio économiques. Les proportions déclinées dans le tableau ci- dessous traduisent les niveaux de réduction opérés sur les différentes charges.

	Ordonnance (A)	Budget exécutable (B)	Ecart (B)-(A)
1 Dépenses Publiques	1 291,5	1 291,5	0,0
2 Dépenses Ordinaires	1 418,9	1 172,6	246,3
1. Personnel	727,7	727,7	0,0
2. Abonnement	46,3	46,3	0,0
3. Sortie de crise	44,8	42,9	- 1,9
4. Transferts et subventions	302,3	229,2	-73,1
5. Autres dépenses de fonctionnement	297,9	126,5	-171,3
3 Dépenses d'Investissement	340,1	226,3	-113,8
6. Financées sur ressources intérieures	247,8	134,0	113,8
7. Financées sur ressources extérieures	92,3	92,3	0,0
Total Général (Hors CST)	3 050,4	2 690,4	- 360,1

I.42 Présentation de la communication en conseil des ministres relative au projet de budget 2011

La communication relative au projet de budget de la gestion projetée est élaborée et présentée par le ministre chargé du budget. Elle vise à situer l'environnement général de conception et d'élaboration du budget. A cette fin, elle retrace les principales caractéristiques de la situation économique et sociale, en se référant à l'évolution récente et en dégageant les perspectives. Elle met également en relief les objectifs principaux poursuivis par le gouvernement à partir des préoccupations majeures exprimées et situe le niveau d'équilibre budgétaire projeté ainsi que les composantes qu'il emporte. Cette communication est adossée à d'importantes annexes explicatives et justificatives dont les plus importantes sont In fine. Elle permet au ministre en charge du budget de solliciter l'autorisation du conseil des ministres pour l'adoption du projet de budget présenté. Il reste entendu que les principaux fondements de la communication relative au projet de budget présenté demeurent les descriptions, analyses, inscriptions et conclusions portées dans les cadrages économiques et financiers.

En l'espèce, les articulations majeures qui marquent la communication relative au projet de budget 2011 présentée en conseil des ministres situent successivement le contexte de la grande crise post-électorale, les préoccupations centrales du gouvernement que sont la normalisation de la situation sociopolitique et la relance rapide de l'activité économique, les actions visant à favoriser la réconciliation nationale en vue d'une paix durable au plan sociopolitique, la restauration des outils de production des entreprises avec l'appui de l'Etat sous forme de facilités fiscales et d'apurement des arriérés intérieurs au plan économique, l'impact de la crise sur l'activité économique qui amenuise les ressources financières de l'Etat au plan budgétaire. Fort de toutes ces contraintes, la communication indique le niveau du projet du budget 2011à 2 050,4 milliards, en hausse de 153,4 milliards, soit une progression de 5,3% par rapport au budget 2010, et expose le financement dudit budget.

Dans une approche plus détaillée, la communication retrace, dans un premier temps, la situation économique et financière en 2010 à travers notamment l'évolution économique récente, la situation des finances publiques et l'exécution des ressources et des dépenses. Dans un second temps, la communication s'attache à dégager les perspectives économiques et le projet de budget de l'année. De ce point de vue, il s'agit d'exposer, en ce qui concerne les perspectives, les tendances majeures des environnements international, régional et national. Au niveau national, l'exercice consiste à relever l'évolution de la croissance, celle des secteurs d'activités, celle des prix et de l'inflation. La présentation du projet de budget dans la communication repose essentiellement sur les composantes, à savoir les ressources et les dépenses, et les actions prioritaires qui y sont inscrites.

La communication en conseil des ministres relative au projet de budget 2011, telle que présentée par le ministre chargé du budget, s'esquisse comme suit.

La communication introduit qu'après la grande crise post électorale que la Côte d'Ivoire a traversée, les préoccupations centrales du Gouvernement sont la normalisation de la situation sociopolitique et la relance rapide de l'activité économique. Ainsi, au plan sociopolitique, des actions visant à favoriser la réconciliation nationale en vue d'une paix durable sont entreprises. Il s'agit notamment de la formation d'un Gouvernement d'ouverture avec des sensibilités politiques diverses, la mise en place de la commission « Dialogue, Vérité et réconciliation » et l'organisation prochaine des élections législatives d'ici la fin de l'année 2011.Quant au niveau économique, la restauration des outils de production des entreprises avec l'appui de l'Etat sous forme de facilités fiscales et d'apurement des arriérés intérieurs devraient permettre la reprise des activités économiques attendue en progression. Au plan budgétaire, l'impact de la crise sur l'activité économique amenuise les ressources financières de l'Etat pendant que, parallèlement, l'accroissement des charges du fait de la longue crise post électorale ainsi que les enjeux de la reconstruction nationale engendrent des besoins de financement considérables.

Sur la base de ces fortes contraintes, le niveau du projet du budget 2011 a été fixé à 2 050,4 milliards, en hausse de 153,4 milliards, soit une progression de 5,3% par rapport au budget 2010.Le financement de ce projet de budget 2011, repose sur un effort optimal de recouvrement des recettes intérieures et de mobilisation des ressources extérieures attendues des partenaires techniques financiers (FMI, BM, BAD, AFD), dans le cadre du programme intermédiaire appuyé par la Facilité de Crédit rapide (FCR), conclu avec le fonds Monétaire International. La période couverte par ce budget, en attendant l'examen des opérations financières effectuées par le Gouvernement illégitime au cours des quatre premiers mois de l'année courante, part du 26 avril, date de la réouverture de la banque Centrale des Etats de l'Afrique de l'ouest (BCEAO), à la fin décembre 2011.

La communication précise qu'elle retrace d'une part, l'évolution de la situation économique et financière en 2010 et d'autre part, les perspectives économiques ainsi que les principales composantes du projet de budget pour l'année 2011.

Au titre de la situation économique et financière 2010, la communication distingue la situation économique récente et la situation des finances publiques.

En ce qui concerne la situation économique récente, la remarque majeure est que la croissance de l'économie mondiale est estimée à 5,1% en 2010 contre -0,5% en 2009, marquant une reprise liée à la mise en œuvre de politiques budgétaires de relance et de politiques monétaires accommodantes couplées avec les initiatives de régulation des marchés financiers. Du point de vue de la zone UEMOA, la croissance est estimée à fin 2010 à 4,3% contre 3% en 2009. Ce taux, bien qu'en amélioration, reste encore en deçà de celui de la moyenne de l'Afrique Subsaharienne estimé à 5%. Au plan national, le taux de croissance révisé à la baisse à 3% suite à la crise énergétique survenue au cours du premier trimestre 2010, s'est établit à 2,4% à la fin de l'année contre 3,8% en 2009. Ce fléchissement provient essentiellement des contreperformances enregistrées dans les secteurs primaire et tertiaire du fait de la perturbation de l'activité économique au dernier trimestre, consécutive à l'organisation de l'élection présidentielle. En effet, la progression du secteur tertiaire s'est située à 2,7% en fin d'année contre 5% en 2009 en raison des perturbations de l'activité économique dont a souffert l'ensemble des sous secteurs.

Dans le secteur primaire, la croissance est ressortie à 0,5% en 2010 contre 6,4% en 2009, du fait des mauvaises performances de l'agriculture d'exportation et de l'extraction minière, dues au ralentissement des activités au dernier trimestre.

Quant au secteur secondaire, son évolution s'est améliorée avec un taux de croissance de 4,7% contre une baisse de 1,5% en 2009 en rapport avec le dynamisme des BTP (+27,2%) et l'agroalimentaire (+13,4%), soutenus par l'avancement de certains travaux publics et l'amélioration des revenus agricoles suite à l'embellie des cours de plusieurs produits de base.

En ce qui concerne l'inflation, en moyenne annuelle elle est ressortie à 1,8% en 2010 contre 1,5% attendu, du fait des difficultés d'approvisionnement des marchés survenues au dernier trimestre de l'année en raison du conflit post électoral. Toutefois, ce niveau reste en dessous de la norme communautaire fixée à 3%. L'indice harmonisé des prix à la Consommation (IHPC) soutenu par l'alimentation (+14,8%), est ressorti à fin décembre 2010 à 5,1% par rapport à décembre 2009.

La masse monétaire enregistre une hausse de 18,2% en relation avec l'augmentation des avoirs extérieurs nets (+20,6%) et du crédit intérieur (+13,2%). Cette évolution des avoirs extérieurs nets s'explique par la bonne tenue du commerce extérieur et par la mobilisation des ressources extérieures. La progression du crédit intérieur est en rapport avec les crédits de l'économie (+8,7%) et la dégradation de la position nette du Gouvernement (PNG : +26,7%) en raison de l'émission de titres publics et des concours du FMI.

Au plan des échanges extérieurs, la balance commerciale est ressortie excédentaire à 12,3% du PIB contre 14,4% en 2009.

Cette évolution de la situation économique récente affecte nécessairement la situation des finances publiques.

La situation des finances publiques est marquée par le collectif budgétaire intervenu en 2010. En effet, le budget de l'année 2010, initialement prévu à 2 481 milliards, a été révisé à la hausse à 2 897 milliards dans un collectif budgétaire, afin de tenir compte des incidences financières de la crise énergétique et des différents accords de restructuration de la dette extérieure.

Lors de son exécution, ce budget a bénéficié au cours des deuxième et troisième trimestres, d'un contexte favorable marqué par une avancée dans la normalisation de la situation sociopolitique et la mise en œuvre du programme économique et financier appuyé par la Facilité Elargie de crédit. Toutefois, les acquis qui en ont découlé, à savoir, notamment, le bon niveau du recouvrement des recettes fiscales et non fiscales, ont été annihilés par l'impact négatif des perturbations des activités économiques au cours du quatrième trimestre en raison de l'élection présidentielle et de la crise qui s'en est suivie.

En tout état de cause, il convient de rendre compte de l'état des ressources et des dépenses afin de mieux appréhender la situation des finances publiques telle qu'exposée ci-haut.

Au plan des ressources, le niveau de recouvrement effectué des ressources budgétaires à la fin 2010 s'est situé à 3 074,5 milliards pour une prévision de 2 897 milliards, soit une plus-value de 177,7 milliards. Cette performance tient au succès des opérations d'émissions des titres d'Etat sur les marchés monétaire et financier. Ces ressources se répartissent entre les recettes intérieures pour 2 598,2 milliards contre 2 374,1 milliards prévus et les ressources extérieures pour 476,4 milliards contre 522,9 milliards prévus.

Le recouvrement des recettes fiscales était attendu à 1 878,8 milliards mais il s'est réalisé à hauteur de 1 834,9 milliards, soit un manque à gagner de 43,9 milliards. Ce résultat est imputable essentiellement aux impôts sur les revenus et capitaux mobiliers et aux impôts sur les bénéfices, en raison de la régression des résultats de certaines grandes entreprises.

Il s'explique également par la contre performance enregistrée au niveau de la collecte des taxes à l'exportation imputable à la perturbation de la campagne café-cacao consécutive au ralentissement des activités au dernier trimestre.

Les autres ressources intérieures étaient prévues à 95,3 milliards mais elles se sont établies à 75 milliards, soit une moins-value de 19,9 milliards. Cet état de fait est lié aux difficultés de recouvrement des redevances au titre des licences de télécommunications, à des décaissements moins élevés que prévus sur le fonds d'investissement en milieu rural (FIMR) (6 milliards contre 15 milliards prévus) en rapport avec la capacité d'absorption des projets programmés.

Les émissions de titres d'Etat sur les marchés financiers et monétaires ont permis la mobilisation de 687,9 milliards contre 400 milliards prévus. Cette performance traduit la confiance qui a prévalu en 2010 entre l'Etat et les souscripteurs.

Les ressources extérieures ont été mobilisées à hauteur de 476,4 milliards dont 297 milliards au titre des gains liés aux restructurations de la dette publique extérieure. Ces réalisations sont en baisse de 46,5 milliards par rapport aux prévisions de 522,9 milliards, compte tenu essentiellement de la non mobilisation de la totalité des appuis budgétaires et du faible niveau de tirages sur emprunts projets. En effet, les appuis budgétaires attendus du FMI et de la Banque Mondiale pour 117,6 milliards n'ont pu être mobilisés qu'à hauteur de 73,7 milliards dont 27,4 milliards provenant du Fonds Monétaire International et 46,3 milliards de la Banque Mondiale. Cet état de fait tient au retard accusé dans la mise en œuvre des décaissements du fait de l'attentisme des partenaires au développement au regard de l'environnement pré-électoral sensible.

En ce qui concerne les emprunts projets, les tirages se sont établis à 45,4 milliards contre des prévisions estimées à 75 milliards, tandis que les dons projets ont enregistré une mobilisation de 41 milliards contre 10,6 milliards prévus. Cette progression des dons projets est essentiellement liée à l'allègement des procédures d'exécution des financements de la Banque Mondiale qui représentent 87% de ces réalisations. Les mobilisations au titre des dons programmes destinés au financement des actions de sortie de crise se sont établies à 19,3 milliards en deçà des 22,2 milliards prévus en rapport avec le Programme d'Assistance Post-Crise financé par la Banque Mondiale.

Au titre des dépenses, l'exécution des dépenses du budget de l'Etat au titre de la gestion 2010 s'est située à 2 923,8 milliards contre une prévision de 2 897 milliards. Cet état de fait résulte du niveau d'exécution de la dette publique qui a été plus élevé que prévu, lié principalement à la prise en compte des échéances de crédits relais capitalisés non initialement prévus au budget. Ce niveau s'explique également par les intérêts moratoires et les variations de taux de change des devises. Ces réalisations sont ventilées en ce qui concerne les dépenses de la dette publique pour 33,6%, les dépenses de personnel pour 27,4%, les autres dépenses ordinaires pour 24,7% et les dépenses d'investissement pour 14,3%.

Au plan de la dette publique, l'exécution du service s'est établie à 981,8 milliards contre 932,3 milliards prévus, soit un taux d'exécution de 105,3%. Ce service se répartit entre la dette intérieure pour 49,9% et la dette extérieure 71,1%.

Les paiements effectifs au titre du service de la dette publique s'élèvent à 547,4 milliards dont 412,4 milliards pour la dette intérieure et 135 milliards pour la dette extérieure.

L'exécution du service de la dette intérieure s'élève à 490,2 milliards, avec des règlements effectifs qui se chiffrent à 412,4 milliards. Ils concernent les titres publics pour 285,6 milliards, la BCEAO pour 5,2 milliards, les banques commerciales pour 47 milliards et le secteur non bancaire pour 74,5 milliards. En ce qui concerne le secteur non bancaire, les paiements ont porté sur la dette de la PETROCI pour 33,9 milliards, les titres de la CNPS pour 27,7 milliards et la dette titrisée des fournisseurs à hauteur de 13 milliards.

En ce qui concerne le service de la dette extérieure, il s'est exécuté à 491,7 milliards contre 454,5 milliards, avec des règlements qui se sont chiffrés à hauteur de 135 milliards. Ce niveau d'exécution intègre 241,2 milliards d'échéances rééchelonnées, différées et annulées dans le cadre des différents accords de restructuration conclus notamment avec les créanciers membres du Club de Paris, du Club de Londres, la Banque Mondiale et le FMI. Il prend en compte également 55,8 milliards d'échéances restructurables de la Standard Bank Londres et New Jersey pour lesquelles des pourparlers de restructuration étaient en cours avant la crise post électorale.

Les paiements effectués se rapportant aux échéances des créanciers multilatéraux se situent à 64,5 milliards dont la banque Mondiale pour 27,6 milliards, le FMI pour

6,1 milliards et la BAD pour 20,8 milliards. Les paiements au profit des créanciers bilatéraux, à savoir les Fonds koweitien et saoudien, Eximbank Chine et Inde et Assistance Publique des Hôpitaux de Paris s'élèvent à 1,9 milliards. Quant aux autres créanciers, les paiements ont porté essentiellement sur les échéances du Club de Londres pour 15,6 milliards.

Les dépenses hors dette publique ont été exécutées à 1 942 milliards contre 1 964,7 milliards estimés, soit une sous-consommation de crédits de 22,7 milliards. Cette sous consommation est liée essentiellement à la faible exécution des projets d'investissement sur emprunts et à la non réalisation de certaines mesures salariales.

Au titre des dépenses de personnel, l'exécution s'est située à 800,4 milliards contre 814,1 milliards prévus. La sous consommation de 13,6 milliards qui en résulte est liée notamment à la non réalisation de la mesure d'intégration des soldats des Forces Nouvelles (FAFN) et à la non prise en compte financière des nouveaux policiers en raison du retard dans le traitement des dossiers.

Les autres dépenses ordinaires, qui intègrent notamment les frais de consommation et d'abonnement d'eau, d'électricité et de téléphone ainsi que les charges de fonctionnement des services et les autres interventions de l'Etat au profit des entreprises parapubliques, se sont établies à 721,1 milliards contre 722,5 milliards prévus.

Les dépenses d'investissements prévues à 428,1 milliards enregistrent un taux d'exécution de 98,2% contre 77% en 2009.

Sur les ressources intérieures, l'exécution des dépenses d'investissement est estimée à 314,7 milliards avec un taux d'exécution satisfaisant d'un niveau de 98,3%. Ces dépenses ont concerné notamment les opérations menées au niveau du secteur de l'éducation pour 25,4 milliards et du secteur de la santé pour 15,8 milliards. Elles intègrent également les travaux de construction et de réhabilitation des infrastructures routières à hauteur de 20 milliards, les grands chantiers de l'Etat pour 40 milliards et l'amélioration de l'accès à l'eau et à l'électricité à hauteur de 4,3 milliards. Les projets de développement des infrastructures menés par les collectivités ont bénéficié d'un transfert de crédits de 11,5 milliards.

Sur financements extérieurs, l'exécution des dépenses d'investissement ont également enregistré un taux d'exécution satisfaisant de 98,1% en se situant à 105,7 milliards grâce à l'allègement des procédures de financement des projets de la Banque Mondiale.

Au total, l'exécution du budget 2010 traduit une relative maîtrise des charges de fonctionnement de l'Etat, notamment la masse salariale, malgré les contraintes liées à l'environnement très sensible. Cette exécution reste tout de même marquée par le poids de la dette publique qui s'élève à 987,8 milliards et le coût du redressement de l'offre de l'électricité pour 82,6 milliards. Ces contraintes qui ont absorbé une part substantielle du budget de la gestion 2010 vont également peser sur le budget 2011, qui doit intégrer les nouveaux défis que sont la cohésion sociale, l'amélioration du cadre de vie des populations et la relance de l'activité économique.

Ces axes permettent d'introduire les perspectives économiques et le projet de l'année 2011. Dans cette partie, la communication dégage les perspectives économiques en 2011 et présente le projet de budget de l'année dans ses composantes principales.

Les perspectives économiques en 2011s'intéressent successivement à l'économie mondiale, à la zone UEMOA et au plan national.

Au plan de l'économie mondiale, la croissance se situerait à 4,4% en 2011 contre 5,1% réalisé en 2010. Ce léger fléchissement serait lié aux effets latents de la crise immobilière et à la montée des cours des matières premières, notamment le pétrole. Ce taux serait cependant soutenu par le dynamisme de la demande dans les pays émergents et en développement.

Dans la zone UEMOA, le taux de croissance attendu pour l'année 2011 s'élèverait à 4% contre 4,3% en 2010 en raison de la situation économique en Côte d'Ivoire.

Sur le plan national, l'activité économique restera marquée par la crise post électorale avec de graves conséquences sur la situation économique. Cette situation entraînerait une croissance négative de 6,3%, soit une perte de 8,7 points et de 10 points respectivement par rapport à 2010 et 2009. Ce recul est essentiellement lié à la reprise timide de l'activité économique attendue dans les secteurs tertiaire et secondaire, et dans une moindre mesure, dans le secteur primaire. En effet, l'activité tertiaire serait en baisse de 13,4% en 2011 contre une hausse de 2,7% en 2010, sous l'effet des perturbations subies par l'ensemble des sous secteurs du transport, des télécommunications, des services et du commerce. Ces perturbations sont en rapport avec les pillages des entreprises et les désagréments dans le trafic routier.

Le secteur secondaire est attendu en recul de 8,4%, eu égard à la destruction de nombreuses unités de production, aux difficultés d'approvisionnement des industries en intrants et aux préjudices subis par certaines entreprises de construction entraînant un ralentissement dans les BTP.

Quant au secteur primaire, il devrait enregistrer une baisse de 0,3% en raison des replis de -6,7% de l'agriculture d'exportation et de -7,7% de l'extraction minière En effet, la chute prévue tient à l'abandon des plantations du fait de la crise post électorale et à la contraction projetée de la production de pétrole et de gaz en rapport avec les fermetures et arrêts récurrents des puits de pétroliers pour des travaux.

En l'espèce, le report des investissements sur des puits gaziers constitue également un facteur non négligeable. Toutefois, l'agriculture vivrière enregistrerait une hausse de 3% en raison de la redynamisation des projets vivriers et de la bonne pluviométrie.

Au niveau de l'inflation, elle devrait ressortir autour de 3% contre 1,8% en 2010 en liaison avec la hausse du cours du pétrole sur le marché international.

Du point de vue des échanges extérieurs, les exportations connaîtraient un repli de 2,5% contre 1,7% en 2010, en liaison avec la hausse de production des principaux produits d'exportation. Quant aux importations, elles devraient se situer en baisse de 10,3% contre une hausse de 4,1% en 2010, en raison des difficultés de trésorerie évoquées par les opérateurs économiques qui ont subi des dégâts et de l'attentisme qu'observeront certains au regard de la situation sécuritaire. La balance commerciale ressortirait excédentaire à 15,7% du PIB contre 12,32% en 2010.

Les perspectives économiques sus exposées forment les fondements des prévisions budgétaires 2011 dont les composantes majeures se présentent comme suit.

Les composantes du projet de budget 2011 s'appliquent à l'équilibre du budget, aux ressources, aux dépenses et aux actions prioritaires.

L'équilibre du projet de budget 2011 en ressources et en dépenses est fixé à 3 050,4 milliards, en hausse de 153,4 milliards, soit un taux d'accroissement de 5,3% par rapport au budget 2010. Cette progression s'explique par :

- La nécessité d'honorer les engagements de la dette publique, notamment extérieure, en vue de l'atteinte du point d'achèvement de l'initiative PPTE ;
- Les exigences de la reconstruction post crise dans la perspective de la relance économique.

Cependant la couverture totale de ces charges induit l'inscription d'un niveau de ressources de 360,5 milliards à rechercher.

Les ressources du projet de budget 2011, prévues à 3 050,4 milliards exigent principalement des efforts de recouvrement au niveau des recettes intérieures, en ce qu'elles représentent 68,4% des ressources budgétaires totales. Ces prévisions sont soutenues par des mesures concernant notamment le recouvrement des recettes dans les zones Centre Nord et Ouest et le renforcement des campagnes de promotion du civisme fiscal. Les prévisions appliquées à ces ressources s'élèvent à 2 086,2 milliards et prennent en compte à la fois l'impact financier des mesures de soutien temporaire au secteur privé à travers des facilités fiscales et l'hypothèse du retour à un régime fiscal normal sur les derniers mois de l'année. Il s'agit de prévisions composées des recettes fiscales représentant 58,3%, des emprunts sur les marchés monétaire et financier à hauteur de 38,6% et des autres ressources intérieures pour 3,1%.

Les recettes fiscales qui constituent la principale composante des ressources intérieures, sont projetées à 1 216,3 milliards. Elles intègrent l'impact de l'inexistence de contrôles fiscaux sur le premier semestre de l'année et les difficultés de trésorerie évoquées par les contribuables qui ont subi d'énormes préjudices lors de la crise post électorale.

Il convient de noter qu'en tenant compte de cette situation et à l'effet d'accompagner la reprise des activités économiques, le Gouvernement a suspendu le paiement de la vignette et de la patente transport au titre de la gestion 2011, ainsi qu'un abattement de 50% sur la patente commerce. Dans cette même optique, ces prévisions tiennent compte également des mesures d'allègements fiscaux consentis par le Gouvernement à travers le blocage des prix des produits pétroliers à la pompe malgré la hausse du coût du brut sur le marché international. La timide reprise de l'activité économique, la fermeture et la délocalisation de certaines entreprises sont autant d'éléments qui impactent les prévisions de recettes fiscales.

Ainsi :

La fiscalité intérieure est prévue à hauteur de 663,1 milliards, avec une composition formée principalement par :

- L'impôt sur le bénéfice (hors pétrole) prévu à 105,9 milliards en rapport avec les perturbations de l'activité économique en 2010 du fait de la crise énergétique au premier trimestre et de la période électorale couvrant le dernier trimestre qui ont eu un impact négatif sur les bénéfices réalisés en 2010 ;
- Les revenus du pétrole et gaz projetés à 224,1 milliards intègrent 115 milliards de gaz imputé correspondant à la part de l'Etat utilisée par le secteur électricité dans son processus de production. Une partie de ce gaz affecté compense les frais de consommation d'électricité de l'administration centrale et une autre partie est cédée sous forme de subvention. Ces prévisions tiennent compte des volumes prévisionnels de production de 12,4 millions de barils pour le pétrole et 52,4 millions de MMBTU pour le gaz et de l'augmentation du cours du baril de pétrole évalué à 107 dollars en moyenne ;
- Les impôts sur les revenus et les salaires prévus à 107,5 milliards en liaison avec les fermetures d'entreprise et les mises au chômage technique pour cause de crise. Toutefois, l'hypothèse de réouverture à partir du mois de juillet des entreprises délocalisées, est prise en compte dans ces prévisions.

- Les impôts sur les revenus et capitaux mobiliers prévus à 21,6 milliards, reposent sur l'hypothèse du réinvestissement des bénéfices par les entreprises sinistrées en lieu et place de la redistribution des dividendes ;
- La TVA prévue à 69,2 milliards prend en compte notamment la timide reprise des activités économiques ;
- Les droits d'enregistrement et de timbre prévus à 82,5 milliards, tenant compte de la dépréciation du stock de produits non exportés en mars et en avril du fait de l'embargo et de la baisse du volume de production attendu.

S'agissant des recettes de porte, elles sont prévues à 553,2 milliards ventilés sur :

- Les taxes à l'importation attendues à 343 milliards, et prenant en compte aussi bien la remontée progressive des activités économiques, la hausse projetée du volume du gasoil à 3% et du super carburant à 5% par rapport à 2010, que la baisse attendue des importations de marchandises générales de 10,3% ;
- Les droits et taxes à l'exportation prévus à hauteur de 210,3 milliards, tenant compte de la baisse de la production attendue du fait de l'abandon des plantations. Ces prévisions intègrent également le report d'une partie des produits de la campagne 2009-2010 sur 2010-2011 du fait de l'embargo pendant la période de crise.

Au titre du recours aux marchés monétaire et financier, une mobilisation de 804,6 milliards est attendue, avec 30 milliards d'emprunts obligataires, 574,6 milliards de bons du Trésor et 200 milliards d'obligations. Cette mobilisation s'inscrit dans un mécanisme d'auto remboursement du principal des titres publics échus en 2011, les intérêts devant être remboursés à partir d'autres ressources intérieures.

Les prévisions des autres ressources intérieures intègrent les difficultés rencontrées par les nouveaux opérateurs de la téléphonie mobile. Ainsi, elles sont fixées à 65,4 milliards et se composent des avances faites par la PETROCI pour 22,4 milliards, les ressources au titre du Fonds d'Investissement en Milieu Rural (FIMR) pour 10 milliards, destinées au financement de projets spécifiques.

Les ressources extérieures, prévues à hauteur de 964,2 milliards, se composent des gains liés à la restructuration de la dette extérieure, des appuis budgétaires, des crédits adossés à l'allocation de DTS et du financement des projets et programmes, ainsi que des financements additionnels attendus dans l'hypothèse de la conclusion d'un programme économique et financier et des négociations de restructuration des échéances de dette de certains créanciers extérieurs.

Les gains liés à la restructuration de la dette extérieure sont attendus à hauteur de 54 milliards correspondant aux échéances rééchelonnées, annulées et restructurables.

Les appuis budgétaires prévus s'élèvent à 437,3 milliards et proviennent :

- Du FMI (58,5 milliards) au titre de la facilité de crédit rapide ;
- De la Banque Mondiale (46 milliards) ;
- De la Banque Africaine de Développement (68,4 milliards) ;
- De la France (AFD) (262,4 milliards) dont la première moitié a déjà été mobilisée en avril ;
- De l'UEMOA (2 milliards) pour soutenir les activités de la réconciliation nationale.

Les crédits adossés à l'allocation de DTS prévus à 20,1 milliards permettront le remboursement d'une partie des échéances de la Banque Mondiale.

Les ressources d'emprunts et de dons projets projetées à 86,5 milliards, concernent notamment les projets financés par la BOAD pour 21,2 milliards, la Banque Islamique de Développement pour 15 milliards, la Banque Mondiale pour 14,8 milliards, la BADEA pour 10,2 milliards, la BIDC pour 8 milliards, le Fonds OPEP pour 6,2 milliards et la BAD pour 4,4 milliards.

Les dons-programmes attendus à hauteur de 5,8 milliards, se rapportent au projet d'Assistance Post Crise (PAPC) financé par la Banque Mondiale.

Les autres ressources extérieures s'élèvent à 360,5 milliards et constituent le financement additionnel nécessaire pour couvrir l'ensemble des besoins incompressibles de l'Etat. Ces financements reposent sur des hypothèses de mobilisation qui doivent être confirmées. Elles se rapportent :

- A l'appui budgétaire attendu du FMI dans le cadre du programme appuyé par la Facilité Elargie de crédit (FEC) (49,2 milliards) ;
- A l'appui budgétaire attendu de la Banque mondiale dans le cadre du programme appuyé par la FEC (24 milliards) ;
- Au financement du programme présidentiel d'urgence recherché auprès de l'Union Européenne (15 milliards) ;
- Aux contreparties des échéances exigibles des créanciers membres du Club de Paris (212,3 milliards) et des créanciers membres du Club de Londres (26,8 milliards) qui devraient faire l'objet de renégociation.

Dans l'attente de la mobilisation effective de ce financement additionnel, et conformément au principe de prudence, la consommation des crédits budgétaires sera fortement liée à la mobilisation des ressources. Ce qui affecte les dépenses.

Les dépenses du projet de budget 2011, projetées à 3 050,4 milliards, portent sur le service de la dette publique pour 42,3%, les charges de personnel pour 23,8%, les autres charges de fonctionnement des services pour 22,7% et les dépenses d'investissement pour 11,2%.

Le niveau élevé du service de la dette publique et des charges salariales à 66% conduit à une réduction significative des marges de manœuvre.

Toutefois, l'intégration de ces contraintes ne remet pas en cause les autres priorités du Gouvernement.

Le service de la dette publique est prévu à 1291,5 milliards afin de couvrir l'ensemble des échéances 2011. Il connait une hausse de 38,5% par rapport au budget 2010, imputable à l'accroissement des échéances de remboursement des titres publics. En effet, prévu à 914,2 milliards contre 477,8 milliards en 2010, le service de la dette intérieure est en augmentation de 436,4 milliards en vue, principalement, du remboursement des titres publics prévus à 732,6 milliards contre 317 milliards en 2010. Ces remboursements prennent en compte 39,6 milliards d'intérêts sur les nouveaux titres à émettre au cours de l'année 2011. En dehors du remboursement des titres publics, le service de la dette intérieure prend en compte également les échéances de la dette due au secteur bancaire pour 81,5 milliards dont 28,9 milliards au titre de la BCEAO, 12 milliards de dette titrisée de la Banque Nationale d'Investissement (BNI) et 19 milliards en faveur de la BICICI au titre de la dette SIR rétrocédée.

Ce service tient compte également de la dette due au secteur non bancaire pour 100,1 milliards dont 72,3 milliards de remboursement d'échéances titrisées et 27,8 milliards de dette vis-à-vis de la PFO découlant des conventions entre l'Etat et cette société pour la réalisation des grands travaux d'investissement.

Le service de la dette extérieure, projeté à 377,3 milliards, intègre les échéances rééchelonnées, différées et annulées pour un montant de 32,2 milliards, les échéances restructurables pour 21,8 milliards et les échéances exigibles pour 323,2 milliards.

Les échéances rééchelonnées et différées cumulent à 7,3 milliards et celles annulées à 24,2 milliards découlent, toutes, des accords de restructuration conclus avec le Club de Paris.

Le gouvernement chinois a consenti à différer l'échéance du premier trimestre 2011 de sa dette à hauteur de 0,3 milliard. En outre, les échéances de la Standard Bank London et New Jersey qui s'élèvent à 21,8 milliards ont été inscrites en échéances restructurables en raison des négociations déjà engagées.

En dehors de ces échéances restructurées, la dette extérieure exigible en 2011 s'élève à 323,2 milliards, soit une augmentation de 166,2 milliards par rapport au budget 2010, en raison de la remise en cause des accords de restructuration obtenus auprès de certains créanciers du fait de l'accumulation des arriérés. Ces échéances exigibles concernent les créanciers multilatéraux d'un montant de 69,9 milliards dont le FMI pour 10,9 milliards, la Banque Mondiale pour 16,5 milliards. Les échéances des créanciers bilatéraux y figurent pour un montant de 249,5 milliards dont

212,3 milliards pour le Club de Paris. Les échéances des autres créanciers extérieurs, y compris ceux des membres du Club de Londres, sont prises en compte à hauteur de 51,3 milliards. Une stratégie de renégociation est envisagée pour les échéances des créanciers membres du Club de Paris et du Club de Londres.

Les dépenses ordinaires sont prévues à hauteur de 1 418,9 milliards. Elles sont constituées des charges salariales, des dépenses d'abonnements et de consommation d'eau, d'électricité et de téléphone, des frais de fonctionnement des services et des autres interventions de l'Etat.

Les dépenses de personnel projetées initialement à 882,2 milliards ont été révisées à 870 milliards, dans une stratégie de maîtrise de la masse salariale à moyen terme. Ce niveau révisé prend en compte 142,7 milliards de salaires payés à la fin février et 727,3 milliards des salaires dus sur la période de mars à décembre.

En raison essentiellement de la combinaison de plusieurs mesures exposées ci-dessous, la projection annuelle d'un niveau de 870 milliards est en baisse de 12,2 milliards, par rapport à la stratégie initiale :

- La révision de la date d'effet des nouvelles mesures de revalorisation salariale n'ayant pas encore fait l'objet d'actes (de janvier à octobre pour un coût passant de 30,2 milliards à 7,5 milliards) ;
- La révision de la date de recrutement des 5 094 enseignants bénévoles des zones CNO (d'octobre 2010 à septembre 2011 pour un coût passant de 22,4 milliards à 6 milliards) ;
- La révision de l'économie attendue du recensement des fonctionnaires dont l'impact initialement estimé à partir de janvier 2011 est réévalué à compter d'octobre 2011 au regard de la suspension du recensement intervenue à cause de la crise, (soit une économie de 1,1 milliard contre 4,4 milliards initialement prévus) ;
- La prise en compte du recrutement des soldats des FAFN sur 12 mois (11,3 milliards) ;
- La prise en compte de l'incidence financière des changements de situation administrative et du mouvement du corps préfectoral (1,7 milliard).

L'évolution de la masse salariale enregistrée depuis ces dernières années sous la pression des revendications salariales a nécessité la mise en place de stratégies pour une meilleure maîtrise. Ainsi, le recensement des fonctionnaires et agents de l'Etat en cours, devrait permettre la mise en place du Fichier Unique de Référence, inscrit dans ce cadre.

Les dépenses d'abonnement et de consommation d'eau, d'électricité et de téléphone sont estimées à 46,3 milliards contre 43,3 milliards en 2010, soit une augmentation de 6,9%. Cette dotation intègre le niveau réel de consommation des services sur toute l'étendue du territoire et les économies potentielles consécutives aux activités de la Brigade de Contrôle des Abonnements.

Les autres dépenses ordinaires, hors celles liées à la sortie de crise, cumulent à 602,8 milliards, couvrant ainsi le fonctionnement des services et les interventions de l'Etat au profit des institutions, organismes publics et parapublics.

Les charges de fonctionnement des services bénéficient d'une dotation de 205,5 milliards destinés à la couverture des besoins de rééquipement des services suite aux pillages et destructions des édifices publics dans les zones de conflit.

Au titre des interventions de l'Etat dotées à hauteur de 397,4 milliards, elles concernent principalement la subvention de 51,9 milliards destinée aux écoles privées pour les frais d'écolage des élèves boursiers qui y sont affectés, la couverture du déficit du régime de retraite de la CGRAE pour 30,4 milliards, le soutien au secteur électricité confronté à un déséquilibre financier à 87,3 milliards et le financement des partis politiques pour 2,1 milliards. Ces dotations comprennent également la subvention au profit de la SIR dans le cadre de l'amélioration de sa marge de raffinage fixée à 8,2 milliards, une dotation pour achat de carburant pour l'armée nationale de 5 milliards, le soutien au prix des médicaments et vaccins au titre des dépenses sociales ciblées à10,7 milliards pour renforcer les actions de prévention et de prise en charge afin de contrer les épidémies qui pourraient survenir du fait des mouvements importants des populations. En outre, la promotion de l'emploi des jeunes et le développement du transport routier inscrits au rang des priorités du gouvernement, bénéficient chacun d'une allocation budgétaire de 1,5 milliard. Par ailleurs, le gouvernement prévoit une enveloppe de 50 milliards pour financer diverses actions concourant à soutenir la reprise de l'activité économique

Les dépenses d'investissement cumulent à 240,1 milliards et sont financées principalement par les ressources intérieures à hauteur de 72,9%. Ces dépenses assises sur les ressources intérieures intègrent notamment 32,5 milliards de dépenses de sortie de crise portant essentiellement sur l'apurement partiel des arriérés dus à SAGEM pour 16 milliards, les opérations de restructuration de l'Armée nouvelle dans le cadre du Centre de Commandement Intégré pour 10,5 milliards et les opérations de désarmement des ex-combattants pour 4 milliards.

Les dotations d'investissement s'étendent également aux grands chantiers de l'Etat tels que les travaux du transfert de la capitale à Yamoussoukro, de finition de la réhabilitation de l'Hôtel Ivoire, pour 40 milliards.

Les projets financés sur le Fonds d'Investissement en Milieu Rural (FIMR) sont prévus à hauteur de 10 milliards. Il s'agit du Programme Présidentiel d'Urgence doté de 43 milliards pour couvrir divers domaines de lutte contre la pauvreté et de divers projets en cours dotés de 119 milliards.

Ces projets portent sur la gestion, la construction, la réhabilitation et l'équipement des bâtiments administratifs, des résidences et chancelleries à l'étranger, la modernisation de l'administration, les infrastructures portuaires et routières, etc.

Les dépenses financées sur ressources extérieures s'élèvent à 92,3 milliards. Elles comprennent :

- Les dons projets (14,6 milliards) intégrant 10,6 milliards au titre du programme d'urgence infrastructure urbaine, 1,4 milliard pour le programme de gouvernance et de développement institutionnel financés par la Banque Mondiale ;
- Les emprunts projets (67,8 milliards) dont 4 milliards attendus de la banque Islamique de développement au titre de la reconstruction des zones CNO, 23 milliards attendus de la BOAD (15 milliards) et de la BIDC (8 milliards) pour la construction du troisième pont ;
- Les dons programmes (5,8 milliards) au titre du programme d'assistance d'urgence post conflit (PAPC) financé par la Banque mondiale.

Les dépenses comportent des actions prioritaires. En effet, à ce titre, le gouvernement a décliné dans le projet 2011, un ensemble d'actions destinées à assurer la normalisation de la situation sociopolitique à travers la consolidation de la paix sociale, le renforcement de la sécurité des personnes et des biens, la poursuite des actions de lutte contre la pauvreté et les autres actions de développement.

Les actions de sortie de crise visent la consolidation de la paix sociale par la poursuite du processus électoral et la mise en œuvre du volet militaire des Accords politiques de Ouagadougou. Ces actions sont financées à hauteur de 85 milliards dont 75,1 milliards sur les ressources intérieures et 9,8 milliards de concours extérieurs. Elles concernent notamment :

- Le Programme de Service Civique (2,5 milliards) ;
- La mise en œuvre du volet militaire des Accords de Ouagadougou (10 milliards) ;
- L'organisation des élections pour un montant de 35,6 milliards dont 15 milliards pour les échéances électorales (législatives et municipales) à venir et 16 milliards pour l'apurement des arriérés de rémunérations de SAGEM, l'opérateur technique chargé de l'identification des populations.

Les actions de lutte contre la pauvreté concernent les dépenses pro-pauvres programmées à hauteur de 840,1 milliards. Elles prennent en compte 45 milliards du Programme Présidentiel d'Urgence visant à renforcer les actions déjà en cours dans les secteurs de la santé, de l'éducation, de l'hydraulique, de l'électrification et de la salubrité. Outre ces secteurs, les dotations consacrées aux dépenses de lutte contre la pauvreté s'étendent également aux opérations des secteurs des affaires sociales, du développement rural, des ressources halieutiques, des infrastructures de base et de la décentralisation.

Les dotations consacrées au secteur de l'éducation se chiffrent à 515,9 milliards. Elles couvrent les principaux programmes tels que l'acquisition des manuels et kits scolaires ainsi que des kits et mallettes pédagogiques. Elles intègrent également le renforcement des moyens de fonctionnement et d'équipement des structures éducatives et la réhabilitation et la construction des infrastructures scolaires et universitaires. Ces dotations tiennent compte aussi des subventions allouées aux écoles privées et des frais d'installation et d'équipement des cantines scolaires.

Le secteur de la santé bénéficie de crédits d'une valeur de 108,7 milliards qui seront orientés vers les priorités du gouvernement. Il s'agit notamment du renforcement du cadre institutionnel du système de santé, de l'offre et de l'accessibilité aux soins avec la gratuité des actes de césarienne. Ces dotations permettront également d'améliorer le plateau technique et de consolider les actes de prévention et de lutte contre les pathologies et les endémies.

Le secteur des affaires sociales bénéficie de crédits de 14 milliards destinés à couvrir les actions de formation du personnel d'appui, de formation des femmes et d'équipement des orphelinats, pouponnières et centres sociaux

Les secteurs de l'agriculture et des ressources halieutiques sont dotés à hauteur de 46,4 milliards en vue de la couverture des actions de promotion, d'encadrement et de formation. Ces actions sont mises en œuvre principalement au moyen des projets d'appui au développement rural, de diversification agricole, de gestion des terroirs et d'équipement rural et le FIMR. Ces dotations prennent en compte également l'appui à l'élevage, à la production laitière, à la pêche, à l'agriculture et à l'agriculture vivrière en vue d'accéder à l'autosuffisance alimentaire.

Les travaux de renforcement et d'entretien des infrastructures routières sont dotés de 35 milliards destinés à servir à la construction et à l'entretien des pistes rurales et urbaines.

Les actions concourant à l'amélioration de l'accessibilité des populations à l'eau potable et à l'électricité sont prévues à hauteur de 16,8 milliards.

Dans les inscriptions portées au projet de budget 2011, une attention particulière est protée au problème d'insalubrité et de protection de l'environnement avec une allocation de 8 milliards. Cette dotation doit servir à l'assainissement, y compris l'aspect infrastructure, avec la construction des centres de groupage pour la gestion des ordures ménagères. Des crédits de13 milliards pour la lutte contre la pollution sont également prévus.

Dans le cadre du processus de décentralisation, les actions programmées par les collectivités décentralisées dans les différents secteurs, en dehors de ceux de l'éducation, de la santé et de l'agriculture, bénéficient d'une dotation de 29,5 milliards.

Le gouvernement accorde une place particulière à la politique de réduction du chômage et de promotion de l'emploi des jeunes mise en œuvre à travers notamment le Programme du Service Civique et Réinsertion, le Programme National de Réhabilitation et de Réinsertion Communautaire, le Fonds Emploi Jeunes et le soutien aux actions de promotion de l'emploi menées par l'AGEPE.

D'autres actions prioritaires sont inscrites, en plus des priorités de sortie de crise, de reconstruction et de lutte contre la pauvreté. A cette fin, le gouvernement poursuit les efforts d'investissement dans divers domaines économiques tout en renforçant les activités de sécurisation des personnes et des biens. En cela, le renforcement de la sécurité des biens et des personnes, ainsi que la justice qui s'inscrit au rang des priorités du gouvernement bénéficient des dotations de 223 milliards et de 18,6 milliards pour accompagner les actions concourant à la consolidation de la cohésion et à la relance de la croissance.

En conclusion, le projet de budget 2011 a été marqué, lors de sa conception, par un contexte particulièrement difficile. Il traduit, tout de même, la volonté du gouvernement de restaurer la normalisation sociopolitique et de relancer l'activité économique. A cette fin, il emporte de nombreux défis qui consistent, principalement, en la consolidation de la paix, la sécurisation de l'ensemble du territoire, des personnes et des biens et le soutien du secteur privé.

La fragilité de la situation des finances publiques exige la mise en œuvre d'efforts soutenus en matière de mobilisation des ressources publiques. Ces efforts sont d'autant plus nécessaires que les ressources inscrites intègrent un niveau de financement additionnel indispensable à la couverture de l'ensemble des besoins du moment. Ce financement additionnel reposant sur des hypothèses de mobilisation qui doivent être confirmées, l'exécution budgétaire se fera donc sur une base caisse qui se traduira par une consommation des crédits régulés mensuellement sur la mobilisation effective des ressources. Cette stratégie de suivi rapproché implique le renforcement du rôle du comité de trésorerie et celui du comité de suivi des avances. Il suit donc que l'exécution de ce budget sera accompagnée par des mesures visant le strict respect de la discipline budgétaire à travers notamment le recours limité aux avances de trésorerie et aux demandes de crédits complémentaires ainsi que l'application des procédures de marchés publics.

L'observation de ces dispositions par tous les acteurs devrait permettre d'améliorer la situation des finances publiques et de sortir de la spirale des contraintes de trésorerie. A cet effet, l'autorisation du Conseil des Ministres est sollicitée en vue de l'adoption du projet de budget 2011.

Le projet de budget 2011 accompagne la loi de finances de l'année 2011. De manière générale, au terme de l'exécution du budget qui accompagne la loi de finances de l'année, la loi de règlement est présentée à l'Assemblée

Nationale en vue de son adoption. Compte tenu du contexte de crise que la Côte d'Ivoire connait depuis Septembre 2002, la loi de règlement est présentée à la signature du Président de la République après son adoption en Conseil des Ministres. A cet égard, il est important de noter, à titre d'exemple, la signature de la loi de règlement pour l'année 2010, après son adoption en Conseil des Ministres, par le Président de la République le mercredi 4 avril 2012.

Le Président de la République a signé la loi de règlement au titre de l'année 2010, comportant un budget établi à 2.918.700.144.451 F cfa en ressources et 2.805.314.832.211 Fcfa en dépenses, contre un budget initial de 2.481.010.713.879 Fcfa, revu dans le cadre d'un collectif budgétaire à 2.896.978.830.724 Fcfa. Les dépenses d'investissement se sont élevées à 416.523.554.546 Fcfa, soit un taux d'exécution de 82,1%.

L'exécution de ce budget a dégagé un solde positif qui a permis de ramener le déficit budgétaire cumulé de 453.722.751.504 Fcfa à 340.337.439.264 Fcfa malgré le ralentissement de l'activité économique et l'impact préjudiciable de la crise post-électorale survenue au dernier trimestre 2010. Ce qui montre que la crise énergétique survenue au premier trimestre a perturbé l'activité économique et entrainé une réduction du taux de croissance de 4% à 3%. Ce n'est qu'au cours des deuxième et troisième trimestres que l'environnement économique a bénéficié d'un contexte favorable. En fait, l'adoption et la signature de la loi de règlement au titre du budget 2010 constituent des mesures arrêtées par le Gouvernement dans le cadre de la bonne gouvernance à l'effet de combler progressivement les retards importants constatés dans la production des documents relatifs à l'adoption de projets de lois de règlement budgétaire sur la période 2004-2010.

Au titre de l'année 2011, le Conseil des ministres a adopté une communication relative au projet de loi de règlement qui établit que le budget exécuté sur la période allant du 26 avril au 31 décembre 2011 s'équilibrait initialement en ressources et en dépenses à 3.050 milliards de Fcfa, a été porté, suite à la modification de certaines dépenses, à 3.088 milliards de Fcfa. Il en ressort que les finances publiques ont été profondément marquées par la crise, qui a affecté l'ensemble des secteurs d'activités. Toutefois, grâce aux mesures vigoureuses arrêtées par le Gouvernement dès la fin de la crise, l'activité économique a repris et s'est accélérée, matérialisée en cela par un taux de croissance de - 4,7% contre – 6,3% prévu au départ. Ce qui a permis l'exécution du budget 2011 avec un solde excédentaire de 107.791.062.456 Fcfa. Il appartient à l'Assemblée Nationale d'arrêter définitivement l'exécution de la loi des finances portant budget de l'Etat et les comptes de la gestion 2011 au cours de sa prochaine session.

Au titre de l'année 2012, le Conseil des Ministres a adopté une communication relative au projet de loi de finances rectificative du budget de l'année 2012. Adopté en équilibre à 3160 milliards de Fcfa, l'orientation satisfaisante de l'activité économique a déteint sur l'évolution des finances publiques au point d'entrainer la révision de certains objectifs initialement arrêtés dans ce budget. Avec l'intégration de différentes modifications, le budget 2012 a été porté à 3.240, 2 milliards de Fcfa, soit une hausse de 80, 2 milliards de Fcfa. Cette évolution heureuse des finances publiques a conduit à l'adoption d'une communication relative à l'exécution du budget à la fin juin 2012. Elle expose une mobilisation des ressources au 30 juin 2012 à hauteur de 1560,4 milliards de Fcfa, pour une prévision de 1506 milliards de Fcfa, pendant que les dépenses s'élevaient à 1438,9 milliards de Fcfa, pour une prévision de 1447,6 milliards de Fcfa. Ainsi, avec un contexte favorable au premier semestre 2012, l'exécution du budget a conduit à dégager un solde budgétaire positif de 121,5 milliards de Fcfa. Il suit donc que si la bonne tendance observée est maintenue et que les efforts d'encadrement de l'exécution budgétaire ne sont pas relâchés, nul doute que les objectifs de l'année 2012 seront atteints.

Au terme de toutes les procédures édictées par les textes qui régissent l'élaboration du budget, le texte est présenté par voie de projet de loi ou d'ordonnance. En 2011, c'est la seconde voie qui a prévalu.

I.43 **Présentation du budget de l'Etat par voie d'ordonnance n° 2011-121 du 22 juin portant budget de l'Etat pour la gestion 2011**

PREMIERE PARTIE : EQUILIBRE FINANCIER DU BUDGET DE L'ETAT

Article 1er

Equilibre

Le budget de l'Etat pour l'année 2011, s'équilibre en ressources et en charges, à la somme de 3 050 441 684 848 francs CFA, après consolidation des comptes spéciaux du trésor au budget général, pour un montant de 335 183 563 francs CFA.

DEUXIEME PARTIE : RESSOURCES ET CHARGES DU BUDGET DE L'ETAT

Article 2

Dispositions relatives aux ressources

Dans le cadre de l'exécution du programme budgétaire de l'Etat pour l'année 2011, le président de la république autorise le gouvernement :

- A percevoir les impôts directs, indirects, droits, taxes et redevances au profit de l'Etat et des collectivités publiques, selon les textes en vigueur et sous réserve des modifications portées dans l'annexe fiscale à la présente ordonnance ;

- A effectuer tous tirages d'emprunts destinés au financement des investissements (emprunts projets) et aux appuis budgétaires (emprunts programmes) dans le cadre des accords ou conventions passés avec les bailleurs de fonds et dans la limite du plafond énuméré ci-dessous ;
- A mobiliser et affecter les dons (dons projets et programmes), conformément à l'intention exprimée par les donateurs ;
- Et de manière générale, à procéder sur les marchés monétaire et financier à toutes opérations requises pour la gestion de la trésorerie de l'Etat.

Les ressources du budget général pour l'année 2011 s'élèvent à la somme de 3 050 106 501 285 francs CFA et celles des comptes spéciaux du trésor se chiffrent à 335 183 563 francs CFA.

Après consolidation du transfert des 335 183 563 francs CFA, de ressources des comptes spéciaux du trésor au budget général, les ressources du budget de l'Etat au titre de l'année 2011 s'élèvent à la somme de 3 0505 441 684 848 francs CFA.

Les ressources du budget de l'Etat pour l'année 2011 se répartissent comme suit :

Montants en francs CFA

Nature des ressources	Titre 0 Ressources du budget général	Titre IV Ressources des comptes spéciaux du Trésor (CST) à transférer au budget général	Ressources consolidées du budget de l'Etat
Recettes intérieures	2 085 897 000 000	335 183 563	2 086 232 183 563
			Après consolidation
Recettes fiscales	1 216 309 000 000		1 216 309 000 000
Recettes non fiscales	42 622 000 000		42 622 000 000
Recettes à transférer des comptes spéciaux au budget de l'Etat		335 183 563	335 183 563
			Après consolidation
Autres ressources sur marché financier et monétaires	804 569 000 000		804 569 000 000

Autres ressources intérieures	22 397 000 000		22 397 000 000
Recettes extérieures	964 209 501 285		964 209 501 285
Recettes extérieures sur projets	86 500 000 000		86 500 000 000
Emprunts projets	67 800 000 000		67 800 000 000
Dons projets	18 700 000 000		18 700 000 000
Recettes extérieures d'appuis budgétaires	517 213 487 367		517 213 487 367
Emprunts programmes	383 515 000 000		383 515 000 000
Dons programmes	59 568 000 000		59 568 000 000
Contreparties échéances rééchelonnées, annulées et différées	54 030 487 367		54 030 487 367
Crédits adossés à l'allocation de DTS	20 100 000 000		20 100 000 000
Autres financements extérieurs	360 496 013 918		360 496 013 918
Total	**3 050 106 501 285**	**335 185 563**	**3 050 441 684 848**

Article 3 Dispositions relatives aux charges : autorisations d'engagement

Dans le cadre de l'exécution du programme budgétaire de l'Etat pour l'année 2011, le Président de la république met à la disposition du gouvernement des autorisations d'engagement qui s'élèvent à la somme de 3 050 441 684 848 francs CFA pour le budget de l'Etat y compris 335 183 563 francs CFA de dépenses sur transfert des ressources des comptes spéciaux du trésor au budget général.

Les autorisations d'engagement se répartissent comme suit :

Natures des charges (autorisations d'engagement) Montants en francs CFA	Charges inscrites au budget général	Pour mémoire Charges inscrites aux comptes spéciaux du trésor (CST)	Charges consolidées du budget général
Titre premier – dette publique	1 291 542 285 453		1 291 542 285 453

			Après consolidation
Dette intérieure	914 195 183 012		914 195 183 012
Dette extérieure	377 257 102 441		377 257 102 441
Titre II – dépenses ordinaires	1 418 908 221 682		1 418 908 221 682
Dépenses de personnel	727 294 892 267		727 294 892 267
Frais d'abonnement	46 265 779 759		46 265 779 759
Autres dépenses ordinaires	645 347 549 656		645 347 549 656
Titre III – dépenses d'investissement	340 081 177 713		340 081 177 713
Sur financement intérieur	247 781 177 713		247 781 177 713
Sur financement extérieur	92 300 000 000		92 300 000 000
Emprunts et dons projets	86 500 000 000		86 500 000 000
Dons programmes	5 800 000 000	5 800 000 000	
Titre IV – dépenses des comptes spéciaux du trésor		335 183 563	
Transfert aux ressources du budget général		335 183 563	
Total	**3 050 441 684 848**	**335 183 563**	**3 050 441 684 848**
			Après consolidation

Article 4

Dispositions relatives aux charges : crédits de paiement

Dans le cadre de l'exécution du programme budgétaire pour l'année 2011, le Président de la république met à la disposition du gouvernement, des crédits de paiement qui s'élèvent à la somme de 3 050 441 684 848 francs CFA pour le budget de l'Etat y compris 335 183 563 francs CFA de dépenses sur transfert des ressources des comptes spéciaux du trésor au budget général.

Les crédits de paiement se répartissent comme suit :

Natures des charges (autorisations d'engagement) Montants en francs CFA	Charges inscrites au budget général	Pour mémoire Charges inscrites aux comptes spéciaux du trésor (CST)	Charges consolidées du budget général
Titre premier – dette publique	1 291 542 285 453		1 291 542 285 453
		Après consolidation	
Dette intérieure	914 195 183 012		914 195 183 012
Dette extérieure	377 257 102 441		377 257 102 441
Titre II – dépenses ordinaires	1 418 908 221 682		1 418 908 221 682
Dépenses de personnel	727 294 892 267		727 294 892 267
Frais d'abonnement	46 265 779 759		46 265 779 759
Autres dépenses ordinaires	645 347 549 656		645 347 549 656
Titre III – dépenses d'investissement	340 081 177 713		340 081 177 713
Sur financement intérieur	247 781 177 713		247 781 177 713
Sur financement extérieur	92 300 000 000		92 300 000 000
Emprunts et dons projets	86 500 000 000		86 500 000 000
Dons programmes	5 800 000 000	5 800 000 000	
Titre IV – dépenses des comptes spéciaux du trésor		335 183 563	
Transfert aux ressources du budget général		335 183 563	

Total	**3 050 441 684 848**	**335 183 563**	**3 050 441 684 848**
		Après consolidation	

Article 5

Dispositions relatives au financement des dépenses d'investissement (titre III)

Les crédits de paiement autorisés au titre des dépenses d'investissement sont fixés à 340 081 177 713 francs CFA, financés à hauteur de 247 781 177 713 francs CFA sur ressources du trésor et 92 300 000 000 de francs CFA sur financement extérieurs.

TROISIEME PARTIE : DISPOSITIONS CONCERNANT LES COMPTES SPECIAUX DU TRESOR

Article 6

Comptes de prêts rétrocédés par l'Etat

Au titre du budget 2011, sont ouverts les comptes de prêts rétrocédés suivants :

Code budgétaire	Libellé	Structures
962 5001 01	Prêts rétrocédés par l'Etat	Comptes de mobilisation de l'Habitat (CDMH)
962 5003 01	Prêts rétrocédés par l'Etat	Société ivoirienne de construction médicale (SICOMED)
962 5019 01	Prêts rétrocédés par l'Etat	HUAKE
962 5019 01	Prêts rétrocédés par l'Etat	LIC-PHARMA
962 5020 01	Prêts rétrocédés par l'Etat	YITWO CI
962 5021 01	Prêts rétrocédés par l'Etat	SODEMI
962 5024 01	Prêts rétrocédés par l'Etat	Port San Pedro
962 5025 01	Prêts rétrocédés par l'Etat	Maison du Mali
962 5027 01	Prêts rétrocédés par l'Etat	Société internationale de plantations et de finances en Côte d'Ivoire (SIPF-CI)

Chacun de ces comptes retrace :

- En recettes, le remboursement par les tiers-emprunteurs, des prêts que l'Etat leur a rétrocédées, après que celui-ci ait préalablement et directement emprunté auprès des bailleurs de fonds, en vue de cette rétrocession. Eventuellement, figurent aussi en recettes, le report d'un solde excédentaire de la gestion précédente ou un transfert en provenance du budget général ;

-En dépenses, le montant du reversement aux tiers-emprunteurs, des prêts rétrocédés que l'Etat a directement contractés auprès des bailleurs de fonds. Eventuellement, figurent aussi en dépenses, le report d'un solde déficitaire de la gestion précédente ou un transfert effectué au profit du budget général, en couverture totale ou partielle du remboursement de la dette contractée par l'Etat en vue de cette rétrocession.

Les engagements et les ordonnancements de dépenses sur ces comptes sont soumis au caractère limitatif, respectivement, des autorisations d'engagement et des crédits de paiement ouverts par l'ordonnance.

Article 7

Dispositions relatives aux autres engagements de l'Etat

- Le plafond des avals ou garanties susceptibles d'êtres accordés par l'Etat est fixé pour l'année 2011, à 10 000 000 000 de francs CFA.
- L'encours total des prêts et avances susceptibles d'être accordés par l'Etat ne pourra pour l'année 2011, être supérieur à 20 000 000 000 de fracs CFA.

Article 8

Dispositions relatives aux établissements publics nationaux

La contribution de l'Etat au fonctionnement et à l'investissement des établissements publics nationaux est intégrée aux dépenses des titres II et III du budget général. Conformément à la loi n° 98-388 du 2 juillet 198 en son article 21, le budget complet des établissements publics nationaux est annexé à l'ordonnance.

Article 9

Dispositions relatives aux transferts de crédits aux collectivités territoriales

Les crédits de paiement accordés aux collectivités territoriales (communes, conseil généraux et districts), en application de la loi n° 2003-208 du 7 juillet 2003 portant répartition et transfert de compétences de l'Etat aux collectivités territoriales, sont fixés à 41 754 163 195 francs CFA dont 19 024 163 195 francs CFA pour le fonctionnement des services y compris les charges de personnel et 22 730 000 000 francs CFA pour la mise en œuvre de leurs programmes d'investissement.

Article 10

Dispositions concernant la mise à disposition des crédits de paiement

La notification de la mise à disposition initiale des crédits de paiement est réalisée dans les conditions fixées par l'article 40 du décret n° 98-716 du 17 décembre 1998, portant réforme des circuits et des procédures d'exécution des dépenses et des recettes du budget général, des comptes spéciaux du trésor, et mise en œuvre du système intégré de gestion des finances publiques.

Article 11 Publication

La présente ordonnance sera publiée au Journal Officiel de la République de Cote d'Ivoire et exécutée comme Loi de l'Etat.

Fait à Abidjan, le 22 juin 2011

Les cadrages économique et budgétaire portés par le budget de la gestion 2011 traduisent de réels efforts en vue d'une bonne élaboration et d'une meilleure maîtrise de la matière budgétaire. Les cadrages réalisés de 2010 à 2012, repères importants en l'espèce, méritent d'être également exposés ici, à l'effet de mieux appréhender les objectifs décrits ci-haut.

I.44 Des cadrages macro économiques et budgétaires de 2010 à 2012 : une évolution en dents de scie vers la normalisation économique et sociale

Dans les développements qui suivent, il est apparu important de distinguer l'évolution du cadrage macro-économique de celle du cadrage budgétaire sur la période allant de 2010 à 2012.

I.441 Des cadrages macroéconomiques de 2010 à 2012

Les articulations majeures reprises dans chacun des cadrages économiques concernent successivement les contextes économique international, régional et national. De ce point de vue, il s'agit de relater la situation économique récente et d'exposer les perspectives économiques de l'année du projet de budget. En conclusion, le cadrage économique passe en revue la situation économique récente formée des états économiques au triple plan international, régional et national et des perspectives économiques envisagées qui fondent le budget de l'année à venir, en relation avec lesdits états.

L'exposé de la situation économique récente prise en compte dans le cadre d'élaboration du projet de budget 2010 s'intéresse aux années 2008 et 2009.

Les caractéristiques majeures de première établissent qu'elle est marquée au niveau international notamment par la crise financière, la hausse du cours du baril et des prix des produits alimentaires, ainsi que la dépréciation du dollar par rapport à l'euro. La combinaison de ces facteurs a conduit à une crise économique et financière internationale. L'économie mondiale a connu un fléchissement de sa croissance malgré la bonne tenue des économies des pays émergents. Le taux de croissance mondiale est ressorti à 3,0% en 2008 contre 5,2% en 2007.

Au niveau national, le contexte est marqué par la poursuite du processus de sortie de crise dans le cadre de l'Accord Politique de l'Ouagadougou et l'exécution satisfaisante du Programme d'Assistance d'Urgence Post-Conflit (AUPC), qui a permis de relancer les réformes dans les secteurs clés de l'économie tels que les finances publiques, le café-cacao et l'énergie. Les efforts consentis pour la bonne exécution des programmes de sortie de crise et de l'AUPC ont permis à l'économie d'atteindre un taux de croissance de 2,5% en 2008 contre 1,6% en 2007.

Au niveau de la production, la hausse est liée au regain d'activité des secteurs secondaire et tertiaire respectivement à 3,7% et à 3,2%. A l'opposé, le secteur primaire s'est replié de 1% en rapport avec la contraction de l'agriculture d'exportation et celle de la production de pétrole.

Du côté de la demande, la croissance a été tirée principalement par la consommation et l'investissement, notamment les grands travaux réalisés par l'Etat. Dans le même temps, les exportations se sont tassées de 0,8% du fait du repli de l'agriculture d'exportation et de la production de pétrole tandis que les importations ont augmenté de 2,4%.

Concernant l'inflation, l'année 2008 a été marquée par la flambée des prix internationaux des produits alimentaires et énergétiques, entrainant des tensions inflationnistes sur les produits de première nécessité.

Face à cette situation, le gouvernement a pris des mesures d'abattements fiscaux qui ont permis de limiter le taux d'inflation annuel moyen à 6,3%.

Au plan des transactions avec l'extérieur, la balance commerciale est ressortie excédentaire à 1 491,4 milliards, soit une hausse de 21,4% par rapport à 2007.

La situation monétaire en 2008 s'est caractérisée par une augmentation de 161,9 milliards de la masse monétaire, avec une hausse du crédit intérieur net provenant de l'accroissement des crédits à l'économie de 172,3 milliards (+11,2%) au profit notamment des secteurs de l'agro industrie, du pétrole et gaz et des télécommunications.

En 2009, l'économie ivoirienne évolue dans un environnement international difficile, marqué par les effets négatifs de la crise économique et financière. Cette crise s'est muée en récession de l'économie mondiale, induisant une baisse généralisée des cours des matières premières, à l'exception du cacao.

Au niveau national, en dépit du contexte international défavorable, l'économie a tiré avantage des évènements positifs enregistrés aux plans sociopolitique, économique et financier. Il s'agit principalement de l'accélération du processus de sortie de crise avec la fin de l'identification de la population et de recensement électoral, de la conclusion du programme économique et financier en mars 2009, assorti de l'atteinte du point de décision de l'initiative PPTE. Cet environnement favorable combiné aux bonnes perspectives de production du secteur primaire devrait permettre la réalisation d'un taux de croissance réel de l'économie de 3,7% en 2009.

Le secteur primaire repartirait à la hausse grâce à un rebond des productions de cacao, de café et de pétrole. Le secteur secondaire connaîtrait un net ralentissement suite à la contraction du BTP et des autres industries manufacturières. Toutefois, l'agro alimentaire, les produits pétroliers et l'électricité enregistreraient une évolution favorable. Le secteur tertiaire devrait également poursuivre sa croissance en relation avec la progression du transport, des télécommunications et des services.

Du côté de la demande, la croissance serait impulsée principalement par les exportations et les investissements

L'évolution des prix à la consommation a été influencée par le recul des prix internationaux des produits énergétiques et alimentaires entrainant une modération du taux d'inflation sur les produits de première nécessité par rapport à l'année précédente. En rythme annuel moyen, la progression de l'inflation a enregistré une décélération continue depuis le début de l'année 2009. Il passerait en dessous du seuil communautaire de 3% après 6,3% affiché à fin 2008.

Au niveau du compte extérieur, le solde des transactions courantes serait excédentaire et devrait s'améliorer par rapport à 2008 pour atteindre 385,2 milliards (3,5% du PIB) en 2009, contre 218,7 milliards (2,1% du PIB) en 2008.

La situation monétaire en 2009 se traduirait par une augmentation de 294,8 milliards de la masse monétaire, en hausse de 9,8%.

Au plan des perspectives économiques envisagées pour l'année 2010, il ressort qu'à la suite de la crise financière qui a secoué l'économie mondiale en 2008, cette dernière est entrée en récession en 2009 avec un taux de croissance estimé à -1,1%. Toutefois, les efforts conjugués des économies avancées et émergentes, à travers notamment la conduite de politiques monétaires accommodantes, la relance de la demande intérieure et les initiatives de règlementations des marchés financiers devraient permettre d'atteindre un taux de croissance mondial de 3,1% en 2010.

Au niveau national, d'une manière générale, l'économie a bien résisté à ces chocs exogènes grâce aux actions entreprises par le gouvernement en ce qui concerne notamment les avancées dans le processus de sortie de crise, les mesures de lutte contre la cherté de la vie, la poursuite de la réforme des finances publiques, le rétablissement de relations harmonieuses avec les partenaires au développement et la consolidation des réformes structurelles dans les secteurs clés de l'économie tels que l'énergie et le café cacao. Cet environnement favorable a permis au gouvernement d'adopter un document de stratégie de réduction de la pauvreté (DSRP) en janvier 2009, de conclure un programme économique et financier appuyé par la Facilité pour la Réduction de la Pauvreté et pour la Croissance (FRPC) en mars 2009, assorti de l'atteinte du point de décision de l'initiative en faveur des pays pauvres très endettés (IPPTE). A ce titre, le pays a bénéficié d'appuis financiers qui ont permis d'apurer une partie substantielle des arriérés de paiement intérieurs, insuffisant ainsi un dynamisme aux activités économiques. La côte d'Ivoire a également obtenu des partenaires techniques et financiers (PTF), un allègement intérimaire de sa dette extérieure en 2009.

Au total, la poursuite des objectifs de politiques économiques et financières du programme conclu avec les partenaires extérieurs, ainsi que les politiques de développement initiées au niveau sectoriel permettraient d'atteindre des taux de croissance de 3,7% en 2009 et 4% en 2010, en dépit de l'impact négatif de la récession mondiale sur certains secteurs d'activités, en l'occurrence le bois, le caoutchouc et le palmier à huile.

Le taux d'inflation devrait être contenu en dessous de la norme communautaire de 3% pour les années 2009 et 2010, alors qu'il était ressorti à 6,3% en 2008.

L'environnement international en 2010 porterait l'empreinte de la reprise de la croissance de l'économie mondiale, grâce aux mesures appliquées par les pays avancés pour la résolution des effets récessifs de la crise financière internationale subis en 2008-2009.

Au niveau national, les efforts consentis en 2009 dans l'exécution du Programme Economique et Financier 2009-2011, et l'apaisement du climat socio politique consolideraient la relance économique en 2010.

Le taux de croissance du PIB réel s'établirait à 4% tiré par la bonne tenue de tous les secteurs d'activité. Le secteur primaire enregistrerait un taux de croissance de 1,9%, le secteur secondaire, un taux de 6,5%, le secteur tertiaire un taux de 4,1%.

Au niveau de la demande extérieure, les exportations de biens en volume seraient en hausse de 4,1% et les importations de biens s'accroitraient de 9,4%.

Les prix à la consommation devraient connaître une décélération, avec un taux d'inflation avoisinant la norme communautaire de 3%.

Les transactions courantes seraient excédentaires en 2010 de 99,2 milliards (0,9% du PIB) contre 385,2 milliards (3,5% du PIB) en 2009

Au niveau de la situation monétaire, la masse monétaire enregistrerait une hausse de 129,3 milliards. En contrepartie, les avoirs extérieurs nets augmenteraient de 50 milliards et le crédit intérieur net de 92,5 milliards. La PNG se dégraderait de 5,5 milliards tandis que le crédit à l'économie progresserait de 87 milliards.

Les principales mesures et réformes structurelles de 2010 sont celles entamées les années antérieures au titre des finances publiques, de la filière café/cacao, du secteur énergie, du secteur financier et en matière d'intégration régionale et qui visent toutes à une amélioration de la gestion de ces différents secteurs.

Dans le cadre du projet de budget 2011, la situation économique récente traitée ici relate que la croissance de l'économie mondiale est estimée à 5,1% en 2010 contre -0,5% en 2009, marquant une reprise liée à la mise en œuvre de politiques budgétaires de relance et de politiques monétaires accommodantes couplées avec les initiatives de régulation des marchés financiers.

Au niveau de la zone UEMOA, la croissance est estimée à fin 2010 à 4,3% contre 3% en 2009. Ce taux, bien qu'en amélioration, reste encore en deçà de celui de la moyenne de l'Afrique Subsaharienne estimé à 5%.

Sur le plan national, le taux de croissance révisé à la baisse à 3% suite à la crise énergétique survenue au cours du premier trimestre 2010, s'est établi à 2,4% à la fin de l'année contre 3,8% en 2009. Ce fléchissement s'explique essentiellement par les contreperformances enregistrées dans les secteurs primaire et tertiaire du fait de la perturbation de l'activité économique au dernier trimestre, consécutive à l'organisation de l'élection présidentielle. En effet, la progression du secteur tertiaire s'est située à 2,7% en fin d'année contre 5% en 2009 en raison des perturbations de l'activité économique dont à souffert l'ensemble des sous secteurs. La croissance du secteur primaire est ressortie à 0,5% en 2010 contre 6,4% en 2009, à cause des mauvaises performances de l'agriculture d'exportation et de l'extraction minière, dues au ralentissement des activités au dernier trimestre. Par contre, l'évolution du secteur secondaire s'est améliorée avec un taux de croissance de 4,7% contre une baisse de 1,5% en 2009 en rapport avec le dynamisme des BTP (+27,2%) et de l'agroalimentaire (+13,4%) soutenus par l'avancement de certains travaux publics et l'amélioration des revenus agricoles suite à l'embellie des cours de plusieurs produits de base.

L'inflation en moyenne annuelle est ressortie à 1,8% en 2010 contre 1,5% attendu, du fait des difficultés d'approvisionnement des marchés survenues au dernier trimestre de l'année en raison du conflit post-électoral. Toutefois, ce niveau reste en dessous de la norme communautaire fixée à 3%.

L'Indice Harmonisé des Prix à la Consommation (IHPC), soutenu par l'alimentation (+14,8%), est ressorti à fin décembre 2010 à 5,1% par rapport à décembre 2009.

La masse monétaire enregistre une hausse de 18,2%, en relation avec l'augmentation des avoirs extérieurs nets (+20,6%) et du crédit intérieur (+13,2%).

Au niveau des échanges extérieurs, la balance commerciale est ressortie excédentaire à 12,3% du PIB contre 14,4% en 2009.

En ce qui concerne les perspectives économiques en 2011, il ressort que l'économie mondiale se situerait à 4,4% en 2011 contre 5,1% réalisé en 2010. Ce léger fléchissement serait lié aux effets latents de la crise immobilière et à la montée des cours des matières premières, notamment le pétrole. Ce taux serait cependant soutenu par le dynamisme de la demande dans les pays émergents et en développement.

Dans la zone UEMOA, le taux de croissance attendu pour l'année 2011 s'élèverait à 4% contre 4,3% en 2010 en raison de la situation économique en Côte d'Ivoire.

Sur le plan national, l'activité économique restera marquée par la crise post électorale avec de graves conséquences sur la situation économique entrainant une croissance négative de 6,3%, soit une perte de 8,7 points et de 10 points respectivement par rapport à 2010 et 2009. Ce recul est essentiellement lié à la reprise timide de l'activité économique attendue dans les secteurs tertiaire et secondaire, et dans une moindre mesure, dans le secteur primaire. En effet, l'activité tertiaire serait en baisse de 13,4% en 2011, le secteur secondaire est attendu en recul de 8,4%, le secteur primaire en baisse de 0,3%.

L'inflation devrait ressortir autour de 3% contre 1,8% en 2010 en liaison avec la hausse du cours du pétrole sur le marché international.

Concernant les échanges extérieurs, les exportations connaîtraient un repli de 2,5% contre 1,7% en 2010, en liaison avec la baisse de production des principaux produits d'exportation. Quant aux importations, elles devraient se situer en baisse de 10,3% contre une hausse de 4,1% en 2010, en raison des difficultés de trésorerie évoquées par les opérateurs économiques qui ont subi des dégâts et de l'attentisme qu'observeront certains au regard de la situation sécuritaire. La balance commerciale ressortirait excédentaire à 15,7% du PIB contre 12,3% en 2010.

En ce qui concerne le projet de budget 2012, la situation économique récente de 2011 fait ressortir que l'économie nationale qui se relevait de la crise financière avec un taux d'évolution de 5,1% en 2010 contre -0,7% en 2009, devrait connaître de nouvelles perturbations en 2011 induisant un taux de croissance de 4%. Ce fléchissement de l'activité est lié aux difficultés de la reprise économique aux Etats-Unis, aux catastrophes naturelles en Asie ainsi qu'à la crise de l'endettement en Europe.

Au niveau de la zone UEMOA, la croissance devrait avoisiner 1,2% en 2011 contre 4,3% en 2010. Cette croissance en deçà de la moyenne de l'Afrique subsaharienne estimée à 5% est en rapport avec les répercussions de la crise qu'a connue la Côte d'Ivoire.

Au plan national, la crise post électorale a affecté profondément l'ensemble des secteurs de l'activité. Toutefois, les actions vigoureuses mises en œuvre par le Gouvernement pour relancer l'économie, devraient permettre d'atténuer la baisse des activités matérialisée par un taux de croissance de -5,8% contre 6,3% initialement projeté. Cette relative amélioration s'expliquerait par une évolution meilleure que prévue des secteurs primaire et tertiaire. En effet, l'analyse par secteur montre un retournement favorable des productions de cacao et d'or ainsi qu'un bon niveau de recouvrement des droits et taxes par rapport aux prévisions initiales. Par contre, le secteur secondaire devrait reculer de 9,7% en rapport avec la destruction des unités de production et les pillages enregistrés.

L'inflation devrait ressortir au de la norme communautaire de 3% en rapport avec l'évolution des prix des produits alimentaires, liée aux difficultés d'approvisionnement du marché.

Les perspectives économiques dégagées pour 2012 établissent que la croissance de l'économie mondiale en 2012 devrait se maintenir à 4%, avec l'application des mesures envisagées pour corriger le déséquilibre financier en Europe et la reprise de l'activité aux Etats-Unis.

Dans la zone UEMOA, l'activité devrait rebondir avec une croissance attendue *à* environ 5%, en liaison avec la reprise économique projetée en Côte d'Ivoire.

En Côte d'Ivoire, le taux de croissance devrait ressortir *à* 8,5%, essentiellement tirée par le redressement des activités dans les secteurs secondaire et tertiaire et la consolidation de celles du primaire. Le secteur primaire devrait poursuivre sa croissance avec un taux de 2,5% et le secteur secondaire devrait enregistrer un taux de croissance de 12,6%, après une chute de 9,7%. en 2011. L'activité tertiaire devrait être à l3, 7 %. .

Les prix à la consommation devraient se situer à 2,2% en 2012 grâce à la bonne tenue de l'agriculture vivrière et aux mesures contribuant à fa fluidité de l'approvisionnement des marchés.

Concernant les échanges extérieurs, les exportations afficheraient une croissance de 5,4% pendant que les importations connaitraient un regain de 19,8%. Ainsi, le solde commercial ressortirait excédentaire de 9,6% du P1B.

En fait, l'évolution de l'économie ivoirienne au cours des années 2010, 2011 et 2012 est marquée par les incertitudes liées à l'environnement international. En effet, au niveau international, l'économie mondiale devrait enregistrer une croissance de 4% en 2011, après un taux d'environ 5% en 2010, du fait notamment des effets des catastrophes naturelles en Asie, des troubles sociopolitiques dans certains pays producteurs de pétrole, des difficultés de relance de la demande privée aux Etats-Unis d'Amérique et de la France et de la crise de la dette dans la zone euro.

Sous les principales hypothèses d'un règlement de la crise de la zone euro et d'une reprise des activités économiques aux Etats-Unis, la croissance mondiale devrait se maintenir à 4% en 2012.

Au niveau de l'Union Economique et Monétaire Ouest Africaine (UEMOA), après une bonne tenue de l'activité économique en 2010, où le taux de croissance s'est affiché à 4,5%, contre 2,8% en 2009, le PIB devrait ressortir en quasi-stabilité en 2011, du fait de l'impact de la crise post électorale ivoirienne. Avec la normalisation sociopolitique en Côte d'Ivoire et la reprise des activités dans certains Etats membres de l'Union affectés par cette crise, le taux de croissance devrait avoisiner 5% en 2012.

En Côte d'Ivoire, après plusieurs années d'instabilité sociopolitique, qui a pris fin avec la résolution de la crise post électorale, le gouvernement a mis en œuvre avec succès, un programme économique et financier intérimaire en 2011 et pris des mesures d'urgence pour impulser la reprise des activités, restaurer la paix sociale et atténuer les effets néfastes de la crise sur l'économie nationale. A cet égard, le taux de croissance initialement attendu à -6,3% devrait s'améliorer pour se situer à -5,8% en 2011. Sous l'hypothèse du maintien de cette dynamique, l'année 2012 devrait être celle de la matérialité de la relance économique, avec un taux de croissance du PIB réel de 8,5%.

En 2010, l'économie ivoirienne porte l'empreinte de la crise énergétique survenue au premier semestre (délestage électrique et baisse de la production des produits pétroliers), la contraction de la production de pétrole brut et les perturbations liées à la crise post électorale de décembre 2010. Du fait des effets de cette crise, le taux de croissance de l'économie nationale a enregistré une perte de 0,4 point du pourcentage de PIB au cours du mois de décembre 2010 pour ressortir à 2,4% contre 3,8% en 2009.

Ce ralentissement de la croissance est imputable à la baisse du secteur primaire à 0,5% et du secteur tertiaire à 2,7% en 2010 car le secteur secondaire a enregistré une hausse de 4,7%

L'inflation s'est située à 1,8% contre une progression de 0,5% en 2009, en relation notamment avec le déclenchement de la crise en fin d'année. Toutefois, ce niveau demeure conforme à l'objectif de convergence de l'UEMOA plafonné à 3%. La résurgence des tensions inflationnistes en 2010 est imputable au renchérissement des pris des produits alimentaires, de boissons et tabacs et des transports.

Du côté de la demande, la croissance du PIB a été principalement soutenue par la consommation finale, à 5,1%, à la suite de l'amélioration du revenu des ménages L'investissement a également enregistré une hausse de 3,5% sous l'impulsion notamment des grands chantiers de l'Etat (réhabilitation de l'hôtel Ivoire, prolongement de l'autoroute du nord, travaux du transfert de la capitale etc.).

Les exportations de biens et services ont replié de 1,4% en liaison avec la baisse des volumes exportés de cacao, de café et de pétrole brut. Dans le même temps, la progression de 3,5% des importations s'explique par la hausse des biens d'équipements et intermédiaires.

Concernant les opérations avec le reste du monde, la balance des transactions courantes est ressortie excédentaire de 125 milliards (1,1% du PIB) en.2010 contre 763,8 milliards (7% du PIB) en2009.

Le solde global s'est affiché à 244,3 milliards (2,2% du PIB) en liaison avec l'amélioration du solde de compte de capital et d'opérations financières.

S'agissant de la situation monétaire, il est observé une consolidation des avoirs extérieurs nets de 20,6%, une progression du capital net de l'Etat de 26,7% et un raffermissement des crédits à l'économie de 8,7%. Aussi, en est-il résulté une progression de la masse monétaire de 18,2%.

En 2011, les estimations des performances économiques et financières enseignent que l'environnement international serait marqué par un ralentissement de la croissance de l'économie mondiale qui se situerait a 4%, contre 51% en2010, du fait notamment de l'impact de la crise de l'endettement dans la zone Euro et du ralentissement de la croissance aux

Etats-Unis dû au déstockage massif des entreprises au troisième trimestre 2011.

En Côte d'Ivoire, l'activité économique est affectée principalement par les effets de la crise post électorale a eu de graves conséquences sur l'administration publique et le tissu économique et social, la situation sécuritaire, la capacité opérationnelle des services de l'Etat et, au niveau du secteur privé, la destruction partielle ou totale de l'outil de production, la mise au chômage technique et le licenciement de nombreux travailleurs. Les mesures énergiques prises par le Gouvernement ont permis d'atténuer l'impact de la crise sur l'économie et de créer les conditions de reprise des activités. Ainsi, le taux croissance du PIB devrait se situer à 5,8% en 2011 contre une prévision initiale de-6,3%, avec des taux de croissance des secteurs secondaire et tertiaire attendus respectivement à - 9,7% et -12,7%.

En dépit des mesures prises par le Gouvernement, l'inflation ressortirait largement au-delà de la norme communautaire de 3%.

Du côté de la demande, la consommation finale enregistrerait une baisse de 5,5% liée au repli de la consommation des ménages de 5,2% et de la consommation publique de 6,7%.

S'agissant de l'investissement, il serait en baisse de 13,5%, sous l'effet à la fois de ses composantes publiques (-11,2%) et privées (- 14,7%).

Les importations et les exportations se replieraient respectivement de 8,6% et de 3,2% du fait de la baisse du niveau d'activité et du recul des quantités de certains produits destinés à l'exportation tels que le café, la banane, l'huile de palme et les produits pétroliers.

Pour les échanges extérieurs, la balance des transactions courantes ressortirait excédentaire de 87,1 milliards (3,5% du PIB) contre 125 milliards (1,1% du PIB) en 2010.

S'agissant de monnaie et du crédit en 2011, la masse monétaire devrait s'établir à 4589,1 milliards à fin décembre 2011, en baisse de 436,8 milliards (-9,5) par rapport au niveau de décembre 2010 (4152,3 milliards). Cette évolution est le fait du repli de l'activité économique.

Concernant les reformes structurelles, le Gouvernement a procédé à la poursuite et à la revue de l'ensemble des réformes initiées dans le cadre du Programme Economique et Financier appuyé par la FEC portant sur la période 2009-2011.

Au plan des perspectives économiques dégagées pour 2012, il ressort qu'initialement projeté à -6,3%, puis révisé à -5,8% à la faveur des progrès rapides réalisés, le taux de croissance devrait dépasser 8%. Cependant, face au repli attendu des concours extérieurs et à l'effet négatif différé de la crise économique de 2011 sur les recettes budgétaires (BIC et dividendes), la mobilisation des recettes intérieures devrait bénéficier d'une attention particulière.

Au plan international, la croissance mondiale se stabiliserait en 2012 à 4% sous les hypothèses notamment, d'une maîtrise de la crise dans la zone euro et une reprise de l'activité aux Etats-Unis. Ainsi, les pays avancés réaliseraient un taux de croissance d'environ 2% contre 1,6% en 2011. Dans le même temps, le taux de croissance des pays émergents et en développement se situerait à 6,1% en 2012 contre 6,4% en 2011.

Au niveau de la zone UEMOA, avec la normalisation sociopolitique en Côte d'ivoire et la reprise des activités dans certains Etats membres affectés par cette crise, le taux de croissance devrait avoisiner 5% en 2012.

Au plan national, l''activité économique devrait connaître son plein essor avec la normalisation de la situation sociopolitique et économique et la reprise effective des grands travaux d'investissements privés et publics. Cette relance économique proviendrait principalement des secteurs secondaire (+ 12,6%) et tertiaire (+13,7%).

Du côté de la demande, la consommation profiterait du climat d'apaisement et de la hausse des revenus agricoles et industriels et la consommation finale augmenterait de 9,5% en 2012, contre 5,5% en 2011.

Les importations totales connaîtraient une croissance de 19,8% et les exportations progresseraient de 5,4%.

Au niveau des prix, l'inflation ressortirait à 2,2%, conformément à la norme fixée par l'UEMOA grâce à la bonne tenue de l'agriculture vivrière et des mesures contribuant à la fluidité de l'approvisionnement des marchés.

Pour les échanges extérieurs, la balance des transactions commerciales ressortirait excédentaire de 215,9 milliards (1,7% du P111), contre 3,5% du P113 attendu en 2011.

La masse monétaire s'élèverait à 5 103,1 milliards, en accroissement de 112% par, rapport à fin décembre 2011.

Au plan des réformes structurelles, le programme triennal (2011-2014), soutenu par la Facilité Elargie de Crédit (FEC) comporte un ensemble de réformes structurelles, notamment dans les secteurs financier, du café-cacao et de l'énergie.

Les cadrages économiques préparent et orientent les cadrages budgétaires.

I.442 Des cadrages budgétaires de 2010 à 2012

Les articulations majeures reprises dans chacun des cadrages budgétaires précisent les hypothèses d'élaboration du budget tirées des cadres économiques esquissés. Ainsi, le cadrage budgétaire permet d'affirmer les engagements souscrits par le gouvernement et les traduit en dotations budgétaires.

Il assigne donc des objectifs au budget en rapport avec les actions que le gouvernement entend réaliser en vue de la restauration de la paix sociale et de la relance économique.

En vue de la constitution des grandes masses reflétant les engagements du Gouvernement, des méthodes d'évaluation des ressources et des dépenses sont mises en œuvre. Il s'agit, entre autres, des méthodes de la pénultième année, du système de majoration et des évaluations flexibles en ce qui concerne la détermination des ressources. L'évaluation des dépenses supporte, entre autres méthodes contemporaines, celles dénommées Rationalisation des Choix Budgétaires et Budget Base Zéro.

Au plan de l'évaluation des ressources, la méthode de la pénultième année consiste à inscrire comme produit probable au titre de la gestion prévue, les résultats obtenus lors du dernier budget exécuté. Compte tenu de ses insuffisances du fait des imprécisions qu'elle génère et qui conduisent souvent à des déséquilibres budgétaires, cette méthode est recadrée par celle de la majoration.

Le système de la majoration part du résultat de la pénultième année auquel il autorise l'ajout d'une somme fixée automatiquement, en tant que moyenne des variations de recettes mobilisées sur les cinq dernières années.

Ces deux méthodes sont considérées comme des méthodes d'évaluation automatiques en ce qu'elles exigent, pour leur application parfaite, une stabilité économique, des prix, des revenus etc. et qu'elles prennent en compte automatiquement les données à intégrer. En déphasage avec les réalités économiques contemporaines faites de cycles d'expansion et de récession, ces méthodes sont de plus en plus délaissées au profit de méthodes jugées plus flexibles. Ces dernières se font sur la base de prévisions économiques affinées, permettent l'extrapolation des tendances passées et la prise en compte des perspectives d'évolution de l'économie ainsi que des incidences inhérentes à la modification fiscale survenues en cours d'années. Il s'agit, en fait, de procéder à l'évaluation du rendement probable de chacune des ressources fiscales et non fiscales à partir des statistiques disponibles et de certaines hypothèses envisagées.

En ce qui concerne l'évaluation des dépenses, l'objectif principal recherché consiste à éviter toute reconduction automatique des crédits consommés dans la gestion antérieure pondérés par un coefficient intégrant l'inflation prévisible. A cette fin, entre autres méthodes, celles dites de Rationalisation des Choix Budgétaires et du Budget Base Zéro ont été expérimentées. La première exige la mise en œuvre de quatre étapes relatives à 'étude, la décision, l'exécution, au contrôle et à l'information. Ainsi, successivement, les missions de l'action administrative seront fixées, les objectifs et les programmes y reliés seront définis, les méthodes de gestion par objectifs seront appliquées, inspirées de la technique des budgets de programmes, les effets de l'exécution du programme seront appréciés et diffusés. L'utilisation de cette méthode exige notamment une programmation avec respect des échéances. La seconde, celle du Budget Base Zéro, implique la justification de chaque franc dépensé et la non reconduction automatique des autorisations de programmes d'une année à l'autre.

La méthode d'évaluation prévisionnelle appliquée de nos jours en Cote d'Ivoire aux dépenses publiques prend en compte une première phase d'évaluation technique des services votés et une seconde phase d'adjonction des mesures acquises ou nouvelles.

La démarche adoptée en matière de cadrage budgétaire consiste à exposer l'état d'exécution du budget précédent et de manière générale, la situation des finances publiques. Ainsi, en tenant compte des données issues du cadrage économique, les hypothèses d'élaboration du projet de budget sont émises et les inscriptions budgétaires portées, dans le respect des engagements pris par le gouvernement, au double plan national et international.

Dans le cadre de la préparation du budget 2010, l'état des finances publiques en 2008 a servi de base. Elle a permis de constater que l'exécution des opérations financières de l'Etat est intervenue dans le contexte socio politique favorable impulsé par les avances notables dans la mise en œuvre des Accords Politiques de Ouagadougou (APO). Pour un objectif de solde primaire de base de 0,8% du PIB, la réalisation est ressortie à 0,4% du PIB, en raison principalement d'un dépassement sur les dépenses de personnel et sur les autres dépenses de fonctionnement. Par ailleurs, pour lutter contre la cherté de la vie, le gouvernement a réduit de moitié le taux de TVA qui est passé de 18% à 9% et a suspendu les droits de douanes sur certains produits de grande consommation. Les abattements appliqués à compter du mois d'avril 2008 ont été reconduits chaque trimestre jusqu'à la fin de l'année et ont coûté globalement 48,4 milliards à l'Etat. En outre, pour assainir ses relations avec les partenaires extérieurs, l'Etat a apuré ses arriérés vis-à-vis de la banque mondiale (225,9 milliards dont 113,8 milliards d'annulation). Cependant, les difficultés de trésorerie ont induit l'accumulation de nouveaux arriérés de paiement intérieurs.

Les recettes totales, fiscales et non fiscales, ont progressé de 8,7% par rapport à 2007, grâce aux efforts de recouvrement des régies financières. Les dons ont été mobilisés à hauteur de 183,3 milliards, dont 113,8 milliards pour l'apurement des arriérés de la banque mondiale, contre 53,6 milliards en 2007.

Pour financer le déficit du solde budgétaire estimé à -41 milliards (-0,4% du PIB) et faire face à ses engagements, l'Etat a eu recours au marché monétaire et financier (bons du trésor et emprunts obligataires) ainsi qu'aux opérateurs économiques. Malgré ces difficultés, l'Etat a payé un montant de 150,3 milliards d'arriérés intérieurs.

Les données budgétaires issues de l'année 2008 ont été rapportées à celles de 2009 afin de constituer une base d'analyse plus étoffée. En 2009, le budget a été adopté à 2 464,3 milliards mais il a été modifié pour prendre en compte les exigences nouvelles relatives au IVème Accord complémentaire de Ouagadougou et la réaffectation de certaines ressources vers les dépenses de lutte contre la pauvreté, en conformité avec le Programme Economique et Financier appuyé par la FRPC. L'équilibre budgétaire a été porté à 2 529,5 milliards, soit une hausse de 65,2 milliards. L'exécution du budget a été caractérisée par un effort exceptionnel de réduction des arriérés de paiements tant intérieurs qu'extérieurs.

Les données fournies par les budgets des gestions 2008 et 2009 ont fortement servi à la construction du projet de budget 2010. Ainsi, en cette année, le budget est bâti sur une hypothèse de croissance de 4% de l'économie ivoirienne, un taux d'inflation de 3% et un environnement sociopolitique apaisé.

Le financement de la sortie de crise en absorbe une part importante avec un montant de 111,8 milliards, mais une exécution satisfaisante du Programme Economique et Financier, soutenu par la FRPC et le DSRP, devrait conduire au point d'achèvement de l'initiative PPTE. A ce stade, la Côte d'Ivoire devrait bénéficier d'allègements significatifs au titre de l'initiative PPTE et de l'Initiative d'Allègement de la Dette Multilatérale (IADM).

Le budget 2010 devrait consolider les objectifs de 2009 en vue d'accélérer la reprise économique et la lutte contre la pauvreté. Il consacre la réorientation des crédits budgétaires en faveur des dépenses pro-pauvres et d'investissement, en relation avec les objectifs du DSPR. Dans cette optique, l'évolution des dépenses de fonctionnement, notamment la masse salariale, devrait être maîtrisée. Il s'équilibre en recettes et en dépenses à 2 481 milliards, en baisse de 48,5 milliards par rapport au collectif budgétaire de l'exercice précédent.

Les recettes comprennent 2 150,6 milliards de ressources, dont 1 884,7 milliards de recettes fiscales, 330,5 milliards de ressources extérieures et 170 milliards d'emprunts sur le marché des capitaux de l'Union.

Du côté des dépenses, les principales enveloppes budgétaires se répartissent de la manière suivante : 542,2 milliards alloués au paiement du service de la dette, dont 225,4 milliards au titre de la dette intérieure, 1 494,1 milliards aux dépenses ordinaires et 444,7 milliards aux dépenses d'investissement.

En 2010, la situation des finances publiques est caractérisée par une difficile exécution du budget, notamment en fin d'année. Les principaux critères budgétaires arrêtés dans le cadre du programme conclu avec le FMI n'ont pas été respectés à cause des perturbations de l'activité économique provoquées par la crise post électorale. L'Etat a accumulé des arriérés de 31,1 milliards au titre de la dette intérieure et 19,7 milliards sur la dette extérieure. Cette situation a conduit à l'annulation du programme économique et financier 2009-2011 soutenu par la Facilité Elargie de Crédit (FEC).

Les recettes totales et dons sont ressortis à 2282,8 milliards et les dépenses totales et prêts nets à 2294,8 milliards, dégageant un solde global déficitaire de 216,1 milliards (19 % de PIB) et un solde primaire de base de-

0,3% du PIB. Ce déficit budgétaire a été couvert par les ressources mobilisées sur les marchés monétaire et financier et le concours extérieur.

Le budget de l'année 2010 initialement prévu à 2 481 milliards, a été révisé à la hausse à 2 897 milliards dans un collectif budgétaire, afin de prendre en compte les incidences financières de la crise énergétique et des différents accords de restructuration de la dette extérieure.

L'exécution de ce budget a bénéficié au cours des deuxième et troisième trimestres d'un contexte favorable marqué par une avancée dans la normalisation de la situation sociopolitique et la mise en œuvre du programme économique et financier appuyé par la Facilité Elargie de Crédit.

Toutefois, les acquis qui en ont découlé, notamment le bon niveau du recouvrement des recettes fiscales et non fiscales, ont été annihilés par l'impact négatif des perturbations des activités économiques au cours du quatrième trimestre en raison de l'élection présidentielle et de la crise qui s'en est suivie.

Le recouvrement des ressources budgétaires à fin 2010 s'est situé à 3 074,5 milliards pour une prévision de 2 897 milliards, soit une plus value de 177,5 milliards. Cette performance est imputable au succès des opérations d'émission de titres d'Etat sur les marchés monétaire et financier.

Ces ressources se répartissent entre les recettes intérieures pour 2 598,2 milliards contre 2374,1 milliards prévus et les ressources extérieures pour 476,4 milliards contre 522,9 milliards prévus.

Le recouvrement des recettes fiscales attendu à 1 878,8 milliards, s'est réalisé à hauteur de 1834,9 milliards, soit un manque à gagner de 43,9 milliards.

Les autres ressources intérieures prévues à 95,3 milliards, se sont établies à 75,4 milliards, soit une moins value de 19,9 milliards

Les émissions de titres d'Etat sur les marchés financier et monétaire ont permis de mobiliser 687,9 milliards contre 400 milliards prévus. Ce résultat traduit la confiance qui a prévalu en 2010 entre l'Etat et les souscripteurs.

Les ressources extérieures ont été mobilisées à hauteur de 476,4 milliards dont 297 milliards au titre des gains liés aux restructurations de la dette publique extérieure. Par rapport aux prévisions de 522,9 milliards, ces réalisations sont en baisse de 46,5 milliards en liaison essentiellement avec la non mobilisation de la totalité des appuis budgétaires et du faible niveau de tirages sur emprunts projets.

Pour la gestion 2010, l'exécution des dépenses du budget de l'Etat s'est située à 2 923,8 milliards pour une prévision de 2 897 milliards, en raison du niveau d'exécution de la dette publique plus élevé que prévu, lié principalement à la prise en compte des échéances de crédits relais capitalisés non initialement prévus au budget. Ce niveau s'explique également par les intérêts moratoires et les variations de taux de change des devises. Ces réalisations comprennent les dépenses de la dette publique pour

33,6%, les dépenses de personnel pour 27,4%, les autres dépenses ordinaires pour 24,7% et les dépenses d'investissement pour 14,3%.

Les dépenses d'investissement prévues à 428,1 milliards enregistrent un taux d'exécution de 98,2% contre 77% en 2009.

Au total, l'exécution du budget 2010 révèle une relative maîtrise des charges de fonctionnement de l'Etat, notamment la masse salariale, malgré les contraintes liées à l'environnement très sensible. Elle reste marquée par le poids de la dette publique (981,8 milliards) et le coût du redressement de l'offre de l'électricité (82,6 milliards).

Ces contraintes qui ont absorbé une part substantielle du budget de la gestion 2010 ont continué de peser sur le budget 2011 appelé à faire face également à de nouveaux défis tels que la cohésion sociale, l'amélioration du cadre de vie des populations et la relance de l'activité économique.

Les données produites par le budget 2010, instruit des gestions 2008 et 2009, ont concouru, en 2011, à construire le budget bâti sur la période allant du 26 avril au 31 décembre 2011. Les opérations financières exécutées avant cette période devant faire l'objet de vérification et de validation, avant leur prise en compte éventuelle au budget, dans le cadre d'un collectif budgétaire. Ce budget 2011 vise à soutenir la reprise et la normalisation progressive de l'activité économique, tout en contenant les effets de la crise par une réponse aux besoins urgents des populations.

Les objectifs de recettes sont marqués à la fois par un soutien temporaire au secteur privé et un retour progressif à un niveau de recouvrement normal pendant que les dépenses sont projetées en tenant compte des actions prioritaires du gouvernement contenues en partie dans le Programme Présidentiel d'Urgence (PPU) et la réhabilitation des infrastructures, notamment de base.

Les recettes totales ressortiraient à 1650,4 milliards (19,7% du PIB), contre 19,2% en 2010, soit une plus value de 100,8 milliards par rapport aux objectifs du programme FEC. Cette amélioration résulte des performances enregistrées par les régies financières notamment au troisième trimestre 2011. Ainsi les recettes fiscales sont attendues à 1451,6 milliards (17,4% du PIB) contre 17% un an plus tôt.

Dans l'ensemble, les recettes totales et dons ressortiraient à 1680,6 milliards et les dépenses totales et prêts nets à 2233,1 milliards (26,7% du PIB).

Il en résulte un solde budgétaire global de 6,6% du PIB et un solde primaire de base de -3,7% du PIB.

Au titre des dépenses d'investissement estimées à 268,3 milliards, 45 milliards sont destinés au financement du Programme Présidentiel d'Urgence (PPU) et 42 milliards comme contribution nationale aux travaux de construction du 3e pont, correspondant à l'enveloppe globale dédiée à la réalisation de ce pont en 2011.

Le financement du déficit budgétaire est assuré par des émissions de titres publics sur les marchés monétaire et financier sous régionaux pour un montant net de 14,5 milliards et par des appuis budgétaires de 474.8 milliards des partenaires au développement.

Les recettes budgétaires totales ont atteint un niveau de recouvrement meilleur que prévu, grâce aux efforts de l'Etat pour renforcer l'administration fiscale et aider à la restauration de l'appareil de production. En outre, l'amélioration progressive de la sécurité, combinée à la restauration d'un climat de confiance ont permis une mobilisation plus importante qu'attendue des ressources intérieures.

Les perspectives économiques dégagées pour 2011 à partir de la situation économique vécue en 2010, au triple plan international, régional et national constituent la base des prévisions budgétaires 2011.

Le projet de budget 2011 s'est équilibré en ressources et en dépenses à 3050,4 milliards, en hausse de 153,4 milliards, soit un taux d'accroissement de 5,3% par rapport au budget 2010. Cette augmentation tient, d'une part, à la nécessité d'honorer les engagements de la dette publique notamment extérieure, en vue de l'atteinte du point d'achèvement de l'initiative PPTE et, d'autre part, aux exigences de la reconstruction post-crise dans la perspective de la relance économique. Toutefois, il convient de relever que la couverture totale des charges qui y sont inscrites induit l'inscription d'un niveau de ressources de 360,5 milliards à rechercher.

Les ressources du budget reposent principalement sur les efforts de recouvrement des recettes intérieures qui représentent 68,4% des ressources budgétaires totales, soit 2 086,2 milliards. Ces prévisions sont composées des recettes fiscales représentant 58,3%, des emprunts sur marchés monétaire et financier à hauteur de 38,6% et des autres ressources intérieures pour 3,1%.

Les dépenses du budget 2011 sont projetées à 3050,4 milliards et constituées du service de la dette publique pour 42,3%, des charges de personnel pour 23,8%, des autres charges de fonctionnement des services pour 22,7% et des dépenses d'investissement pour 11,2%.

Le service de la dette publique et les charges salariales représentent 66% de ce budget.

Les dépenses d'investissement sont prévues à 340,1 milliards. Elles sont financées principalement par les ressources intérieures à hauteur de 72,9% car les dépenses financées par les ressources extérieures ne sont prévues qu'à hauteur de 92,3 milliards.

Dans le cadre de l'élaboration du budget 2012, l'analyse de la situation des finances publiques en 2011 traduit l'adoption d'un budget d'un niveau de 3050,4 milliards au mois de juin, qui couvre la période du 26 avril à fin décembre 2011. Il intègre un niveau de 360,5 milliards de besoins de financement couverts notamment par les concours complémentaires de 86,2 milliards de la Banque Mondiale et du FMI, la restructuration des échéances des créanciers membres du Club de Paris et une amélioration du recouvrement des recettes fiscales, consécutive à la reprise de l'activité économique plus rapide que prévue sous l'impulsion des mesures urgentes de soutien mises en œuvre par le gouvernement.

Les ressources budgétaires à la fin de l'année 2011, prévues à 3050,4 milliards, devraient se situer à 3122,4 milliards, soit un taux de mobilisation de 103,4%. Cette performance est imputable notamment, au bon niveau de recouvrement des recettes fiscales. Les réalisations de ressources se répartissent entre les recettes intérieures pour 2 303 milliards et les ressources extérieures pour 819,4 milliards, intégrant les contreparties des échéances de la dette extérieure restructurée.

Les recettes fiscales qui constituent 60,1% des ressources intérieures devraient s'établir à 1386,3 milliards contre 1216,3 milliards prévus, dégageant une plus value de 169,7 milliards par rapport à l'ordonnance initiale et de 89,1 milliards par rapport aux prévisions révisées du programme. Ce résultat est lié à la prompte reprise des activités dans les régies financières et à l'effet de rattrapage des paiements au titre des déclarations fiscales du premier trimestre. Les autres ressources intérieures prévues à 65,4 milliards, ressortiraient à 72,8 milliards, principalement en rapport avec les efforts de recouvrement des recettes de services et des recettes provenant de l'occupation du domaine public.

La mobilisation des ressources à travers les émissions de titres d'Etat sur le marché financier et monétaire, prévues à 804,6 milliards, serait de 844,2 milliards. Les ressources extérieures prévues *à* 964,2 milliards, devraient se situer à 819,4 milliards. Ce niveau de mobilisation intègre les gains issus de la restructuration du service de la dette publique extérieure, les appuis budgétaires, les emprunts et dons projets ainsi que les dons programmes.

Au terme de la gestion 2011, l'exécution des dépenses du budget devrait s'établir à 3 046 milliards avec les dépenses de la dette publique à 43,3%, les dépenses de personnel à 23,5%, les autres dépenses ordinaires à 21,6%, les dépenses de sortie de crise à 3,0% et les dépenses d'investissement à 8,6%.

Au total, l'exécution du budget 2011 a bénéficié d'un contexte de normalisation de la situation socio politique économique ainsi que d'un soutien et important des partenaires au développement. Cette exécution se caractérise par une bonne performance dans la mobilisation des ressources et une maîtrise des charges de fonctionnement de l'Etat ainsi qu'une accélération des dépenses d'investissement financées sur ressources intérieures, en rapport avec les besoins urgents de reconstruction. C'est dans cette dynamique de normalisation et de relance économique que s'inscrit le projet de budget 2012.

En termes de perspectives en 2012, les finances publiques seraient marquées par une contraction des recettes budgétaires (17,8% du PIB contre 19,2% en 2010), une rationalisation des dépenses courantes, la promotion des investissements et une diminution des aides budgétaires. Le repli des recettes résulterait principalement de l'effet négatif différé de la crise économique de 2011 sur les recettes au titre des bénéfices industriels et commerciaux, sur les profits des entreprises réalisés en 2011 et sur les dividendes. En conséquence, le Gouvernement entend élargir l'assiette de l'impôt, renforcer l'administration fiscale et créer de nouvelles taxes, notamment, sur les communications et le caoutchouc.

Par ailleurs, le Gouvernement table sur une exécution prudente des dépenses dans la limite des ressources disponibles, à travers la mise en œuvre de mesures, à savoir limiter les dépenses de fonctionnement et les subventions, renforcer les contrôles sur les abonnements de l'Etat, contenir la masse salariale en tenant compte des impératifs de personnels au niveau des secteurs sociaux et sécuritaires. Les dépenses d'investissement seront renforcées pour atteindre 22,7% des recettes budgétaires contre 11,9% en 2010, en vue de satisfaire les besoins de reconstruction et de lutte contre la pauvreté. Et le déficit global, y compris les dons, devrait se situer à 4,4% du PIB en 2012 contre 6,6% en 2011 et l, 9 % en 2010.

Le projet de budget 2012 s'équilibre en ressources et en emplois à 3 160 milliards, soit une hausse de 3,6% par rapport au budget 2011. Hors service de la dette publique, ce projet de budget 2012 progresse de 29,5%. Cette augmentation est orientée principalement vers les investissements en vue de faire face à la reconstruction post-crise et à la lutte contre la pauvreté.

Les ressources sont projetées *à* 3 160 milliards et reposent principalement sur les efforts de recouvrement des recettes intérieures qui représentent 79,3% des ressources budgétaires totales tandis que les concours extérieurs correspondent *à* 20,7%.

Les ressources intérieures prévues à 2 505,8 milliards, sont composées des recettes fiscales (74,0%), des emprunts sur le marché monétaire et financier *(23,9%)* et des autres ressources intérieures (2,1 %).

Les ressources extérieures sont prévues à 654,5 milliards et intègrent les contreparties des échéances de dette extérieure restructurée, les appuis budgétaires, les dons et emprunts projets ainsi que les dons programmés.

Les dépenses du projet de budget 2012, projetées à 3 160 milliards, sont en hausse de 109,6 milliards par rapport par rapport à 2011 et de 263 milliards par rapport à 2010. Ce budget couvre les besoins exprimés par les services à hauteur de 65% avec un relèvement substantiel des crédits accordés aux secteurs sociaux. Ces dépenses sont constituées du service de la dette publique (27,9%). des charges de personnel (29.1%), des autres charges de fonctionnement de services (21,6%), des dépenses d'investissement (19,6%) et des dépenses de sortie.

Les mentions portées par l'ordonnance sus-exposée constituent la trame de fond de tous les textes portant budget de l'Etat, qu'il s'agisse de loi ou d'ordonnance. Ces mentions permettent de situer les inscriptions budgétaires consenties par le Gouvernement en vue de financer le développement économique et social.

Deuxième partie
Le budget, instrument de financement du développement de la Côte d'Ivoire

A l'effet d'illustrer le poids de la dépense publique dans le développement économique et social de la Côte d'Ivoire, il convient de présenter successivement un bref aperçu du financement du développement de la Côte d'Ivoire par le budget de l'Etat avant 2010 d'une part et d'autre part par les budgets des gestions 2010, 2011et 2012.

II1 Bref aperçu du financement du développement de la Cote d'Ivoire par le budget de l'Etat avant 2010

Le bref aperçu retracé en l'espèce est nourri de la présentation du contexte économique et financier général suivie du constat selon lequel les avancées sociales obtenues étaient importantes mais insuffisantes.

II 11 Du contexte économique et financier général

Les premières années qui ont suivi l'indépendance de la Côte d'Ivoire ont été marquées par une très forte croissance des recettes de l'Etat sous les effets conjugués d'une hausse brutale des cours mondiaux du café et du cacao, d'une croissance économique soutenue et de la politique fiscale initiée. Cependant, la progression des dépenses de l'Etat, tant pour le fonctionnement que pour l'investissement, a été très rapide également et a rendu nécessaire un recours croissant au financement extérieur. A ces ressources s'ajoutent les transferts au titre de la coopération internationale, les intérêts perçus, pour l'essentiel, le produit des conventions de remboursement de la dette répercutée et consolidée, et diverses recettes, en particulier domaniales. Cumulées sur la période 1981-1985 par exemple, le total des ressources de l'Etat s'élevaient à 3 490 milliards de francs. A titre d'exemple, en 1980, les dépenses courantes de l'Etat représentaient 84 % des recettes totales.

L'exemple de la croissance rapide des dépenses de l'Etat entre 1976 et 1980 est également significatif dans la mesure où en quatre ans le Budget Spécial d'Investissement et d'Equipement a été multiplié par 5,2 et le Budget Général de Fonctionnement par 2,2 (en francs courants). Encore faut-il préciser que les budgets donnent une image imparfaite de l'évolution des dépenses publiques durant cette période qui a vu une part croissante des actions de l'Etat s'effectuer par voies extrabudgétaires.

Tableau du compte consolidé des dépenses de l'Etat en 1980(En milliards de francs)

	Montant	Part dans le PIB
Dépenses courantes (1)	458,4	21%
Charge nette de la dette (2)	90,1	4 0%
FBCF (3)	316,0	14 %
Opérations financières (4)	77,0	3 %
TOTAL	941,5	42 %

(1) Hors intérêt de la dette - (2) intérêts et remboursements en capital – (3) Y compris subventions en capital versées - (4) mise en jeu des avals et prêts aux entreprises.

Source : Plan quinquennal de développement économique et social

L'évaluation des dépenses consolidées de l'Etat fait ressortir ici un montant égal à 42 % du PIB, soit la moitié du total correspondant à des dépenses courantes. Ce niveau ayant été considéré comme excessif dans un contexte de croissance ralentie et d'une évolution assez modérée des ressources de l'Etat, il a conduit à préconiser un freinage de la progression des dépenses publiques.

Tableau des recettes courantes de L'Etat de 1980 à 1985 (en milliards de francs)

	1980	1985'	Total 1981-85
Recettes fiscales et parafiscales	566,4	769,8	3 214,1
Coopération internationale	13,1	16,7	75,2
Intérêts et dividendes perçus	*19,5*	*25,6*	122,9
Autres recettes	12,8	17,3	77,5
TOTAL recettes courantes	611,8	829,4	3 489,7

Source : Plan quinquennal de développement économique et social

Tableau des dépenses de l'Etat par grandes catégories en 1981-1985 (en milliards de francs)

	1980	1985	Total 1981-85
Consommation de biens et de services	138,9	172,4	4,4
Rémunération des salariés	200,1	299,5	8,4
Intérêts de la dette	58,0	101,6	11,9
Subventions d'exploitation	60,6	30,0	- 13,1
Autres dépenses courantes	*58,8*	66,9	2,6
TOTAL	516,4	670,4	5,4
Total hors intérêts de la dette	458,4	568,8	4,4

Source : Plan quinquennal de développement économique et social

Tableau de la structure des dépenses de l'Etat en 1980 et 1985

	1980	1985
Consommation de biens et de services	27	26
Rémunération des salariés	39	45
Intérêts de la dette	11	15
Subventions d'exploitation	12	4
Autres dépenses courantes	11	10
TOTAL	100	100

Source : Plan quinquennal de développement économique et social

Tableau des dépenses de l'Etat (en milliards de francs constants 1980)

	1980	1985	Total 1981-85
Consommation de biens et services	138,9	172,4	755,2
Rémunération des salariés	200,1	299,5	1 262,4
Impôts payés	6,0	8,7	36,8
Subventions d'exploitation	60,6	30,0	193,3
Intérêts payés par la CAA	50,0	89,6	426,9
Autres intérêts et dividendes	8,0	12,0	54,7
Prestations sociales	16,8	20,3	85,5
Coopération internationale	6,0	6,6	31,3
Transferts courants	14,2	16,3	74,1
Subventions aux administrations	15,8	15,0	64,2
TOTAL	516,4	670,4	2 984,4

Source : Plan quinquennal de développement économique et social

	1980	1985	Total 1981-85
Recettes courantes	611,8	829,4	3 489,7
Dépenses courantes	516,4	670,4	2 984,4
Épargne brute	95,4	159,0	505,3

Source : Plan quinquennal de développement économique et social

En ce qui concerne l'investissement et son financement, le montant des investissements s'élevait à 380 milliards de francs en 1985 contre 360 milliards de francs en 1980, avec un investissement annuel moyen se situant à environ 320 milliards de francs sur la période. De 1994 à 1996, les investissements ont enregistré une forte hausse, qu'il s'agisse des investissements privés, + 25,3% en volume en 1994, + 46,3% en 1995, et + 19% en 1996 ou des investissements publics, + 16,3% en 1994, +31,3% en 1995 et +8,6% en 1996. Ces derniers se sont concentrés plus particulièrement sur les secteurs sociaux, à savoir la santé (5,5% de l'investissement public total en 1995 et 7% en 1996) et l'éducation (8% en 1995 et 8,5% en 1996).

Au total, la part des investissements dans le PIB est passée de 8% en 1993 à 13% en 1995, 14% en 1996 et 14,8% en 1997. Les investissements privés représentaient 69% des investissements globaux en 1997 contre 53% en 1993. Les investissements publics représentaient, quant à eux, 4,4% du PIB en 1997, 4,2% en 1996 et 1995, et 4,1% en 1994 contre 3,7% en 1993.

Tableau de financement de l'investissement de l'Etat (en milliards de francs 1980)

	Ressources		Emplois
Épargne brute	505		
Formation brute de capital fixe			1 200
Subventions en capital versées			50
Subventions en capital reçues	50		
Besoin de financement de l'État		695	
Prêts aux entreprises publiques			100
Jeu des avals			126
Solde à financer		921	
Emprunts nets	*921*		
dont emprunts intérieurs	170		
dont emprunts extérieurs	751		

Source : Plan quinquennal de développement économique et social

Tableau des finances publiques de 1993 à 1997

Finances publiques	1993	1994	1995	1996	1997
Recettes et dons					
En milliards de FCFA	532,9	876,6	1138,3	1272,4	1372,2
En % du PIB	18,1%	20,6%	22,8%	23,2%	22,9%
Dépenses primaires					
En milliards de FCFA	628	817,7	979,4	1062,9	1101,3
En % du PIB	21,3%	19,2%	19,6%	19,4%	19,8%
Solde primaire					
En milliards de FCFA	- 95,1	58,9	158,9	209,5	180,8
En % du PIB	- 3,2%	1,4%	3,2%	3,8%	3,0%
Solde budgétaire					
En milliards de FCFA	- 353,9	- 289,4	- 184,3	- 112,7	- 122,3
En % du PIB	- 12%	- 6,8%	- 3,7%	- 2,1%	- 2,0%
* les dons restent marginaux	15	297	35	305	441

Source : Revue économique et financière du Ministère de l'Economie et des Finances

L'amélioration des finances publiques vient principalement de l'accroissement des recettes, avec une part dans le PIB qui est passée de

17,6% en 1993 à 23% en 1997, conjuguée à une bonne maîtrise des dépenses.

Avant de se résoudre à adopter définitivement le budget unique, le Gouvernement ivoirien a majoritairement inscrit ses actions de développement économique et social étaient dans le budget spécial d'investissement et d'équipement. En effet, jusqu'à la mise en œuvre effective de la réforme budgétaire en 1999 ; le Budget Spécial d'Investissement et d'Equipement a traduit les objectifs chiffrés du Plan. Il s'ensuit que cette liaison exemplaire entre le Plan et le Budget montre qu'autant le Plan peut conditionner les choix budgétaires ou peser sur l'orientation du budget lors des inscriptions des dotations, autant le système budgétaire servi dans un pays ou le secteur public fait l'objet de planification constitue un important outil de mise en œuvre du Plan. Aux termes de la loi 11 59.249 du 13 décembre 1959 relative aux lois de finances complétée par la loi 1160-434 du 24.-12-60 et modifiée par les lois 11 67-588 du 31-12-67, 70.214 du 24-3-70 « Les ressources et les charges annuelles de l'Etat sont réparties entre deux catégories de budgets annuels :

- le budget général et les budgets annexes de fonctionnement des services publics ;
- le budget spécial d'investissement et d'équipement.

Le budget spécial d'investissement et d'équipement est alimenté en recettes :

1° par les impôts, taxes, redevances et fonds de concours dont la liste figure à l'annexe II de la présente loi ;

2° par le produit des emprunts et des dettes contractées pour l'équipement administratif, le développement économique, culturel et social ;

3° par les versements du Fond national d'investissement ;

4° par les excédents des recouvrements sur les prévisions du budget général de fonctionnement.

Les dépenses d'investissement et d'équipement comprennent :

a) Les dépenses destinées à la création et à la modernisation du patrimoine de l'Etat, à l'exécution des plans de développement économique et social ;

b) Les subventions et les prêts accordés à des personnes de droit public ou de droit privé pour la réalisation d'opérations conformes aux programmes approuvés ;

c) La prise de participation ou l'accroissement de participations au capital d'organismes publics ou privés ;

d) Les dépenses d'études.

Toutes ces dépenses sont regroupées dans un budget annexe spécial d'investissement et d'équipement comprenant, en recettes :

1° Les ristournes et les versements du budget général prévus par la loi de finances ;

2° Les recettes diverses qui lui sont affectées par la loi de finances ;

3° Les avances et les emprunts autorisés par la loi.

Les charges suivantes sont inscrites au budget spécial d'investissement et d'équipement :

- dettes publiques: charges d'amortissement et arrérages des emprunts contractés pour l'équipement administratif, le développement économique, culturel et social, y compris les annuités résultant de conventions de travaux à paiement différés ;
- opérations d'équipement et d'investissement effectuées sur les autorisations de programmes de prévisions d'emplois et crédits de paiement

Les dotations, applicables aux dépenses d'investissement et d'équipement sont spécialisées par chapitres, celles correspondant aux ressources ayant une affection spéciale figurant dans des chapitres distincts. Elles comprennent :

a) Les autorisations de programme qui fixent le plafond des dépenses que les ministres sont autorisés à engager pour l'exécution des investissements prévus par la loi ;

b) des prévisions d'emploi qui fixent pour l'année considérée le plafond des dépenses pouvant être ordonnancées ou payées pendant l'année pour la couverture des engagements contractés dans le cadre des autorisations de programme.

La loi de finances concernant le budget annexe spécial d'investissement et d'équipement fixe annuellement le montant global des crédits de paiement pour l'ensemble des opérations prévues au budget La distribution par chapitre et article en est assurée mensuellement par arrêté du ministre des Finances, des Affaires économiques et du Plan en fonction du rythme d'exécution des diverses opérations.

L'adoption de la dualité budgétaire qui réservait une place de choix aux budgets spéciaux d'investissement et d'équipement, établissait de fait un pont entre le budget de l'Etat et le plan. En effet, les financements inscrits dans ces budgets ne pouvaient se concevoir que dans le cadre d'une planification, le plan étant reçu ici comme « une charte du développement économique ». C'est dans cette optique que le Gouvernement ivoirien a opté pour les plans quinquennaux de développement économique, social et culturel portés par des lois votées par l'Assemblée Nationale. Ces plans offraient les grandes orientations et la stratégie de développement d'une part et les plans sectoriels dans les vingt-cinq domaines répertoriés au niveau de la vie économique, social et culturel. Conscient que le Plan constitue « une ardente obligation » selon DE GAULLE, bien qu'il soit « toujours conjugué à l'optatif et n'a eu valeur qu'indicative ou, tout au plus, incitative » aux dires de G.ORSONI, le Gouvernement ivoirien a entrepris un véritable effort de planification dès le lendemain de l'indépendance en vue de « mieux organiser et promouvoir le progrès » selon le ministre du Plan ivoirien S. GNOLEBA dans le Tome 1 du Plan Quinquennal de Développement

Culturel, Economique et Social 1981-1985. Il précise qu'il faut « affiner l'analyse des liaisons court terme-moyen terme et le rapprochement des projections effectuées dans le cadre des Budgets Economiques et dans le Plan » et qu'il est important de remarquer que « dès ses débuts, la planification ivoirienne a accordé une attention particulière aux investissements de l'Etat et des entreprises publiques. Les premiers Plans (ayant) même pu être considérés essentiellement comme des programmes quinquennaux d'investissements publics. Progressivement, et surtout avec le Plan 1976-1980, le champ de la planification s'est étendu aux dépenses de fonctionnement et aux autres actions de l'Etat, d'accompagnement et d'incitation ».

Il s'agissait , suivant une démarche assez éprouvée, de définir des objectifs et de rechercher les moyens de les atteindre, en s'appuyant sur des bilans-diagnostics qui mettent en exergue les réalisations, les écarts, les points forts, les faiblesses , ainsi que les perspectives à court et à moyen terme.

En Côte d'Ivoire, les plans quinquennaux ont permis de d'esquisser les grandes lignes de l'évolution projetée possible et souhaitable de la société, d'identifier les objectifs majeurs à atteindre et de déterminer les actions et les moyens susceptibles d'être mis en œuvre à cette fin. A cet égard, les lois de programmes, « des lois qui définissent les objectifs de l'action de l'Etat dans un secteur déterminé et comportant une prévision pluriannuelle des moyens à mettre en œuvre pour y parvenir » selon J. MOLINIER, ont permis de réaliser de nombreuses actions de développement culturel, économique et social. Appuyées telles qu'elles l'étaient par les autorisations de programmes et les crédits de paiements dans un environnement économique et financier relativement favorable.

Les dotations budgétaires portées par les budgets spéciaux d'investissement et d'équipement étaient donc toutes orientées vers la satisfaction des priorités et objectifs de développement économique, social et culturel arrêtés dans les plans quinquennaux. Les orientations inscrites à ce sujet dans les différents plans quinquennaux adossés aux financements des budgets spéciaux d'investissement et d'équipement embrassaient l'ensemble des secteurs de la vie de la nation. Elles concernaient notamment la politique agricole, la production animale, la foret et les parc nationaux, la politique de développement industriel, la promotion de l'artisanat et des petites et moyennes entreprises, le tourisme, l'énergie, les transports, les télécommunications, l'informatique, le commerce, la recherche scientifique, l'éducation et la formation, l'emploi et l'ivoirisation, la santé, les affaires sociales, la culture, l'information, la jeunesse, l'éducation populaire et les sports, la justice, les politiques urbaines, l'habitat, l'hydraulique, l'aménagement du territoire …

Les finances publiques ont donc fortement contribué au financement du développement économique et social de la Côte d'Ivoire. Cependant, au final, les avancées sociales obtenues étaient certes importantes mais insuffisantes.

II 12 Des avancées sociales importantes mais insuffisantes

La population de la Côte d'Ivoire qui était évaluée à 6,7 millions en 1975 est passée en 1996 à 14,7 millions d'habitants, soit une croissance moyenne annuelle de 3,8% et un doublement en 20 ans. En 2000, le nombre d'habitants était estimé à plus de 20 millions d'habitants. Face à une telle augmentation de la population, le Gouvernement a mis en place différentes politiques axées sur la satisfaction de la demande d'infrastructures et l'amélioration des services dispensés pour répondre aux besoins croissants en matière de santé, d'éducation, d'emploi et de logement. Le développement du capital humain, au cœur de ces politiques, devait s'entendre comme un processus visant à satisfaire les besoins de base, notamment ceux de l'éducation, (instruire, éduquer, former à l'emploi) et de santé (accès aux soins et protection sociale de l'individu). Ce processus vise également à favoriser la créativité en développant les connaissances et les aptitudes à innover par la recherche scientifique et technologique, à améliorer le bien-être et le niveau d'information de l'individu.

Les efforts de développement économique et social mis en œuvre par le Gouvernement ivoirien peuvent s'apprécier aux plans de la santé, de l'éducation, de l'emploi, du logement et du cadre de vie, tel qu'il ressort des « Actes du Colloque du PDCI et la construction de la Nation ivoirienne 1946-1996 » les 3, 4, 5 mai 1996.

Dans le secteur sanitaire, il convient d'indiquer que c'est grâce à la relance de l'économie ivoirienne et à la mise en œuvre du Plan National de Développement Sanitaire (PNDS) visant la période 1996-2005 que la tendance au sous-équipement et à la désaffection des services de la santé observées pendant la période de crise économique ont connu un début d'inversion. Par ailleurs, le Gouvernement a initié le de nombreux programmes de développement des services intégrés visant à élargir l'accès des services de santé, à accroître leur taux d'utilisation, à assurer les services de manière durable, à renforcer les capacités d'analyse des problèmes sanitaires et de définition des politiques, stratégies et programmes à mettre en œuvre, et à évaluer ces programmes.

En termes de statistiques de couverture sanitaire, ces importants efforts se traduisent comme suit :

- une réduction du taux de mortalité infantile à 88 pour 1000 en 1997 contre 90 pour 1000 selon l'Indicateur du Développement Humain (IDH) du PNUD en 1995 ;

- une réduction du taux de mortalité maternelle à 400 pour 100 000 naissances en 1997 contre 822 selon le PNUD en 1995;

- une amélioration du taux de couverture vaccinale à 70% en 1997, contre 50,25 % en 1993 ;

- une hausse de la densité médicale à 1 médecin pour 9.000 habitants en 1997 contre 1 médecin pour 12.000 habitants en 1993 ;

- une stabilisation de l'espérance de vie à la naissance à 58 ans en 1997 contre 56 ans selon l'Indicateur du Développement Humain (IDH) 1994.

Au plan du financement de ces efforts, ce sont près de 100 milliards de F CFA au titre des budgets de fonctionnement et d'investissement que l'Etat a dépensés pour l'amélioration des infrastructures sanitaires, le renforcement des ressources humaines dans le domaine de la santé et la lutte contre les grandes endémies. En termes d'évolution budgétaire, le budget consacré à la santé est passé de 1,924 milliards à 23,8 milliards pour le fonctionnement et 4,9 milliards pour les investissements contre moins de 500 millions de 1958 à 1996.

Les investissements les plus importants dans le secteur sanitaire ont été réalisés en période de très forte croissance économique dans la mesure où ils sont passés de 600 millions en 1975 à 12 milliards en 1978 pour revenir à 8,5 milliards en 1979 et à 4,9 milliards en 1980. Ces investissements étaient conformes aux objectifs du plan quinquennal 1976-1980, qui consistaient à« privilégier les actions de santé pouvant atteindre le plus grand nombre de personnes notamment en multipliant les dispensaires et les maternités en zone rurale ainsi que les centres de protection maternelle et infantile ». En conséquence, le nombre de formations sanitaires est passé de 200 en 1975 à 2 200 en 1996, tandis que celui des ressources humaines passait de 57 agents en 1911 à 15 000 en 1996. L'évolution de la population indiquait 1,5 millions habitants en 1921, 2,5 millions en 1946 et 14 millions en 1996.

Ces différentes évolutions traduisaient l'amélioration des indicateurs socio sanitaires tels que l'espérance de vie qui passait, dans la même période , de 40 ans en 1946 à 55 ans en 1996, alors que la mortalité infantile passait de 500 pour 1000 en 1946 à 235 pour 1000 en 1960 et 84 pour 1000 en 1996, soit une réduction de 75%. Concernant les grandes endémies, la variole a été éradiquée pendant que la lèpre et la dracunculose étaient pratiquement éliminées.

Les objectifs assignés au secteur sanitaire dans les différents plans de développement économique et social couvrant la période décennale 1960 à 1970 et les périodes quinquennales 1971-1975 et 1976-1980 se présentaient comme suit:

- l'amélioration générale de l'état de santé et du bien-être social ;
- la formation du personnel médical et paramédical ;
- la consolidation et l'amélioration sensible de la couverture médicale

- l'éradication de la variole et la lutte contre les grandes endémies
- le développement de la pharmacopée traditionnelle ;

En rapport avec ces objectifs, le bilan de la période décennale était largement satisfaisant au regard des paramètres démographiques et socio sanitaires et des ratios de personnels qui étaient caractérisés par :

- un accroissement de la population passée de 3,5 millions à 8,076 millions ;
- la mortalité générale passée de 20% contre 40% en 1958 ;
- la mortalité infantile passée de 113 pour 1000 contre 235 pour 1000 en 1958 ;
- la mortalité maternelle passée de 700 p 100 000 contre 1000 p 100000 en 1960 ;
- le personnel médical (médecins, pharmaciens, chirurgiens dentistes) passé d'un effectif de 113 en 1960 à 688 avec une innovation à 80% :
- le personnel paramédical (infirmiers, sages-femmes et autres) est passé de 1 680 en 1960 à 4 021, avec 3 367 infirmiers contre 1 600 en 1960 et 654 sages-femmes contre 80 en 1960.

-dès 1960, plusieurs institutions de formation comme l'école de médecine en 1962, l'école nationale des sages-femmes et l'école des infirmiers en 1964, l'institut national de santé publique ouvrent

- le CHU de Cocody est créé en 1970 pendant que le nombre de formations sanitaires passe de 200 en 1960 à 1 200 en 1980, dont 66 hôpitaux contre 28 en 1960 et 2 en 1958 ;
- la capacité d'accueil passe de 5 120 lits à 8 425 lits ;
- le nombre de secteurs de santé rurale pour lutter contre les grandes endémies passe de 4 en 1960 à 21 en 1980, avec un début d'ivoirisation des cadres médecins des secteurs :
- mise en œuvre d'un vaste programme de valorisation de la pharmacopée traditionnelle avec un jardin botanique constitué de plantes médicinales ivoiriennes et un herbier de 18 000 espèces végétales dont 5 000 espèces ivoiriennes
- une faculté de pharmacie est créée pour former les professionnels et développer la recherche sur la pharmacopée traditionnelle.

Le bilan de la période 1980 à 1990, période de crise économique, se présentait ainsi :

- le renforcement de la mise en œuvre et la décentralisation du programme élargi de vaccination créé en 1978 avec une amélioration sensible de la couverture vaccinale qui passe de 40% en 1980 à 80% en 1988 ;
- l'amélioration sensible de la couverture sanitaire de base avec la construction de dispensaires, maternités et centres de protection maternelle et infantile qui enregistrent des taux d'accroissement respectifs de 39% , 75% et 44% ;

- la décentralisation du système avec la création de 8 directions régionales de la santé, d'écoles d'infirmiers et de sages femmes à Bouaké et à Korhogo, de plusieurs établissements publics nationaux dotés de la personnalité juridique et de l'autonomie financière parmi lesquels les CHU, la pharmacie d'approvisionnement et l'institut de cardiologie ;
- la formations de nouvelles catégories de ressources humaines telles que les administrateurs de santé, les ingénieurs et les techniciens de maintenance, les techniciens de laboratoire, les manipulateurs de cardiologie, les gestionnaires en pharmacie, les surveillants d'unités de soins ;
- la formation d'agents de santé communautaire (581 en 1987), de matrones et d'accoucheuses (environ 6 600) et des agents de développement sanitaire ;
- la création de caisses en pharmacie villageoise ;
- une population en pleine croissance (3,8%) de 11,586 millions d'habitants ;
- une mortalité générale de 17% ;
- une mortalité infantile de 97% contre 110% en 1980 ;
- une mortalité maternelle de 200 pour 100 mille en ville ;
- une couverture sanitaire en amélioration avec 1 400 formations sanitaires (contre 1 200 en 1980) dont 86 hôpitaux et une capacité d'accueil de 10 000 lits (contre 8425 en 1980) ;
- un effectif en progression quantitative et qualitative avec 1 348 cadres supérieurs de santé contre 688 en 1980 et 5 695 infirmiers et sages-femmes contre 4 021 en 1980 ;
- un budget de fonctionnement de 36,3 milliards contre 24,1 milliards en 1980 malgré le maintien de la part de 7,4% dans le budget général de fonctionnement et son insuffisance.

Le bilan de la période 1990 à 2005 se présente de la manière suivante :

- une population de 20 millions d'habitants contre 2,5 en 1946 ;
- une mortalité infantile de 84% contre 500% en 1946 :
- une mortalité maternelle de 150 en ville et 500 en milieu rural contre plus de 1000 p 100 mille naissances en 1946 ;
- l'éradication de la variole depuis 1978 contre 5000 cas en 1946 ;
- la réduction de la lèpre avec 3000 cas en 1996 contre 67 000 en 1957 ;
- la réduction de l'onchocercose avec une prévalence de moins de 5% contre plus de 50% en 1946 ;
- la réduction de la dracunculose en voie d'élimination ;
- l'infrastructure sanitaire a été complètement transformée avec 2248 formations sanitaires publiques et privées en 1996 contre 150 en 1946. Ainsi, dans le secteur public, on dénombre plus de 70 hôpitaux dont 4 CHU, 8 CHR et 58 hôpitaux généraux. Le nombre de dispensaires est passé de 67 en 1946 à 800 en 1996. Le nombre de maternité de 48 en 1946 à 400 en 1996. Il faut ajouter à cela 29 bases de santé rurale, 5 formations sanitaires urbaines,

60 PMI, 49 services de santé scolaire et universitaire et 12 centres antituberculeux. Dans le secteur privé, le nombre de dispensaires est passé de 24 en 1946 à 400 en 1996 et le nombre de cliniques et de cabinets médicaux de 3 à 90. Il faut ajouter à cela le développement prodigieux du secteur pharmaceutique privé avec plus de 350 officines et de 450 dépôts pharmaceutiques, soit près de 800 points de distribution contrôlée d du médicament ;

- Un développement prodigieux du personnel sanitaire : 1 325 médecins dont 95% d'ivoiriens contre 60 médecins africains en 1946, 457 pharmaciens contre 5 en 1946 et 10 en 1957, 231 chirurgiens-dentistes contre 1 en 1946 et 3 en 1957. En ce qui concerne les infirmiers et les sages-femmes, on en dénombre 6068 en 1996 (contre 800 en 1946) dont 1 632 sages-femmes et 4 436 infirmiers. Le reste du personnel technique spécialisé sans équivalent en 1946 est constitué de plus de 400 techniciens (maintenance, laboratoire, radiologie, etc.). L'ensemble du personnel sanitaire en 1996 est de 15 000 environ contre 900 en 1946 et 1 800 en 1957.

Dans le secteur de l'éducation, les principaux objectifs s'articulaient autour des deux points majeurs que sont l'amélioration du taux de scolarisation, notamment celui des filles, et la réduction de l'analphabétisme. A cette fin, la stratégie arrêtée consistait, principalement, dans le renforcement des capacités d'accueil et d'encadrement des élèves et la mise en œuvre d'importants programmes d'alphabétisation intégrant davantage l'usage des langues vernaculaires.

L'engagement du Gouvernement en faveur de ce secteur s'est traduit :

- pour l'année scolaire 1995/1996, par d'importants moyens financiers et humains. En effet, les dotations budgétaires qui y ont été consacrées s'élevaient à environ 40% du Budget Général de Fonctionnement et 8,5% du Budget Spécial d'Investissement.

-le taux brut de scolarisation a atteint 73% en 1997 contre 65% en 1994 ;

-le taux d'analphabétisme s'établit au niveau national à 56% en 1996 contre 61% en 1994 ;

-le système d'éducation-formation affiche, malgré la croissance soutenue de la population à un taux supérieur à 3% l'an, un taux de scolarisation au niveau de l'enseignement primaire porté à 70% et un effectif des scolarisés qui est ainsi passé de 200 000 élèves à la fin de 1958 à 1 405 000 en 1990. La période 1960-1980 sera marquée par le développement spectaculaire de la scolarisation primaire qui passe de 28,45% à 75%, par l'implantation de l'enseignement secondaire général, technique et professionnel dans tous les départements administratifs du pays, atteignant un taux d'accès de 19% pour les adolescents d'âge compris entre 15 et 19 ans. Dans l'enseignement secondaire général, les effectifs sont passés de 6 149 en 1958 à 97 848 en 1992. Dans l'enseignement supérieur général et technique, le nombre d'étudiants est passé de 1 131 en 1957, la majorité étant en formation à Dakar et en France, à 49 020 en 1994. Il faut préciser que le Centre d'Etudes

Supérieures d'Abidjan ne comptait que 133 étudiants à la rentrée universitaire de l'année académique 1958-1959.

-Au titre de l'enseignement supérieur, les établissements suivants seront créés :

- l'Université Nationale de Côte d'Ivoire à partir de 1958 ;
- l'Ecole Nationale Supérieure des Statistiques et d'Economie Appliquée en 1961 ;
- l'Ecole Normale Supérieure en 1964 ;
- l'Ecole Normale Supérieure des Travaux Publics en 1963 ;
- l'Institut National Polytechnique Félix Houphouët-Boigny formé aujourd'hui de plusieurs instituts créés vers la fin des années 1970.

Le développement de l'éducation a permis , au plan de la technologie et de la recherche, de mettre en place un dispositif scientifique essentiellement au service de l'agriculture et plus particulièrement de la promotion des cultures d'exportation que sont le palmier, le cocotier, l'ananas, le café, le cacao, la banane, l' hévéa, etc., avec des résultats assez probants.

En matière d'emploi, l'objectif du Gouvernement visait à favoriser l'emploi pour tous afin d'améliorer les conditions de vie des populations. La stratégie en l'espèce consistait à faciliter l'accès au marché du travail, notamment pour les jeunes et les femmes. A cette fin, l'Agence d'Etude et de Promotion de l'Emploi (AGEPE), une institution spécialisée dans le suivi de l'évolution du chômage et dans le placement des demandeurs d'emplois, ainsi que la création de programmes spécifiques en direction des jeunes et des femmes principalement, a été créée en vue de favoriser la réinsertion professionnelle. Il en est ainsi de la création de fonds sociaux pour la période 1994-1997, qui ont pour objet de réduire le nombre de demandeurs d'emplois et surtout de favoriser l'entreprenariat et, de ce fait, la création d'emplois nouveaux. Par ailleurs, des actions ont été menées à l'effet de renforcer et de pérenniser les programmes d'aide à l'installation et simplifier la procédure d'attribution des Fonds Sociaux.

Le Gouvernement a aussi adopté un nouveau Code du travail qui présente un avantage de flexibilité en vue d'assurer, entre autres, une plus grande compétitivité de l'économie, garant de l'emploi à long terme. Toutes ces actions ont permis d'obtenir des résultats assez importants :

- l'emploi a progressé de 7% en moyenne annuelle entre 1996 et 1997 contre une baisse de 1% en 1993 ;

-la mise en application du nouveau code des investissements a permis la création de 5.702 nouveaux emplois en 1996 et 7.336 en 1997 ;

-les fonds sociaux ont été créés en fonds spéciaux en direction des collectivités et en fonds sociaux finançant les projets individuels.

- des fonds classiques, à but sectoriel, étaient déjà en activité dans certains ministères et en partie à la Caisse .Autonome d'Amortissement. Il s'agit ;

- des Fonds Régionaux d'Aménagement Rural (FRAR) ;
- des Plates-Formes Villageoises ;
- des Fonds d'Investissement et d'Aménagement Urbain (FIAU) ;
- du Fonds de Soutien à l'Habitat ;
- du Compte de Mobilisation pour l'Habitat (CDMH) ;
- du Fonds de Garantie aux Unions de GVC Café-Cacao ;
- du Fonds de Garantie aux Collectivités Locales (FPCL).

De 1987 à 1996, la dotation cumulée de ces fonds s'élève à 120 milliards de F CFA et permet de programmer 18 230 projets au titre des Fonds d'Aide au Développement pour un coût total de 118,397 milliards de F CFA. Quant aux Fonds de Prêts et de Soutien, la dotation cumulée est de 44,113 milliards de F CFA au titre des exercices 1987 à 1996, ce qui a permis de financer 3890 projets pour un montant de 60,398 milliards de F CFA, sur un total de 6 240 demandes de financement. En ce qui concerne particulièrement les fonds sociaux nouveaux, ils octroient, de 1994 à 1997, 25 milliards de francs CFA pour 8 023 prêts, qui représentent 79% de la dotation totale des fonds, soit 31 milliards de francs CFA. Ces fonds regroupent :

- (4) quatre fonds au titre de l'agriculture, soit un montant de prêts de 14,299 milliards pour une dotation de 18,415 milliards de francs CFA ;
- (1) un fonds pour la jeunesse, soit un montant de prêts de 1,063 milliard pour une dotation de 1,3 milliard de francs CFA ;
- (1) un fonds pour les activités des femmes, soit un montant de prêts de 912 millions pour une dotation de 1,150 milliard de francs CFA ;
- (1) un fonds pour l'action culturelle, soit un montant de prêts de 296 millions pour une dotation de 675 millions de francs CFA ;
- (2) deux fonds pour la promotion de l'emploi, soit un montant de prêts de 8,594 milliards pour une dotation de 10,1 milliards de francs CFA.

Graphique : Répartition des fonds sociaux

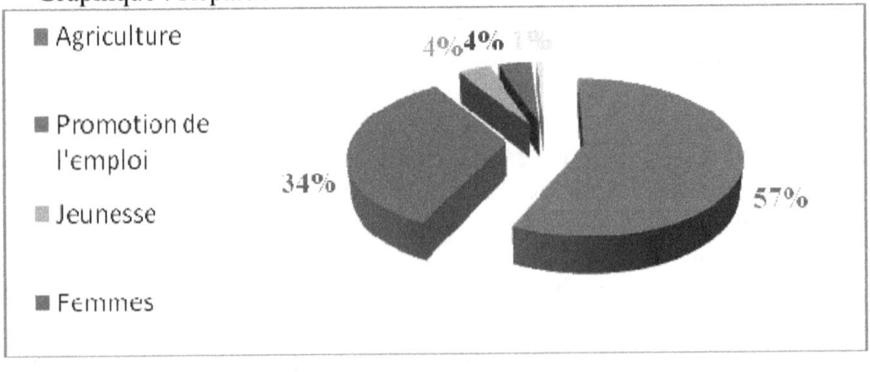

Dans le domaine du logement et du cadre de vie, l'objectif vise à améliorer le cadre de vie des populations et à permettre à chaque ménage ivoirien de disposer d'un logement décent. Dans cette optique, en ce qui concerne le logement, le Gouvernement met en place, avec le concours des bailleurs de fonds, un Projet d'Appui à la Politique de l'Habitat (PAPH), qui démarre à la fin de l'année 1997. Ce projet vise à mettre en place une réforme complète du secteur concernant le cadre législatif et réglementaire, ainsi que le financement et le fonctionnement des services administratifs concernés, afin de faciliter l'intervention des opérateurs privés et améliorer ainsi, de façon durable, les conditions de logement en Côte d'Ivoire. Par ailleurs, un certain nombre d'actions plus immédiates sont engagées

- pour les populations rurales : la production des logements dans le milieu rural, avec le concours du financement du Fonds de Soutien de l'Habitat (FSH), a raison de 1.000 unités par an. Cette production est restée faible par rapport aux besoins du monde rural. Pour l'année 1997, 1330 logements sont réalisés pour un coût total de 5 608 millions de F CFA ;
- pour les populations urbaines : la production de logements à Abidjan a été évaluée à 4.500 unités pour l'année 1997 face à un besoin annuel national de 40.000 logements dont 20.000 pour la seule ville d'Abidjan.

Au plan du cadre de vie et de l'aménagement du territoire, l'approche résolument volontariste du développement en Côte d'Ivoire s'est traduite, depuis l'indépendance, par de vastes programmes d'aménagement du territoire. La stratégie arrêtée a été conduite par « un Etat entrepreneur » tant dans la conception que dans la réalisation des projets. Des programmes d'urgence, des fêtes tournantes de l'indépendance, les fonds régionaux d'aménagement Urbain (FRAU), les fonds d'investissement et d'aménagement urbain (FIAU), les projets sectoriels de développement dans les régions (plans palmier, cocotier, hévéa, coton, sucre, soja), les projets de développement intégré tels que l'aménagement de la région du sud-ouest (ARSO), l'aménagement de la vallée du Bandama (AVB), les projets de développement intégrés de la région Nord-est et de la région Ouest, ont constitué autant de moyens stratégiques plus ou moins efficaces mis en œuvre depuis 1960 pour exécuter les plans de développement. Par ailleurs, il convient de mentionner les programmes spécifiques d'équipements routiers, aéroportuaires et touristiques.

Ce bref aperçu historique du financement du développement par le budget de l'Etat suggère que les budgets des gestions 2010, 2011 et 2012 se sont inscrits dans la même perspective.

II 2 Le financement du développement au titre des budgets des gestions 2010, 2011 et 2012

Le budget de chacune des gestions 2010, 2011 et 2012 a porté des orientations fortes en matière de financement du développement économique et social de la Côte d'Ivoire, tel qu'il ressort dans les exposés qui suivent.

II.21 Les axes de financement majeurs du développement au titre de la gestion 2010

En menant une analyse minutieuse des inscriptions budgétaires, il ressort nettement la volonté du gouvernement de financer le développement économique et social de la Côte d'Ivoire dans le budget de la gestion 2010. En effet, les dépenses financées sur les ressources intérieures enregistrent une hausse de 62,8 milliards, inhérente, à titre principal, certes au relèvement de la contrepartie des projets cofinancés en rapport avec l'évolution des financements extérieurs, mais également à l'augmentation des crédits alloués aux projets destinés aux actions de lutte contre la pauvreté. Cette hausse est imputable, par ailleurs, à l'augmentation des investissements financés par les ressources collectées auprès de la filière agricole pour constituer le Fonds d'Investissement en Milieu Rural (FIMR) qui cumule à 15 milliards au lieu de 10 milliards. Quant aux dépenses financées sur ressources extérieures, elles augmentent de 23,3 milliards par rapport à leur niveau de 84,5 milliards en 2009, afin d'intégrer le renforcement de la coopération avec les bailleurs de fonds et les montants des différents dons-projets, prêts-projets et dons-programmes qui l'accompagnent. Elles comprennent 10,6 milliards de dons projets, 75 milliards de prêts projets (dont 3 milliards destinés à la reconstruction des zones CNO) et 22,2 milliards de dons programmes pour le financement des actions de sortie de crise.

De manière générale, au titre du budget 2010, les inscriptions budgétaires en relation étroite avec le développement économique et social de la Côte d'Ivoire portent notamment sur les dépenses d'investissement et les dépenses prioritaires.

Les dépenses d'investissement fixées à 444,7 milliards, enregistrent une hausse de 86, 2 milliard par rapport à 2009. Cette évolution des crédits d'investissement traduit la volonté du gouvernement de poursuivre son programme de développement économique et social et malgré sa marge de manœuvre très réduite par le poids de la dette publique, des charges salariales et des actions de sortie de crise.

Les dépenses d'investissement sont financées à hauteur de 336, 9 milliards par les ressources intérieurs et 107, 7 milliard par les concours extérieurs. A l'intérieur de cette enveloppe, il convient de réserver la part des grands travaux d'investissement d'intérêt national qui s'inscrivent dans la poursuite des grands chantiers d'investissements. Leur coût s'élève à 40 milliards, au même niveau que celle de 2009, conformément aux engagements pris avec les institutions financières internationales. Au cours de l'exécution des travaux, des affectations budgétaires s'opèrent en fonction des priorités accordées aux différents chantiers.

Il est important de mentionner dans ce budget certains secteurs de premier plan dont le financement constitue des signaux forts de la volonté du

Gouvernement de financer le développement économique et social du pays. Il en est notamment ainsi des secteurs de l'éducation, de la santé, de l'amélioration des infrastructures de base, de l'agriculture et des ressources halieutiques, des dépenses de sécurité et de défense et de la politique de décentralisation. Toutes choses qui concourent au financement des dépenses inscrites au titre de la lutte contre la pauvreté.

Les crédits alloués à l'éducation qui se chiffrent à 609,4 milliards (5,3% du PIB) contre 536,6 milliards (4,9% du PIB) en 2009, couvrent les grands chantiers tels que l'acquisition des manuels scolaires, des kits scolaires et pédagogiques ainsi que la réhabilitation, la construction et l'équipement des infrastructures scolaires et universitaires. Ces crédits prennent en compte également les subventions allouées aux écoles privées pour couvrir les frais d'écolage des élèves boursiers de l'état qui y sont affectés.

Les autres dépenses ordinaires projetées à 636,7 milliards contre 563,3 milliard en 2009, enregistrent une hausse de 73,4 milliards. Cette hausse est essentiellement imputable au relèvement du niveau des subventions octroyées aux écoles privées pour la prise en charges des dotations courantes et d'une partie des arriérés, ainsi qu'à l'augmentation de la subvention allouée au secteur de l'électricité, confronté à un déficit structurel. La résolution de ce déficit par des mesures idoines à prendre par le gouvernement devrait réduire la contribution de l'état à ce secteur. Le relèvement des charges de fonctionnement des services justifient également cette augmentation des crédits. Ces dépenses comprennent par ailleurs les liées à la sortie de crise et les allocations attribuées aux enseignants bénévoles des zones centre, nord et ouest.

Au niveau de la santé, les dotations de 131,1 milliards (1,1% du PIB) inscrites en 2010 contre 118,9 milliards (1,1% du PIB) en 2009, visent à améliorer la couverture sanitaire sur l'ensemble du territoire. Ainsi, ces dotations sont destinées à renforcer le programme de vaccination et de lutte contre les endémies dans toutes les régions et à améliorer le plateau à travers la réhabilitation et l'équipement des structures sanitaires, afin de renforcer leur capacité d'intervention et permettre une meilleure prise en charge des populations. En outre, ces crédits intègrent le financement des actions de prévention contre le VIH/SIDA et l'amélioration des soins des personnes infectées.

Au plan de l'amélioration des infrastructures de base, le gouvernement poursuit ses efforts de renforcement des infrastructures socioéconomiques de base en y consacrant une dotation de 108,3 milliards contre 86 milliards en 2009. Les actions dans ce domaine portent sur l'assainissement et l'accès à l'eau potable pour 38,2 milliards, l'accès des populations à l'électricité pour 10,8 milliards.

Elles concernent également les travaux routiers et d'ouvrages d'art pour 34,5 milliards avec :

-2,7 milliards consacrés à l'entretien des pistes rurales ;

-5,6 milliards pour la construction d'ouvrages d'art dont le pont de Jacqueville ;

-26,2 milliards destinés aux travaux routiers tels que le prolongement de l'autoroute du Nord, le programme d'urgence infrastructures urbaines, le programme de reconstruction des routes dans les zones CNO, l'entretien des voiries urbaines et interurbaines.

Par ailleurs, une dotation de 10 milliards est prévue pour poursuivre les travaux de construction du 3e pont, en complément du montant de 10,9 milliards.

En ce qui concerne l'agriculture et les ressources halieutiques, les actions de promotion de l'agriculture et d'encadrement des exploitants sont financés à hauteur de 74,8 milliards contre 51,9 milliards en 2009 soit un taux d'accroissement de 44,1%. Ces actions sont misses en œuvre notamment à travers les projets d'appui au développement rural, de diversification agricole, de développement des ressources halieutiques, de gestion des terroirs et de l'équipement rural, les projets de soutien à la filière rizicole, d'appui aux petits producteurs maraîchers ainsi que les projets d'appui à l'élevage et à la production laitière.

Par ailleurs, un montant de 7 milliards est accordé à titre de subvention à la filière coton afin de soutenir les actions de développement de ce secteur.

Au titre des dépenses de sécurité et de défense, il faut noter qu'en marge des actions de sortie de crise et de lutte contre la pauvreté, le gouvernement maintient également au rang de ses priorités la sécurité et la défense qui bénéficient d'une dotation globale de 263 milliards contre 242,1 milliards en 2009.

Cette dotation comprend entre autres, la surveillance des frontières Ouest et Nord, la réhabilitation des casernes militaires et de police, l'acquisition de véhicules, et le programme spécial d'équipement des sapeurs pompiers militaires.

Concernant la politique de décentralisation, les actions des collectivités territoriales menées dans les secteurs autres que l'éducation, la santé et l'agriculture ainsi que leur charge de fonctionnement bénéficient d'une subvention de 31,1 milliards contre 32,4 milliards en 2009. Les crédits octroyés aux collectivités intégrant les opérations effectuées dans les secteurs de l'éducation, de la santé et de l'agriculture se chiffrent à 43,1 milliards comme en 2009.

Les actions ci-dessus déclinées constituent, toutes, des actions prioritaires en ce qu'elles prennent en compte l'ensemble des crédits de fonctionnement et d'investissement qui intègrent les actions de normalisation sociopolitique, les actions de lutte contre la pauvreté, la sécurisation des personnes et des biens et la poursuite des grands travaux. Dans cette optique, il est important, en ce qui concerne les actions de lutte contre la pauvreté, de souligner la volonté du gouvernement de maintenir au rang de ses priorités l'amélioration des conditions de vie des populations, traduite par l'allocation d'une dotation de 989,9 milliards contre 857,7 milliards en 2009. Cette affectation budgétaire est principalement consacrée aux secteurs de l'éducation, de la santé, du développement rural, des infrastructures de base et de la décentralisation. Par ailleurs, au regard du contexte de crise militaro-civile que la Côte d'Ivoire vit, les actions de développement économique se nourrissent également des actions de normalisation et de sortie de crise.

De ce point de vue, des crédits budgétaires sont prévus à hauteur de 112 milliards dont 86,8 milliards sont financés sur ressources intérieures et 25,2 milliards sur ressources extérieures. Ces crédits doivent couvrir les charges ci-après :

- L'organisation des consultations électorales pour un montant de 38,6 milliards dont 28 milliards pour la rémunération de l'opérateur SAGEM chargé de la mise en œuvre technique de l'opération d'identification des populations ;
- La mise en œuvre des engagements issus de l'accord IV de Ouagadougou pour 10 milliards ;
- La poursuite du programme de service civique et de réinsertion pour 10,2 milliards dont 7,2 milliards financés sur ressources extérieures ;
- L'achèvement du paiement des arriérés de primes de front à hauteur de 16,3 milliards ;
- La poursuite du Programme National de Réhabilitation et de Réinsertion Communautaire pour 3 milliards ;
- L'opérationnalisation du Centre de Commandement Intégré à hauteur de 4 milliards ;
- L'achèvement du Programme de Redéploiement de l'Administration pour 4 milliards ;
- Le Programme de Reconstruction des zones CNO pour 4 milliards dont 3 milliards de financement extérieur ;
- Le Programme d'Assistance Post-Crise à hauteur de 15,1 milliards financés sur ressources extérieures ;
- Le financement des partis politiques pour 2,1 milliards ;
- Le Programme National de Reconstruction pour 1 milliard ;
- Et les autres actions de sortie de crise prévues à hauteur de 3,7 milliards.

Les efforts portés par le budget de la gestion 2010 sont poursuivis dans le budget adopté au titre de la gestion 2011 ainsi qu'il ressort des développements ci-après.

II 22 Les axes de financement majeurs du développement au titre de la gestion 2011

Dans l'optique d'une analyse minutieuse du budget 2011, il ressort clairement que bien qu'il ait été conçu dans un contexte particulièrement difficile, il traduit nettement la volonté du gouvernement de restaurer la normalisation sociopolitique et de relancer l'activité économique. Il intègre ainsi les défis majeurs de développement économique et social de l'heure que sont la consolidation de la paix, la sécurisation de l'ensemble du territoire, des personnes et des biens et le soutien au secteur privé.

Le budget 2011 comporte des axes prioritaires, c'est-à-dire outre le service de la dette, des dépenses qui concourent à la normalisation de la situation sociopolitique, à la réduction de la pauvreté et au renforcement de la sécurité des personnes et des biens. Au titre des actions prioritaires du gouvernement inscrites dans le projet de budget de la gestion 2011, il convient donc de noter les actions orientées vers la normalisation de la situation sociopolitique à travers la consolidation de la paix sociale, le renforcement de la sécurité des personnes et des biens, la poursuite des actions de lutte contre la pauvreté et les autres actions de développement.

Les actions de lutte contre la pauvreté concernent les dépenses pro-pauvres. Elles sont programmées à hauteur de 840,1 milliards et intègrent 45 milliards du Programme Présidentiel d'Urgence, visant à renforcer les actions déjà en cours dans les secteurs de la santé, de l'éducation, de l'hydraulique, de l'électrification et de la salubrité. Ces actions s'étendent également aux secteurs des affaires sociales, du développement rural, des ressources halieutiques, des infrastructures de base et de la décentralisation.

Malgré les marges budgétaires réduites par le service de la dette publique, le budget 2011 consacre 840,1 milliards, soit 27,5% du budget, à l'amélioration des conditions de vie des populations. Elles sont éclatées comme suit :

Tableau : dépenses pro-pauvres 2011

	Ordonnance 2011		
	Financement intérieur	Financement extérieur	Total
01 Agriculture et développement rural	36,7	4,6	41,3
02 Ressources Halieutiques et Production Animale	4,7	0,3	5,1
03 Éducation	512,6	3,3	515,9
04 Santé	108,7	0,0	108,7
05 Eau et Assainissement	18,1	4,8	22,9
06 Énergie	8,8	0,0	8,8

07 Routes et ouvrages d'art	13,1	21,9	35
08 Affaires Sociales	13,9	0,0	13,9
09 Décentralisation (hors éducation, santé et agriculture)	29,4	0,0	29,4
10 Reconstructions et réhabilitations	1,1	0,0	1,1
11 Autres domaines de lutte contre la pauvreté	57,8	0,0	57,8
Total	**805,0**	**35,1**	**840,1**

Le secteur de la santé bénéficie des crédits d'un montant de 108,7 milliards qui seront orientés vers les priorités du gouvernement parmi lesquelles l'on note le renforcement du cadre institutionnel du système de santé, de l'offre et de l'accessibilité aux soins avec la gratuité des actes de césarienne. Ces dotations permettent également l'amélioration du plateau technique et la consolidation des actes de prévention et de lutte contre les pathologies et les endémies.), le soutien au prix des médicaments et vaccins au titre des dépenses sociales ciblées (10,7 milliards) pour renforcer les actions de prévention et de prise en charge afin de contrer les épidémies qui pourraient survenir du fait des mouvements importants des populations

De ce qui précède, il est a noter que la somme de108,7 milliards, soit 0,8% du PIB sont affectés à ce secteur en vue de la couverture des dépenses de personnel, du renforcement du cadre institutionnel, du soutien aux prix des médicaments et vaccins, et de l'amélioration du plateau technique. En plus des dépenses de personnel prévues à 48,9 milliards, les crédits de ce secteur sont consacrés :

- au renforcement du cadre institutionnel et des moyens d'actions du système de santé en vue de l'amélioration des soins : 34,6 milliards ;
- à l'amélioration du plateau technique et à la consolidation des actes de santé et de lutte contre les pathologies et les endémies : 14,4 milliards ;
- au soutien au prix des médicaments et vaccins au titre des dépenses sociales ciblées : 10,7 milliards.

Les dotations consacrées au secteur de l'éducation se chiffrent à 515,9 milliards couvrant les principaux programmes tels que l'acquisition des manuels et kits scolaires ainsi que des kits et mallettes pédagogiques. Elles prennent en compte également le renforcement des moyens de fonctionnement et d'équipement des structures éducatives et la réhabilitation et la construction des infrastructures scolaires et universitaires. Ces dotations intègrent aussi les subventions allouées aux écoles privées et les frais d'installation et d'équipement des cantines scolaires. Au titre des interventions de l'Etat en faveur de l'école, il convient de marquer la subvention aux écoles privées à hauteur de 51,9 milliards en vue de la couverture des frais d'écolage des élèves boursiers qui y sont affectés. Le secteur de l'éducation : reçoit donc 515,9 milliards, soit 4,6% du PIB en vue de la couverture des charges salariales, des charges de fonctionnement des services, des couts de réhabilitations et de constructions des infrastructures scolaires et universitaires, des bourses et subventions aux écoles privées. Outre les charges salariales d'un montant de 337,5 milliards, ces crédits permettent de couvrir :

- les moyens de fonctionnement et d'équipement des structures éducatives : 77,3 milliards ;
- les manuels et kits scolaires ainsi que des kits et manuels pédagogiques : 5,- milliards ;
- les bourses, subventions aux écoles privées : 73,3 milliards ;
- l'extension et l'équipement des cantines scolaires : 1,4 milliards ;
- la réhabilitation et la construction des infrastructures scolaires et universitaires : 20,8 milliards ;
- la réhabilitation et la construction des infrastructures scolaires et universitaires : 20,8 milliards.

Les actions concourant à l'amélioration de l'accessibilité des populations à l'eau potable et à l'électricité sont dotées à hauteur de 16,8 milliards. Les actions de développement des infrastructures de base sont globalement dotées à hauteur de 53,7 milliards en vue de la poursuite de l'assainissement, du renforcement de l'accès à l'eau potable, de la poursuite des programmes d'électrification rurale et d'extension des réseaux urbains, du renforcement des routes et ouvrages d'art.

Les principales actions retenues concernent :

- la poursuite de l'assainissement et le renforcement de l'accès à l'eau potable : 9,9 milliards ;
- la poursuite des programmes d'électrification rurale et d'extension des réseaux urbains : 8,8 milliards ;
- le renforcement des routes et ouvrages d'art : 35 milliards se rapportant principalement à :

Entretien des pistes : 0,7 milliards ;

Construction d'ouvrages d'art : 7,3 milliards (pont de Jacqueville, et de la Marahoué) ;

Projet d'urgence infrastructures urbaines (13,6 milliards) ;

Aménagement de la route Boundiali-Tengrela-Mali : 4,3 milliards ;

Dotation au fonds de développement du transport routier : 1,5 milliards ;

Divers travaux d'entretien du réseau routier : 6,5 milliards.

Par ailleurs, le soutien au secteur électricité confronté à un déséquilibre financier est prévu à hauteur de 87,3 milliards. Ces interventions intègrent également la subvention au profit de la SIR dans le cadre de l'amélioration de sa marge de raffinage (8,2 milliards).

Le projet de budget 2011 porte une attention particulière au problème d'insalubrité et de protection de l'environnement avec une allocation de 8 milliards pour l'assainissement y compris l'aspect infrastructure avec la construction des centres de groupage pour la gestion des ordures ménagères et de 13 milliards pour la lutte contre la pollution. Les problèmes de salubrité publique et de protection de l'environnement sont donc budgétisés à hauteur de 13,1milliards pour couvrir les charges courantes et les programmes de gestion des ordures ménagères dans les grandes villes. Outre les charges salariales prévues à 9,4 milliards, les dotations inscrites sont destinées à prendre en compte notamment :

- l'étude institutionnelle et la politique sectorielle d'assainissement ;
- les programmes de gestion des ordures ménagères dans les grandes villes.

Le secteur des affaires sociales bénéficie d'un crédit de 14 milliards couvrant les actions de formation du personnel d'appui, de formation des femmes et d'équipement des orphelinats, pouponnière et centres sociaux. Par ailleurs, la couverture du déficit du régime de retraite de la CGRAE à hauteur de 30,4 milliards y est également inscrite.

Les travaux de renforcement et d'entretien des infrastructures routières sont dotés de 35 milliards devant servir à la construction et à l'entretien des pistes rurales et urbaines. Le développement du transport routier inscrit au rang des priorités du gouvernement, bénéficie d'une allocation budgétaire de 1,5 milliard.

Les secteurs de l'agriculture et des ressources halieutiques sont dotés à hauteur de 46,4 milliards pour couvrir les actions de promotion, d'encadrement et de formation. Ces actions sont mises en œuvre principalement au moyen des projets d'appui au développement rural, de diversification agricole, de gestion des terroirs et d'équipement rural et le FIMR. Ces dotations prennent en compte également l'appui à l'élevage, à la production laitière, à la pêche, à l'agriculture et à l'agriculture vivrière en vue d'accéder à l'autosuffisance alimentaire.

Le secteur du développement agricole et des ressources halieutiques est donc doté à hauteur de 46,4 milliards pour l'encadrement, la formation, la diversification et la promotion de l'agriculture, l'équipement rural et l'appui à l'élevage. Les principales actions inscrites dans ces secteurs, outre les charges salariales, s'élèvent à 6,6 milliards et concernent :

- l'encadrement, la formation, la diversification et la promotion de l'agriculture : 26,8 milliards ;
- l'équipement rural avec le fonds d'investissement en milieu rural : 10 milliards ;
- l'appui à l'élevage, la production laitière, la pêche, l'aquaculture : 2,8 milliards.

Dans le cadre du processus de décentralisation, les actions programmées par les collectivités décentralisées dans les secteurs, en dehors de ceux de l'éducation, de la santé et de l'agriculture, bénéficient d'une dotation de 29,5 milliards.

Le gouvernement consacre également 10,5 milliards à sa politique de réduction du chômage et de promotion de l'emploi jeune mis en œuvre à travers notamment le programme du service civique et réinsertion, le programme national de réhabilitation et de réinsertion communautaire, le fonds emploi jeune et le soutien aux actions de promotion de l'emploi menées par l'AGEPE. En outre, la promotion de l'emploi des jeunes et le développement du transport routier inscrits au rang des priorités du gouvernement, bénéficient chacun d'une allocation budgétaire de 1,5 milliard.

Outre les priorités de sortie de crise, de reconstruction et de lutte contre la pauvreté, le gouvernement poursuit les efforts d'investissement dans divers domaines économiques tout en renforçant les activités de sécurisation des personnes et des biens. Ainsi, le renforcement de la sécurité des biens et des personnes, de même que la justice, s'inscrit au rang des priorités du gouvernement. Des dotations de 223 milliards et 18,6 milliards sont inscrites pour accompagner les actions concourant à la consolidation de la cohésion et à la relance de croissance.

Les dépenses de sécurité et de défense sont évaluées à 223 milliards ventilées comme suit :

- Charges salariales : 159,5 milliards ;
- Autres dépenses : 63,5 milliards couvrant principalement :
  - Le renforcement de la surveillance des frontières ;
  - La réhabilitation des casernes militaires et de police ;
  - Le renforcement des moyens d'actions de ces entités ;
  - Le programme d'urgence sécurité.

Les actions de sortie de crise visent la consolidation de la paix sociale, imposent la poursuite du processus électoral et la mise en œuvre du volet militaire des Accords politiques de Ouagadougou. Le budget de l'Etat en tient compte et prévoit des financements à hauteur de 85 milliards dont 75,1 milliards sur les ressources intérieures et 9,8 milliards de concours extérieurs. Les principales composantes identifiées sont :

- Identification et élections générales : 35,6 milliards dont 16 milliards pour les élections ;
- Accords de Ouagadougou et volet militaire du processus de sortie de crise : 18,8 milliards ;
- PNRRC & CCI: 10,5 milliards ;

Assistance et reconstruction post-crise : 10,4 milliards soutenus par les concours extérieurs à hauteur de 9,8 milliards.

Tableau : dépenses de normalisation de la situation sociopolitique

DEPENSES	MONTANT		
	Trésor (1)	Finex (2)	TOTAL (3)=(1)+(2)
Effort de paix, Service Civique	21,9		21,9
Dont Programme service civique et réinsertion	2,5		2,5
Accords de Ouagadougou	10,0		10,0
PNRRC & CCI	10,5		10,5
Programme Redéploiement de l'Administration	0,5	0	0,5
Election	16	0	16
Identification	19,6		19,6
dont Rémunération opérateur technique (SAGEM)	16		16
Autres	6,6	9,8	16,4
dont Reconstruction zones CNO	0,5	4,0	4,5
Recasement VAN	3		3
TOTAL	75,1	9,8	84,9

Les actions de développement économique et social enregistrent également dans ce budget, à titre exceptionnel, l'élévation du niveau des charges de fonctionnement des services à 205,5 milliards afin de tenir compte des besoins de rééquipement des services suite aux pillages et destructions des édifices publics dans les zones de conflit. Elles comportent également, pour soutenir la reprise de l'activité économique, une enveloppe de 50 milliards pour financer diverses actions concourant à cet effet.

Les dépenses d'investissement cumulent à 340,1 milliards et sont financées sur ressources intérieures et extérieures comme suit :

- ressources intérieures : 247,8 milliards (72,8%) dont
- Programme Présidentiel d'Urgence : 45 milliards ;
- Transfert de la capitale et réhabilitation Hôtel Ivoire : 40 milliards
- Fonds d'investissement en milieu rural FIMR : 10 milliards ;
- Autres opérations de reconstruction et de développement : 152,8 milliards.

- ressources extérieures : 92,3 milliards (27,2%) dont
- Programme d'urgence infrastructures urbaines : 12,2 milliards (Banque Mondiale) ;
- Programme de renforcement des capacités et de modernisation des administrations financières et du plan financé de 4,1 milliards ;
- Construction du troisième pont : 23 milliards (BOAD, BIDC) ;

- Poursuite des travaux de l'autoroute du Nord (18,4 milliards OPED, BADEA et BOAD), du pont de Jacqueville (3,7 milliards OPED, BADEA et BOAD) et la reconstruction des zones CNO (4 milliards) et programme d'assistance d'urgence post crise (5,8 milliards) : 26,1 milliards (OPEP, BADEA, BOAD et BID);

De ce qui précède, il ressort donc que les dépenses d'investissement prévues à 340,1 milliards, sont financées principalement par les ressources intérieures à hauteur de 72,9%. Les dépenses financées par les ressources intérieures intègrent notamment 32,5 milliards de dépenses de sortie de crise portant essentiellement sur l'apurement partiel des arriérés dus à SAGEM (16 milliards), les opérations de restructuration de l'Armée nouvelle dans le cadre du centre de commandement intégré (10,5 milliards) et les opérations de désarmement des ex-combattants (4 milliards). Les dotations d'investissement comprennent également 40 milliards au titre des grands chantiers de l'Etat tels que les travaux du transfert de la capitale à Yamoussoukro, de finition de la réhabilitation de l'Hôtel Ivoire.

Les projets financés sur le Fonds d'investissement en milieu rural (FIMR) sont prévus à hauteur de 10 milliards. Le programme Présidentiel d'Urgence (43 milliards) qui couvre divers domaines de lutte contre la pauvreté est également pris en compte dans ces dotations. Par ailleurs, 119 milliards sont consacrés aux projets en cours. Ces projets portent sur la gestion, la construction, la réhabilitation et l'équipement des bâtiments administratifs, des résidences et chancelleries à l'étranger, la modernisation de l'administration, les infrastructures portuaires et routières, etc.

Les dépenses financées par les ressources extérieures prévues à 92,3 milliards comprennent :

- Les dons projets (14,6 milliards) intégrant 10,6 milliards au titre du programme d'urgence infrastructure urbaine, 1,4 milliard pour le programme de gouvernance et de développement institutionnel financés par la Banque Mondiale.
- Les emprunts projets (67,8 milliards) dont 4 milliards attendus de la banque Islamique de développement au titre de la reconstruction des zones CNO, 23 milliards attendus de la BOAD (15 milliards) et de la BIDC (8 milliards) pour la construction du troisième pont ;
- Les dons programmes (5,8 milliards) au titre du programme d'assistance d'urgence post conflit (PAPC) financé par la Banque mondiale.

A l'instar des précédents budgets, le budget de la gestion 2012 inscrit également des axes de développements majeurs.

II.23 Les axes de financement majeurs du développement au titre de la gestion 2012

En matière d'investissement, les dépenses sont, hormis celles inhérentes à la sortie de crise, prévues à 620,3 milliards, soit une hausse de 108,4% par rapport au budget 2011 et de 19,3% par rapport à celui de 2010. Cette augmentation repose notamment sur l'important besoin de reconstruction et de réhabilitation des infrastructures socioéconomiques de base dans le double but de réduire de manière significative les disparités sociales et de soutenir la croissance. Ces dépenses sont financées par les ressources intérieures à hauteur de 80,5% et à 19,5% par les concours extérieurs.

Les dépenses financées sur ressources intérieures sont estimées à 499,3 milliards, soit une hausse de 284 milliards par rapport à 2011 et de 236 milliards par rapport à 2010. Elles s'appliquent principalement aux opérations et actions suivantes :

- Les opérations du Programme Présidentiel d'Urgence (60 milliards);
- La contrepartie de l'Etat au financement de la construction du troisième pont pour 8 milliards, 42 milliards ayant été déjà pris en compte en.2011 ;
- Les actions de développement dans les zones rurales, financées par le Fonds d'investissement en Milieu Rural (FIMR) alimenté par une part de la fiscalité sur la filière café/cacao (10 milliards) ;
- La construction, la réhabilitation et l'acquisition de bâtiments administratifs (79,3 milliards) prenant en compte les chancelleries, les universités et grandes écoles, la justice et les CHU ainsi que les structures sanitaires spécialisées ;
- La construction et l'aménagement des voiries, hors Fonds d'Entretien Routier (29,8 milliards) ;
- Le renforcement du plateau technique des structures sanitaires ct la promotion de l'éducation-formation pour respectivement 13,4 milliard et 5,6 milliards ;
- divers programmes d'investissement prenant en compte le renforcement des infrastructures scolaires, routières, sanitaires et les voies urbaines et rurales, le renforcement des capacités, pour un montant cumulé de 270 milliards ;
- Les dépenses d'investissement financées par les concours extérieurs prévus à 120,9 milliards sont constituées des emprunts projets à hauteur de 78,7 milliards et de dons projets pour 42,2 milliards. Ces financements concernent notamment ;
- La construction du troisième pont (19 milliards):
- Le Programme d'urgence d'infrastructures urbaines (15 milliards):
- L'aménagement du bassin du Gourou (5 milliards) ;
- Les projets d'aménagement hydro-agricole et d'appui au développement rural (26,1. milliards) :

- les projets d'aménagement et d'entretien routier (32 milliards) ;
- Le programme de renforcement de capacités 2,1 milliards ;
- Le projet d'électrification rural de 23 localités (2 milliards) ;
- Les projets de développement de l'enseignement-formation (2,3 milliards).

En vue de prendre en compte la consolidation de la paix sociale et de la normalisation de la situation sociopolitique à travers la poursuite du processus électoral, il est prévu le financement d'actions post-crise à 55 milliards contre un niveau de 90,2 milliards exécuté en 2011.Ces actions sont financées essentiellement sur les ressources intérieures à hauteur de 45 milliards. Elles couvrent notamment :

- Le programme du service civique (2,5 milliards) ;
- La poursuite du volet militaire des accords de Ouagadougou (10 milliards) ;
- L'apurement des arriérés de rémunération de SAGEM (12,7 milliards) ;
- L'organisation des échéances électorales locales (6 milliards) ;
- La poursuite de la réinsertion des ex-combattants (4 milliards);
- Les engagements liés au redéploiement des fonctionnaires et agents de l'Etat sur toute l'étendue du territoire (5. milliards).

Au titre des actions prioritaires, dans la poursuite de la mise en œuvre de programme du gouvernement, plusieurs actions sont prises en compte. Elles visent la poursuite des opérations de lutte contre la pauvreté, le renforcement de la sécurité des personnes et des biens et le développement des activités économiques.

Dans le domaine des dépenses de lutte contre la pauvreté, les dépenses pro-pauvres sont programmées à hauteur de 980 milliards, soit 7,9% du PIB en 2012 contre 7,8% en 2010, traduisant ainsi la volonté du gouvernement de répondre aux aspirations profondes de bien être des populations. Cette dotation intègre 60 milliards au titre du Programme Présidentiel d'Urgence, qui vient en renforcement des actions menées au sein des ministères techniques. Ces opérations couvrent les services des secteurs de l'éducation, de la santé, de l'agriculture et des ressources halieutiques, des infrastructures de base et assainissement ainsi que de la décentralisation.

Les dotations consacrées au secteur de l'éducation cumulent à 628,6 milliards, soit une hausse de 18,9% par rapport au budget 2011. Elles concernent les principaux programmes découlant du DSRP. Les opérations prises en compte se rapportent principalement à la poursuite de l'important programme de réhabilitation des universités qui a démarré en 2011 avec une dotation de 16 milliards et bénéficie de 15 milliards en 2012. Elles couvrent également la construction et la réhabilitation des infrastructures scolaires, l'acquisition de manuels et kits scolaires ainsi que de mallettes pédagogiques. Ces crédits s'appliquent aussi au renforcement des moyens de fonctionnement et d'équipement des structures éducatives ainsi qu'aux subventions aux écoles privées. Il est également prévu la poursuite du programme des cantines scolaires avec une dotation de 2,4 milliards afin de compenser le retrait du Programme Alimentaire Mondial de ce projet.

Le secteur de la santé bénéficie de 138 milliards, soit une augmentation de 14,7% par rapport au budget 2011. Les principales actions des programmes de ce secteur concernent le renforcement du cadre institutionnel du système de santé à travers la reconstitution de l'information sanitaire, l'élaboration de la carte sanitaire nationale et l'amélioration des méthodes de contrôle de gestion. Ces actions s'étendent également au renforcement de l'offre et de l'accessibilité aux soins à travers l'amélioration du plateau technique, la consolidation des actes de prévention et de lutte contre les pathologies et endémies ainsi que la gratuité des actes césarienne.

Le secteur des affaires sociales dispose de crédits de 14,1 milliards destinés à l'équipement des orphelinats, pouponnières et centres sociaux ainsi qu'à la formation du personnel d'appui.

Les secteurs de l'agriculture et des ressources halieutiques reçoivent 46,1 milliards pour la couverture des actions de promotion, d'encadrement et de formation. Ces actions sont mises en œuvre principalement au moyen des projets d'appui au développement rural, de diversification agricole, de gestion des terroirs et d'équipement rural. Elles s'étendent également à l'appui à l'élevage, à la production laitière, à la pêche, à l'aquaculture et à l'agriculture vivrière, en vue d'assurer l'autosuffisance alimentaire.

Les besoins de renforcement et d'entretien des infrastructures routières sont couverts à hauteur de 47,1 milliards, destinés à la construction et à l'entretien des pistes et du réseau routier, abstraction faite des financements du fonds d'entretien routier.

Le budget 2012 accorde une attention particulière au problème d'assainissement et d'accessibilité à l'eau potable et à l'électricité avec une inscription de 56,9 milliards qui couvre notamment, la construction des centres de groupage pour la gestion des ordures ménagères et l'opération de renflouement de la décharge d'Akouédo.

En vue de la poursuite de la politique de décentralisation, les actions programmées dans les secteurs autres que ceux de l'éducation, de la santé et de l'agriculture, sont couvertes à hauteur de 32,1 milliards.

Le budget 2012 prévoit 13,4 milliards consacrés au programme du service civique et réinsertion, au programme national de réhabilitation et de réinsertion communautaire, à la constitution du fonds emploi jeune et au soutien des actions de promotion de l'emploi menées par l'AGEPE, dans le cadre de la politique de réduction du chômage et de promotion de l'emploi jeune du Gouvernement

Hormis ces priorités de reconstruction et de lutte contre la pauvreté, le Gouvernement poursuit d'autres actions prioritaires dans divers domaines économiques en renforçant les activités de sécurisation des personnes et des biens ainsi que celles visant l'amélioration du système judiciaire. Ces actions participent à l'amélioration du climat des affaires et bénéficient de dotations respectives de 279 milliards et 36,6 milliards. Ces crédits sont consacrés notamment au programme d'urgence sécurité, à la surveillance des frontières et à la réhabilitation des casernes militaires et de police ainsi qu'au renforcement des moyens d'actions des services. Elles prennent en compte également la réfection et le réaménagement de maisons d'arrêt ainsi que de nouvelles constructions au profit des activités du système judiciaire.

L'analyse de l'évolution du budget par grandes inflexions de 1960 à 2011 permet de mieux comprendre les ressorts profonds qui ont sous-tendu les actions du Gouvernement ivoirien durant toute cette période.

II.24 Analyse de l'évolution du budget de l'Etat par grandes inflexions de 1960 à 2011

Le budget élaboré par la Côte d'Ivoire indépendante depuis 1960 répond aux mêmes préoccupations d'amélioration des conditions de vie des populations et de développement économique et social du pays. En effet, les différents budgets élaborés depuis l'accession de la Côte d'Ivoire à la souveraineté nationale et internationale poursuivent l'objectif principal qui consiste à permettre à l'Etat d'assurer ses missions essentielles, notamment la couverture des salaires et le fonctionnement de l'Etat. Ouverts sur l'environnement de leur élaboration, Ils intègrent également d'autres besoins, en l'occurrence, les besoins en matière de défense et de sécurité et les questions humanitaires, ainsi que les priorités de reconstruction et de relance économique du pays. Il en est également ainsi de l'effort d'apurement des arriérés de paiement dus aux fournisseurs nationaux et des charges de la dette due aux institutions multilatérales de développement.

Force est de constater, en la matière, que depuis l'accession de la Côte d'Ivoire à la souveraineté nationale et internationale, le volume budgétaire s'est régulièrement et considérablement accru, passant de 24,7 Milliards en 1960 à 3050,3 Milliards en 2011 tel que le traduisent les statistiques de son évolution de 1960 à 2011. Et ce, en dépit des effets dévastateurs sur l'économie de la dévaluation du franc CFA survenue en janvier 1994. Par ailleurs, pour épouser l'air du temps depuis la crise politico-militaire de Septembre 2002 et caractériser le budget en vigueur selon l'optique qui a prévalu lors de son élaboration, des terminologies nouvelles sont apparues, surtout ces cinq dernières années. Ainsi, successivement, de 2001 à 2005, le budget était sécurisé, d'assainissement, de sauvetage, de normalisation et de stabilisation.

Selon l'approche historique suivie de 1960 à 1968, il ressort que le budget général était composé uniquement du budget général de fonctionnement (BGF) et que celui-ci contenait le budget annexe. De 1969 à 1998, le budget spécial d'investissement et d'équipement (BSIE) a été instauré, avec une nette séparation du BGF. De 1999 à 2011, un seul document présente le budget global, appelé encore loi des finances. Il comprend, à la fois, le BGF, le BSIE et le budget annexe.

Tableau d'évolution des budgets de 1960 à 2011 et analyse des inflexions majeures

Année	Budget de fonctionnement (milliards fca)	Budget spécial d'investissement et d'équipement (milliards fcfa)	Budget annexe (milliards fcfa)	Budget global (milliards fcfa)
1960	24,7			24,718
1961	27,2			27,27
1962	26,7		0,442	27,213
1963	27,4		0,55	28,046
1964	29,3		0,951	30,304
1965	31,8		0,104	31,979
1966	36,3		0,538	36,838
1967	39,8		0,0661	40,461
1968	43,2		7,227	50,427
1969	46,5	27,2	4,489	78,213
1970	57	44,1	7,87	108,97
1971	62,7	41,6	6,45	110,848
1972	68,2	34,9	7,135	110,274
1973	81,7	36,9	7,028	126,795
1974	97,7	44,2	15,486	157,483
1975	126,8	54	4,551	185,392
1976	140,2	60,1	0,005	200,348
1977	198,3	245	5,552	448,926
1978	223,2	257,2	8,707	489,126
1979	277,4	239,4	8,082	524,948
1980	338,4	312,8	9,405	660,649
1981	376	380,5	4,5	761,037
1982	420,7	300,9	4,68	726,33
1983	435,2	240,6	10,165	686,065
1984	428,8	239,1	15,394	663,353
1985	418,1	109,9	7,847	535,959
1986	466,6	153,8	8,699	596,183
1987	480,9	154,8	5,65	632,509
1988	493,5	149,4	9,932	652,88
1989	483,3	102,8	8,31	594,506

1990	489,8	129,5	8,765	628,143
1991	449,8	112,4	1,154	563,439
1992	442,5	119,2	236,602	798,436
1993	442,5	142	177,266	761,773
1994	422,3	222,7	229,985	875,013
1995	560	263,6	322,836	1146,459
1996	1394,1	359,7	298,947	2052,5
1997	1356,1	430	166,948	1953,048
1998	1444,9	473	105,476	2023,406
1999	1454,8	497,6		1952,486
2000	1507,9	409,1		1917,14
2001	1047,4	241,7		1289,116
2002	1574,9	371,7		1946,643
2003	1271,1	244,1		1515,353
2004	1719,7	267,5		1987,31
2005	1560,2	174,7		1734,972
2006	1965,3			1965,3
2007	1961,3			1961,3
2008	2129,1			2129,1
2009	2 464, 3			2 464, 3
2010	2 481,			2 481,
2011	3 050,3			3 050,3

De l'analyse du graphique de l'évolution du budget global de la Côte d'Ivoire de 1960 à 2011, cinq grandes inflexions émergent, en rapport avec les périodes successives allant de 1960 à 1981, de 1982 à 1993, de 1994 à 1998, de 1999 à 2005 et de 2006 à 2011.

De 1960 à 1981 : l'inflexion est celle d'une croissance continue, avec un volume agrégé qui passe de 24,718 milliards en 1960 à 761,037 milliards en 1981. Cette forte évolution du volume budgétaire traduit la marche des vingt et une glorieuses réalisée par l'Etat ivoirien depuis son indépendance. La part prépondérante des ressources intérieures dans le budget reflète la bonne santé de l'économie nationale, tout comme la hausse du budget spécial d'investissement et d'équipement (BSIE) qui passe de 60,143 milliards en 1976 à 380 milliards en 1981.

Cette bonne santé s'appuie, sur le plan économique, sur le boom des années 1976 et 1977, marqué par une forte production suivie d'une bonne commercialisation des cultures de rente que sont le café et le cacao. Sur le plan démographique, elle résulte du doublement de la population, qui est passée de 3,8 millions en 1960 à 8,4 millions en 1980. Elle a permis de consacrer une bonne partie des ressources engrangées au BSIE, qui en 1977, 1978 et en 1981, jouit de dotations supérieures à celles inscrites au BGF. Ces importants crédits du BSIE ont assuré le financement de plusieurs projets au cours de cette période. Ils ont, en effet, dans les années 1977, 1978 et 1981, permis l'initiation ou l'achèvement de plusieurs programmes d'investissement ou d'équipement dans les domaines agricole, routier, des télécommunications, de l'urbanisme, de l'habitat, de la santé, de la formation etc.

Le domaine agricole a enregistré le projet de développement de l'hévéa au sud ouest, le programme national de café cacao, la promotion de l'élevage au centre et au nord, la reconstruction des plantations des déplacés du barrage de Kossou, etc.

Le domaine du transport a été ouvert, entre autres travaux d'envergure, à l'exécution des projets routiers de renforcement dits urgence I et II ainsi qu'aux travaux d'extension de l'aéroport d'Abidjan.

En matière de télécommunication, de santé, d'urbanisme et d'habitat, plusieurs programmes de développement, d'études, de construction et de reconstruction ont été réalisés.

Les travaux de construction des centres de formation professionnelle et des centres universitaires de Bouaké ont constitué l'essentiel des projets initiés dans le domaine de la formation.

De1982 à 1993 : l'inflexion traduit une évolution budgétaire en dents de scie marquée par une faible amplitude. Cet état de fait traduit le contexte de crise économique née de la détérioration des cours des principales matières premières de la Côte d'Ivoire qu'est le binôme café et cacao. Cette crise va profondément affecter le BSIE qui, pendant les douze années qu'elle va durer, disposera de dotations budgétaires nettement en dessous de celles inscrites au profit du BGF. Elle prendra fin avec la dévaluation du franc CFA en janvier 1994. En ce qui concerne le budget annexe, il sera quasiment inexistant jusqu'en 1991. De 1992 à 1997, il prendra progressivement du volume mais en 1998, il est compris dans le BGF.

De 1994 à 1998 : l'inflexion traduit une croissance assez vigoureuse grâce aux effets induits par la politique de dévaluation du franc CFA. En effet, les mesures d'accompagnement mises en œuvre en cette occasion ont puissamment aidé à la remise à flot du budget de l'Etat, ainsi que l'appui financier des bailleurs de fonds et le redressement des cours mondiaux des produits de base. Cet environnement favorable a beaucoup contribué à la réorientation des deux principales variables de la croissance que sont les exportations et les investissements vers des tendances positives. Ainsi, les exportations, ouvertes dorénavant à la diversification, ont progressé à un rythme moyen de 14,7%, pendant que les investissements bénéficiaient de l'afflux de capitaux extérieurs, tant privés que publics, avec un bond net global de 5,1%. Cette embellie sera de courte durée car dès 1998, le rythme de la croissance va commencer à ralentir du fait, notamment, consécutivement à la crise asiatique, de la baisse drastique et prolongée des cours des produits de base.

De 1999 à 2005 : l'inflexion est marquée par un cycle budgétaire fortement perturbé d'une année à l'autre, avec des amplitudes relativement élevées en moyenne. Ces fortes perturbations sont nées au plan international, notamment, de la rupture intervenue entre le Gouvernement ivoirien et les bailleurs de fonds en fin d'année 1998, de la double montée du dollar américain et du prix du pétrole et de la baisse des cours des produits de base. Au plan national, l'environnement économique accuse le coup de la dégradation du climat sociopolitique.

De 2006 à 2011 : l'inflexion est marquée par une nette tendance à la hausse des inscriptions budgétaires. En effet, hormis le creux de 2007, l'orientation à la hausse des dotations sur cette période est remarquable. Ainsi, après avoir flirté avec le seuil des 2500 milliards en 2009 et 2010, le cap est résolument franchi en 2011 avec un budget qui culmine à 3050 milliards de francs cfa, une première. En 2006, le gouvernement adopte le budget de relance à hauteur de 1965,3 milliards, traduisant ainsi son espoir dans une sortie de crise très proche. Le contexte est donc marqué, sur cette période, par la place de choix faite aux actions prioritaires de sortie de crise, que sont le désarmement, le redéploiement de l'administration, l'identification et l'organisation des élections. L'environnement économique est d'autant plus favorable que l'heure est au dialogue direct entre les ivoiriens et à la signature des accords de Ouagadougou. Ce qui marque de nouveaux progrès dans les efforts engagés pour la restauration de la paix et de l'unité en Côte d'ivoire. Ces progrès vont donner un nouvel élan à la normalisation économique et financière et à la réalisation des chantiers de reconstruction nationale. Dans ce contexte favorable, le budget sera bâti, de 2006 à 2011, sur une hypothèse de croissance du PIB. Son élaboration va donc traduire, sur cette période, l'espoir d'aboutissement du processus de sortie de crise et de relance de l'économie ivoirienne.

En conclusion, il ressort que les fondamentaux relativement solides de l'économie ivoirienne lui ont permis, avec plus ou moins de succès, de résister aux fortes perturbations qu'elle a connues, notamment les crises économiques des années 1980-1990, la dévaluation du franc cfa et la suspension de l'intervention des bailleurs de fonds à partir du coup d'Etat de 1999. Toutes choses qui ont conduit les gouvernements successifs à garder, sous certaines réserves, le cap en matière budgétaire. Il suit donc qu'avec une certaine rigueur, la Cote d'Ivoire peut financer son programme de développement sur la base des ressources propres dont elle dispose, sans pour autant jeter les partenaires au développement aux orties.

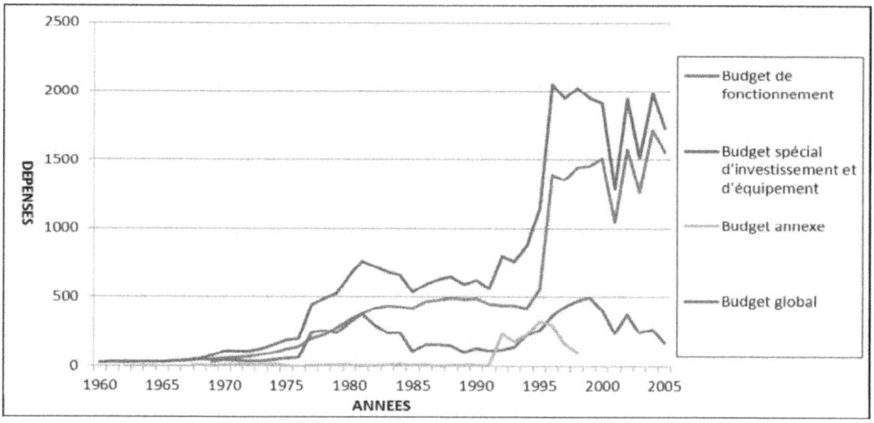

II.25 Analyse par année de l'évolution budgétaire de 2000 à 2010 : Période de forte turbulence économique et de forte dégradation du climat socio-politique

Eu égard aux importants chocs imposés à l'économie ivoirienne dans la période allant de 2000 à 2010, l'analyse de l'évolution budgétaire en Côte d'Ivoire sur cette décennie s'imposait de manière presque incontournable. En effet, il importe de savoir les inscriptions budgétaires qui ont été portées pendant cette période en vue de permette à l'Etat de rester debout et de faire face à ses devoirs régaliens vis-à-vis des populations. Il s'agit d'une phase d'autant plus critique de l'évolution du budget que le principe de l'unicité de la caisse de l'Etat ne prospérait plus pendant que les charges à couvrir demeuraient quasiment à l'identique. La partition de fait du pays ne permettait pas aux services du Trésor, des Impôts et des Douanes de procéder au recouvrement des recettes dues auprès des opérateurs économiques et des populations installées dans les zones centre, nord et ouest. Ce qui constituait immanquablement un énorme manque à gagner en l'espèce. Si les retentissements de cet état de fait ont été durement ressentis sur les finances publiques dans les premières années, force est de convenir que progressivement le budget de l'Etat a commencé à retrouver des couleurs par la suite.

En effet, à partir de 2007 notamment, à la faveur du déclenchement du processus du dialogue direct entre les parties en conflit et de la signature des Accords de Ouagadougou, le climat général s'est quelque peu apaisé et l'environnement économique a connu une certaine embellie. Les budgets construits dans ce nouveau contexte ont donc porté des dotations remarquables en volume, contrairement à ceux qui avaient été élaborés de 2000 à 2006, affectés qu'ils étaient par l'environnement socio-économique fortement dégradé et les effets préjudiciables de la crise militaro-politique.

Les données qui ressortent du tableau dressé ci-dessous permettent d'appuyer les commentaires élevés ci-haut :

-Le budget de la gestion 2000 : 1780,9 milliards. Subissant les effets dévastateurs de la dégradation de la situation économique et de la suspension des relations avec les partenaires extérieurs, consécutivement à la crise sociopolitique, le budget adopté par ordonnance va s'équilibrer en ressources et en dépenses à 1780,9 milliards. Mais à l'épreuve des faits, en termes de réalisations, les ressources intérieures et extérieures (hors rééchelonnement) n'atteindront que 1201 milliards contre un objectif de 1459,5 milliards (hors rééchelonnement). Les dépenses seront exécutées à hauteur de 1732,6 milliards en vue de la couverture des charges de la dette (792,3 milliards), des dépenses ordinaires (732,2 milliards) et des dépenses d'investissement (208,2 milliards).

-Le budget de la gestion 2001 : 1289,1 milliards. Ce budget dit sécurisé, en ce qu'il est essentiellement assis sur des ressources intérieures (90%), est conçu dans un environnement politique peu serein et voté à hauteur de 1289,1 milliards. De ce fait, il accuse un gap initial de 35% par rapport à celui de l'année 2000. Toutefois, avec les modifications opérées ultérieurement en cours de gestion, le montant sera finalement porté à 1312,7 milliards. Si les réalisations de recettes intérieures se sont avérées satisfaisantes avec un montant 1217,8 milliards, soit un surplus de 45 milliards par rapport aux prévisions budgétaires, il n'en sera pas de même pour les ressources extérieures dont les montants mobilisés cumulaient à 71,1 milliards contre 139,8 milliards de prévisions. En ce qui concerne les dépenses, elles vont s'établir à 1242,9 milliards, avec 782,6 milliards consacrées aux dépenses ordinaires, 149,3 milliards aux dépenses d'investissements et 311 milliards au service de la dette.

-Le budget de la gestion 2002 :1946,6 milliards. Ce budget dit d'assainissement, va se construire dans un contexte relativement favorable à la reprise des relations de confiance entre l'Etat et ses différents partenaires au développement. Porté initialement à 1946,6 milliards, il sera corrigé à la hausse en cours de gestion pour cumuler à 2019,4 milliards. Au plan des réalisations, les ressources vont atteindre 1980 milliards dont 1398,2 milliards de ressources intérieures et 581,8 milliards de ressources extérieures. Il convient de noter que les prévisions au titre des ressources internes s'élevaient à 1447,3 milliards et que celles applicables aux ressources extérieures étaient estimées à 527,1 milliards. L'exécution des dépenses s'est élevée à 2001,2 milliards dont 721,3 milliards au titre de la dette, 1025,1 milliards au titre des dépenses ordinaires et 245,8 milliards au titre des dépenses d'investissement.

-Le budget de la gestion 2003 :1518,9 milliards. Ce budget dit de sauvegarde était destiné à sauvegarder les acquis, en termes de préservation des bases économiques et financières du pays et de réponses à apporter aux préoccupations essentielles des populations. A l'instar du budget dit de sécurité, il était essentiellement sur les ressources internes. En baisse initiale de 22% par rapport au budget de la gestion 2000, il sera corrigé en cours de gestion à 1619,5 milliards afin de tenir compte des exigences de la crise, notamment au plan militaire. Si l'exécution budgétaire a enregistré un niveau de recouvrement relativement satisfaisant des ressources à hauteur de 1385,4 milliards, soit un taux de réalisation de 85,5%, elle a plutôt révélé un dépassement de 97,2 milliards au niveau des dépenses ordinaires. Dans le même temps, le service de la dette n'a été honoré qu'à hauteur de 213,5 milliards contre 365,1 milliards de prévisions, pendant que les dépenses d'investissement cumulaient à 211,3 milliards.

-Le budget de la gestion 2004 : 1987,3 milliards. Ce budget appelé budget de normalisation avait pour mission essentielle d'accompagner le processus de normalisation du pays en aidant à la préparation du redressement et de la reconstruction du pays. Equilibré en ressources et en dépenses à 1987,3 milliards, l'exécution de ce budget sera compromise par les retards accusés dans le processus de normalisation. Ainsi, les ressources ne seront recouvrées qu'à hauteur de 1389,3 milliards, soit 70% des prévisions. Quant aux dépenses, elles seront exécutées à hauteur de 76% des prévisions, soit 1501,7 milliards. Elles sont constituées des charges du service de la dette publique pour 258,7milliards, des dépenses ordinaires pour 1060,3miliards et des dépenses d'investissement pour 182,7 milliards.

-Le budget de la gestion 2005 : 1735 milliards. Equilibré à 1735 milliards, soit 12,7% en retrait par rapport à 2004, ce budget dit de stabilisation, traduisait le contexte de crispation de l'environnement sociopolitique et de suspension prolongée des concours extérieurs. A l'exécution, les ressources ont été mobilisées à hauteur de1497, 4 milliards avec 1489,8 milliards de part revenant aux ressources intérieures et 7,6 milliards pour les ressources extérieures. Les dépenses ont été exécutées à hauteur de 1560,8 milliards pour couvrir le service de la dette à 313,5 milliards contre une prévision de 569,3 milliards, les efforts d'investissement à 145,1 milliards sur une prévision de 175,6 milliards et les dépenses ordinaires à 1012,3 milliards, soit un dépassement de 112,2 milliards par rapport aux prévisions.

-Le budget de la gestion 2006 : 1965,3 milliards. Le budget dit de relance porte sur 1965,3 milliards de crédits budgétaires. Confronté à l'attentisme des partenaires extérieurs du fait de la persistance de la crise, son exécution a été assez faible en ce qui concerne la mobilisation des ressources extérieures, alors que, dans le même temps, le niveau des dépenses exécutées restait très élevé. En effet, le niveau de recouvrement de 1731,5 milliards des ressources, soit une plus-value de 195,5 milliards par rapport aux prévisions, n'a pu être possible que grâce aux mobilisations de ressources sur le marché financier régional. Pendant ce temps, les dépenses ont été exécutées à hauteur de 1736,9 milliards en vue, essentiellement, de la couverture des charges du service de la dette (324 milliards), des dépenses ordinaires (1177,5 milliards) et des dépenses d'investissement (235,4 milliards).

-Le budget de la gestion 2007 : 1961,3 milliards. Culminant à 1961,3 milliards, ce budget sera adopté par ordonnance dans un contexte de réel espoir dans la sortie de crise. En effet, marqué par le dialogue direct entre les ivoiriens, il accorde une nette prééminence aux actions prioritaires de sortie de crise que sont, notamment, le désarmement, le redéploiement de l'administration, l'identification et l'organisation des élections. Dans ce budget de l'espoir, les ressources intérieures cumulaient à 1553 milliards, soit 79,2% des ressources totales, pendant que les concours extérieurs étaient estimés à 408,3 milliards, soit une baisse de 21 milliards par rapport au niveau de 2006. Au titre des dépenses, 545,7 milliards devaient être consacrés au service de la dette, 1106,5 milliards aux dépenses d'investissement et le reliquat aux dépenses ordinaires.

-Le budget de la gestion 2008 : 2129,1 milliards. Ce budget va bénéficier du climat général apaisé consolidé grâce à la signature des accords complémentaires de Ouagadougou. En effet, ce nouvel élan impulse de nouveaux progrès dans les efforts entrepris en vue de la restauration de la paix et de l'unité en Côte d'ivoire. Un vent nouveau souffle ainsi en faveur de la normalisation économique et financière. Toutes choses qui profitent à ce budget bâti sur une hypothèse de croissance du PIB de 2,9% et dont l'équilibre dépasse, pour la première fois, le seuil des 2000 milliards.

-Le budget de la gestion 2009 : 2464,3 milliards. Ce budget qui s'équilibre en ressources et en charges, à la somme de 2 464,3francs CFA est conçu dans un contexte économique national favorable. En effet, même si l'économie mondiale s'est contractée avec un taux de croissance négatif de 1,1%, suite à la crise financière internationale et que l'effet de contagion de cette crise devrait ralentir la croissance économique au sein de l'UEMOA pour se situer à 3% du fait, notamment, de la contraction de la demande extérieure des produits d'exportation, au plan national, la consolidation de la paix sociale et le rétablissement des relations avec les partenaires au développement constituaient des antichocs sérieux à l'impact de ladite crise.

Par ailleurs, les résultats probants de la mise en œuvre du programme économique et financier du Fonds Monétaire International et la bonne tenue de l'ensemble des secteurs ont impulsé une orientation assez favorable de l'activité économique vers la réalisation de l'objectif de croissance de 3,7% prévu pour cette année.

Dans ce budget, les recettes intérieures sont estimées à 1958,7 milliards fcfa et les recettes extérieures à 505,5 milliards fcfa. Les inscriptions budgétaires au titre des dépenses prévoient 769,4milliards fcfa en ce qui concerne la dette publique, 1364,5 f cfa pour les dépenses ordinaires et 329,3 milliards fcfa pour les dépenses d'investissement.

-Le budget de la gestion 2010 : 2481 milliards fcfa. Ce budget a été construit dans un contexte ou le taux de croissance économique était projeté à 4% contre 3,7% réalisé en 2009. Cet environnement favorable tenait notamment au renforcement de la coopération financière internationale accompagnée de la consolidation des retombées financières attendues, suite aux efforts déployés par le gouvernement en matière de gestion des finances publiques et de réformes sectorielles conformément au programme économique et financier appuyé par la Facilité pour la Réduction de la Pauvreté et pour la Croissance (FRPC) .Il intégrait également la bonne tenue des secteurs secondaire et tertiaire ainsi que la normalisation de la situation sociopolitique. En effet, ce budget s'inscrivait dans un contexte sociopolitique marqué par un retour définitif à la paix grâce à l'implémentation des résolutions de l'Accord Politique de Ouagadougou.

Le niveau des ressources de ce budget a été fixé à 2 481 milliards, constitués à 86,7% de ressources intérieures et à 13,3% de ressources extérieures. Les charges s'élèvent à 2 481 milliards et comprennent le service de la dette publique pour 21,8%, les dépenses de personnel pour 32,8%, les dépenses de fonctionnement pour 27,4% et les dépenses d'investissement pour 17,9%.

Graphique : Evolution du budget de l'Etat de 2000 à 2008

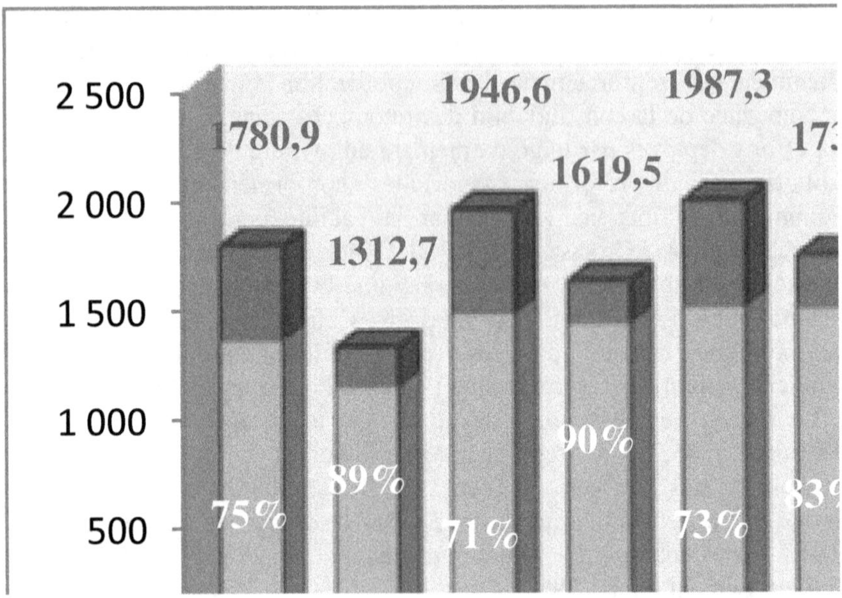

Graphique : Comparaison des composantes du budget de 2008 à 2011

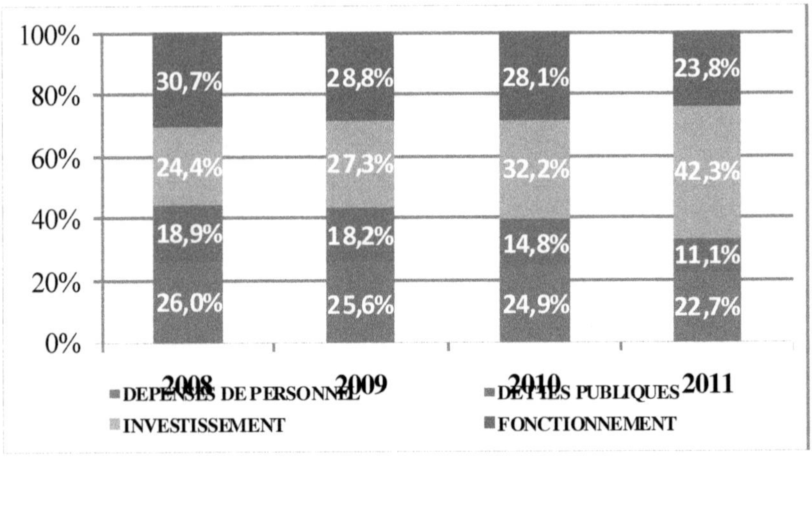

Graphique : Evolution comparée des dépenses de fonctionnement et

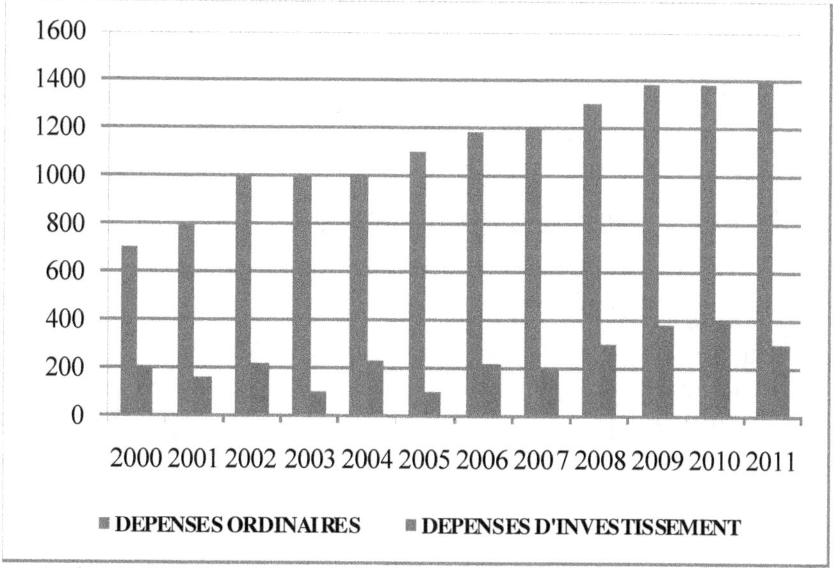

Source des 3 tableaux : Revue Economique et financière du ministère de l'économie et des finances

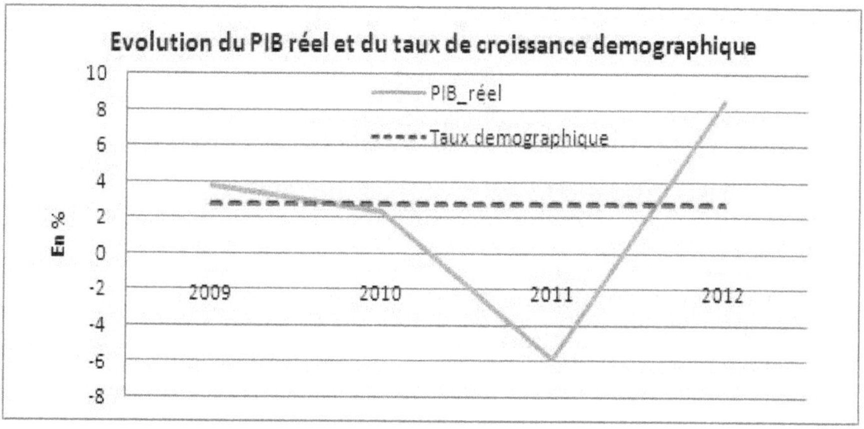

Source : Direction Générale de l'Economie/Direction de la Conjoncture et de la Prévision Economique (DGE/DCPE)

Tableau 1 : Répartition du PIB par activités en 2012

	Primaire	Secondaire	Tertiaire	Non Marchand	PIB Total
Croissance du PIB (%)	2,5	12,6	13,7	3,8	8,5
Poids dans le	31,6	20,5	33,9	14 ,1	100

PIB(%)					
Contribution des secteurs à la croissance du PIB	0,8	2,6	4,6	0,5	8,5

Source : DGE/DCPE

Tableau 2 : Répartition du PIB par activités en 2011

	Primaire	Secondaire	Tertiaire	Non Marchand	PIB Total
Croissance du PIB (%)	1,7	-9,7	-12,7	3,9	-5,8
Poids dans le PIB(%)	28,8	21,6	36,7	12,9	100
Contribution des secteurs à la croissance du PIB	0,5	-2,1	-4,7	0,5	-5,8

Source : DGE/DCPE

Tableau 3 : Répartition du PIB par activités en 2010

	Primaire	Secondaire	Tertiaire	Non Marchand	PIB Total
Croissance du PIB (%)	0,5	4,7	2,7	2,0	2,4
Poids dans le PIB(%)	28,7	21,3	36,8	13 ,2	100
Contribution des secteurs à la croissance du PIB	0,2	1,0	1,0	0,3	2,4

Source : DGE/DCPE

Tableau 4: Concours extérieurs de 2009 à 2012

En milliards FCFA	2009 Réal	2010 Réal	2011 Est	2012 Prév
1. Multilatéraux		93,0	254,2	168,1
Banque mondiale	405 ,6	65,6	80,0	69,7
dont Appui	75,1	46 ,3	69,0	69,7
budgétaire	71,9	19,3	11,0	0,0
Dons programmé	3,2	27,4	121,7	96,3
FMI	82,6	0,0	52,5	2,1
BAD	247,9	0,0	52,5	0,0
dont Appui	64,0	0,0	0,0	2 ,1
budgétaire	183,9	0,0	229,6	0,0
Dons programme	0,0	0,0	229,6	0,0
2. Bilatéraux	0,0	89,4	71,3	115,8
AFD	113,2	0,0	2,0	0,0
3. Autres	0,0	0,0	0,0	0,0
UEMOA	10 ,4	41,1	19,2	37,1
Dons programme	49,5	48 ,3	17,3	78,7
Dons projets	53,3	0 ,0	32,8	0,0
Prêts projets	0,0			
Garantie AFD				
TOTAL	518,8	182,4	555,1	283,9

Source : DGE/DCPE

II.26 Présentation des dotations budgétaires des gestions 2011 et 2012 : budgets définitifs de sortie de crise et de relance économique et sociale

II.261 Présentation générale des dotations du budget 2011

Au titre du budget 2011, il convient de remarquer que c'est à l'issue du Conseil des Ministres du mercredi 22 juin 2011 que le Président de la République a signé l'ordonnance n°2011-121 du 22 juin 2011 portant le budget de l'Etat pour la gestion 2011. Ce budget adopté intègre l'hypothèse d'une croissance négative de l'économie ivoirienne de l'ordre de 6,3% et celle d'une amélioration progressive de la sécurité sur toute l'étendue du territoire national, d'une reprise progressive de l'activité économique et de la coopération avec les partenaires au développement. Les priorités inscrites dans ce budget 2011 portent sur la restauration de l'autorité de l'Etat sur toute l'étendue du territoire national, la restauration de la sécurité des personnes et des biens, la satisfaction des besoins sociaux immédiats des populations et le démarrage de certains investissements nationaux pour impulser l'activité économique et sociale.

Le budget 2011 s'équilibre en ressources et en dépenses à 3050,4 milliards, en hausse de 153,4 milliards, soit un taux d'accroissement de 5,3% par rapport au budget 2010.

Les ressources du budget reposent principalement sur les efforts de recouvrement des recettes intérieures qui représentent 68,4% des ressources budgétaires totales, soit 2 086,2 milliards. Ces prévisions sont composées des recettes fiscales représentant 58,3%, des emprunts sur marchés monétaire et financier à hauteur de 38,6% et des autres ressources intérieures pour 3,1%.

Les recettes fiscales constituent la principale composante des ressources intérieures, avec une projection de 1 216,3 milliards. La fiscalité intérieure prévue à hauteur de 663,1 milliards, comprend principalement l'impôt sur le bénéfice (hors pétrole) à 105,9 milliards, les revenus de pétrole et de gaz projetés à 224,1 milliards, les impôts sur les revenus et les salaires à 107,5 milliards, les impôts sur les revenus et capitaux mobiliers prévus à 21,6 milliards, la TVA prévue à 69,2 milliards, les droits d'enregistrement et de timbre à 82,5 milliards. Au plan des recettes de porte, elles sont prévues à 553,2 milliards et comprennent les taxes à l'importation attendues à 343 milliards, les droits et taxes à l'exportation prévus à hauteur de 210,3 milliards.

Au titre du recours aux marchés monétaire et financier, il est prévu une mobilisation de 804,6 milliards qui s'inscrit dans un mécanisme d'auto remboursement du principal des titres publics échus en 2011, les intérêts devant être remboursés à partir d'autres ressources intérieures.

Les prévisions des autres ressources intérieures sont fixées à 65,4 milliards.

Les ressources extérieures sont estimées à 964,2 milliards. Ces prévisions reposent sur les gains liés à la restructuration de la dette extérieure, les appuis budgétaires, les crédits adossés à l'allocation de DTS et le financement des projets et programmes, ainsi que les financements additionnels attendus dans l'hypothèse de la conclusion d'un programme économique et financier et des négociations de restructuration des échéances de dette de certains créanciers extérieurs.

Les dépenses du budget 2011 sont projetées à 3050,4 milliards et constituées du service de la dette publique pour 42,3%, des charges de personnel pour 23,8%, des autres charges de fonctionnement des services pour 22,7% et des dépenses d'investissement pour 11,2%.

Le service de la dette publique et les charges salariales représentent 66% de ce budget.

Le service de la dette publique est prévu à 1291,5 milliards et couvre l'ensemble des échéances 2011. Il connaît une hausse de 38,5% par rapport au budget de 2010, imputable à l'accroissement des échéances de remboursement des titres publics.

Le service de la dette intérieure est prévu à 914,2 milliards contre 477,8 milliards en 2010, soit une augmentation de 436,4 milliards. Cette progression est liée principalement au remboursement des titres publics prévu à 732,6 milliards contre 317 milliards en 2010, aux échéances de la dette due au secteur bancaire (81,5 milliards), à la dette due au secteur non bancaire pour 100,1 milliards.

Le service de la dette extérieure est projeté à 377,3 milliards, intégrant les échéances rééchelonnées, différées et annulées

Les dépenses ordinaires prévues à 1 418,9 milliards sont constituées des charges salariales, des dépenses d'abonnement et de consommation d'eau, d'électricité et de téléphone, des frais de fonctionnement des services et des autres interventions de l'Etat.

Les dépenses de personnel projetées initialement à 882,2 milliards dans une stratégie de maîtrise de la masse salariale à moyen terme, ont été révisées à 870 milliards.

Les dépenses d'abonnement et de consommation d'eau, de téléphone et d'électricité sont prévues à 46,3 milliards contre 43,3 milliards en 2010, soit une augmentation de 6,9%.

Les autres dépenses ordinaires, hors celles liées à la sortie de crise, sont prévues à hauteur de 602,8 milliards, couvrant le fonctionnement des services et les interventions de l'Etat au profit des institutions, organismes publics et parapublics. Les charges de fonctionnement des services bénéficient d'une dotation de 205,5 milliards pendant que les interventions de l'Etat sont évaluées à 397,4 milliards.

Les dépenses d'investissement sont prévues à 340,1 milliards. Elles sont financées principalement par les ressources intérieures à hauteur de 72,9% car les dépenses financées par les ressources extérieures ne sont prévues qu'à hauteur de 92,3 milliards.

Les tableaux de ventilation des dotations par ministères et par institutions qui suivent permettent de situer le poids budgétaire de chacune de ces structures dans le budget 2011.

DOTATIONS PAR MINISTERES ET INSTITUTIONS 2011				
DONNEES EN UNITES	TRESOR	DON	EMPRUNT	TOTAL
01 REPRESENTATION NATIONALE	**9 835 635 697**			**9 835 635 697**
Dépenses ordinaires	9 718 385 697			9 718 385 697
Dépenses d'abonnement	149 178 472			149 178 472

Autres dépenses de fonctionnement	398 897 725			398 897 725
Dépenses de personnel	9 170 309 500			9 170 309 500
Dépenses d'investissement	117 250 000			117 250 000
02 PRESIDENCE DE LA REPUBLIQUE	**38 057 473 059**			**38 057 473 059**
Dépenses ordinaires	28 804 732 420			28 804 732 420
Dépenses d'abonnement	2 408 880 949			2 408 880 949
Autres dépenses de fonctionnement	15 203 446 833			15 203 446 833
Dépenses de personnel	11 192 404 583			11 192 404 583
Dépenses d'investissement	9 262 740 639			9 262 740 639
03 CONSEIL ECONOMIQUE ET SOCIAL	**2 816 644 842**			**2 816 644 842**
Dépenses ordinaires	2 816 644 842			2 816 644 842
Dépenses d'abonnement	104 214 381			104 214 381
Autres dépenses de fonctionnement	2 240 961 924			2 240 961 924
Dépenses de personnel	0			
Dépenses d'investissement				
05 GRANDE CHANCELLERIE	**456 235 940**			**456 235 940**
Dépenses ordinaires	456 235 940			456 235 940
Dépenses d'abonnement	14 546 754			14 546 754
Autres dépenses de fonctionnement	144 567 046			144 567 046
Dépenses de personnel	297 122 140			297 122 140
Dépenses				

d'investissement				
06 PRIMATURE & SERVICES RATTACHES	**20 580 745 288**	**5 800 000 000**	**4 000 00 0 000**	**30 380 745 288**
Dépenses ordinaires	19 354 015 796			19 354 015 796
Dépenses d'abonnement	706 969 051			706 969 051
Autres dépenses de fonctionnement	9 146 520 777			9 146 520 777
Dépenses de personnel	9 510 525 966			9 510 525 966
Dépenses d'investissement	1 216 729 492	5 800 000 000	4 000 00 0 000	11 016 729 492
07 CONSEIL CONSTITUTIONNEL	**1 371 690 363**			**1 371 690 363**
Dépenses ordinaires	1 371 690 363			1 371 690 363
Dépenses d'abonnement	32 935 332			32 935 332
Autres dépenses de fonctionnement	505 421 698			505 421 698
Dépenses de personnel	833 333 333			833 333 333
08 MEDIATURE	**456 509 163**			**456 509 163**
Dépenses ordinaires	422 740 004			422 740 004
Dépenses d'abonnement	26 824 550			26 824 550
Autres dépenses de fonctionnement	325 091 121			325 091 121
Dépenses de personnel	70 833 333			70 833 333
Dépenses d'investissement	33 760 159			33 760 159
11 COMMISSION ELECTORALE INDEPENDANTE	**17 903 951 801 495**			**17 903 951 801 495**
Dépenses ordinaires	17 903 951 401			17 903 951 401

Dépenses d'abonnement	365 141 047			365 141 047
Autres dépenses de fonctionnement	16 035 143 687			16 035 143 687
Dépenses de personnel	1 503 666 667			1 503 666 667
Dépenses d'investissement	0			0
12 MINISTERE DE L'ECONOMIE ET DES FINANCES	**1 612 904 801 495**	**5 663 050 27 9**		**1 618 567 851 774**
Dette publique	1 291 452 285 453			1 291 452 285 453
Dette publique intérieure	914 195 18 3 012			914 195 183 012
Dette publique extérieure	377 257 10 2 441			377 257 102 441
Dépenses ordinaires	225 557 02 5 389			225 557 025 389
Dépenses d'abonnement	11 660 194 245			11 660 194 245
Autres dépenses de fonctionnement	183 340 15 0 456			183 340 150 456
Dépenses de personnel	50 556 680 688			50 556 680 688
Dépenses d'investissement	95 895 490 653	5 663 050 27 9		101 558 540 932
14 MINISTERE DES MINES DU PETROLE ET DE L'ENERGIE	**105 747 82 9 311**			**105 747 829 311**
Dépenses ordinaires	97 362 351 966			97 362 351 966
Dépenses d'abonnement	79 550 812			79 550 812
Autres dépenses de fonctionnement	96 028 914 691			96 028 914 691
Dépenses de personnel	1 253 886 463			1 253 886 463
Dépenses d'investissement				
15 MINISTERE	**118 469 65**			**118 469 657**

D'ETAT MINISTERE DE L'INTERIEUR	**7 648**			**648**
Dépenses ordinaires	111 216 842 634			111 216 842 634
Dépenses d'abonnement	3 954 957 850			3 954 957 850
Autres dépenses de fonctionnement	26 914 438 782			26 914 438 782
Dépenses de personnel	80 347 445 902			80 347 445 902
Dépenses d'investissement	7 252 815 014			7 252 815 014
16 MINISTERE DE LA FONCTION PUBLIQUE ET DE LA REFORME ADMINISTRATIVE	**9 979 079 544**			**9 979 079 544**
Dépenses ordinaires	9 439 914 768			9 439 914 768
Dépenses d'abonnement	265 101 045			265 101 045
Autres dépenses de fonctionnement	2 946 039 656			2 946 039 656
Dépenses de personnel	6 228 774 067			6 228 774 067
Dépenses d'investissement	539 164 776			539 164 776
17 MINISTERE D'ETAT, MINISTERE DE LA JUSTICE	**18 626 111 879**			**18 626 111 879**
Dépenses ordinaires	17 956 851 378			17 956 851 378
Dépenses d'abonnement	955 893 338			955 893 338
Autres dépenses de fonctionnement	3 635 539 051			3 635 539 051
Dépenses de personnel	13 365 418 989			13 365 418 989
Dépenses d'investissement	669 260 501			669 260 501

18 MINISTERE DE L'AGRICULTURE	**24 976 371 921**	**1 205 011 502**	**3 433 794 373**	**29 615 177 796**
Dépenses ordinaires	21 940 146 446			21 940 146 446
Dépenses d'abonnement	671 096 905			671 096 905
Autres dépenses de fonctionnement	16 989 452 646			16 989 452 646
Dépenses de personnel	4 279 596 895			4 279 596 895
Dépenses d'investissement	3 036 225 475			3 036 225 475
19 MINISTERE DE LA CONSTRUCTION DE L'ASSAINISSEMENT ET DE L'URBANISME	**11 967 240 579**	**529 200 000**		**12 496 440 579**
Dépenses ordinaires	9 694 217 829			9 694 217 829
Dépenses d'abonnement	2 569 425 956			2 569 425 956
Autres dépenses de fonctionnement	5 232 271 293			5 232 271 293
Dépenses de personnel	1 892 520 580			1 892 520 580
Dépenses d'investissement	2 273 022 750	529 200 000		12 496 440 579
20 MINISTERE D'ETAT, MINISTERE DU PLAN ET DU DEVELOPPEMENT	**4 883 118 746**			**4 883 118 746**
Dépenses ordinaires	3 020 575 514			3 020 575 514
Dépenses d'abonnement	19 905 395			19 905 395
Autres dépenses de fonctionnement	2 145 669 684			2 145 669 684
Dépenses de personnel	855 000 435			855 000 435

Dépenses d'investissement	1 862 543 232			1 862 543 232
21 MINISTERE DES INFRASTRUCTURES ECONOMIQUES	**45 890 940 409**	**10 782 397 506**	**57 065 3 95 481**	**113 738 733 396**
Dépenses ordinaires	6 991 575 939			6 991 575 939
Dépenses d'abonnement	446 062 782			446 062 782
Autres dépenses de fonctionnement	5 112 714 387			5 112 714 387
Dépenses de personnel	1 432 790 770			1 432 790 770
Dépenses d'investissement	38 899 364 470	10 782 397 506	57 065 3 95 481	106 747 157 457
22 MINISTERE DE L'EDUCATION NATIONALE	**362 349 52 8 553**		**3 300 81 0 146**	**365 650 338 699**
Dépenses ordinaires	336 323 62 3 322			336 323 623 322
Dépenses d'abonnement	2 706 275 018			2 706 275 018
Autres dépenses de fonctionnement	50 295 962 263			50 295 962 263
Dépensesde personnel	283 321 38 6 051			283 321 386 051
Dépenses d'investissement	26 025 905 221			26 025 905 221
24 MINISTERE DE LA SANTE ET LA LUTTE CONTRE LE SIDA	**116 956 17 4 217**			**116 956 174 217**
Dépenses ordinaires	91 282 168 788			91 282 168 788
Dépenses d'abonnement	5 450 404 841			5 450 404 841
Autres dépenses de fonctionnement	36 886 654 799			36 886 654 799
Dépenses de personnel	48 945 109 148			48 945 109 148

Dépenses d'investissement	25 674 005 429			25 674 005 429
25 MINISTERE D'ETAT, MINISTERE DES AFFAIRES ETRANGERES	**45 461 388 184**			**45 461 388 184**
Dépenses ordinaires	44 408 874 018			44 408 874 018
Dépenses d'abonnement	168 288 593			168 288 593
Autres dépenses de fonctionnement	17 990 310 916			17 990 310 916
Dépenses de personnel	26 250 274 509			26 250 274 509
Dépenses d'investissement	1 052 514 166			1 052 514 166
26 MINISTERE DELEGUE A LA DEFENSE AUPRES DU PREMIER MINISTRE	**152 229 93 1 406**			**152 229 931 406**
Dépenses ordinaires	145 944 99 1 976			145 944 991 976
Dépenses d'abonnement	5 381 584 065			5 381 584 065
Autres dépenses de fonctionnement	41 729 061 645			41 729 061 645
Dépenses de personnel	98 934 346 266			98 934 346 266
Dépenses d'investissement	6 284 939 430			6 284 939 430
27 MINISTERE DE LA COMMUNICATION	**7 312 359 455**			**7 312 359 455**
Dépenses ordinaires	5 358 192 788			5 358 192 788
Dépenses d'abonnement	186 328 952			186 328 952
Autres dépenses de fonctionnement	2 992 545 862			2 992 545 862
Dépenses de	2 179 317			2 179 317 974

personnel	974			
Dépenses d'investissement	1 954 166 667			1 954 166 667
28 MINISTERE DE L'ENVIRONNEMENT ET DU DEVELOPPEMENT DURABLE	**11 925 236 101**	**161 999 880**		**12 087 235 981**
Dépenses ordinaires	11 292 187 737			11 292 187 737
Dépenses d'abonnement	208 937 517			208 937 517
Autres dépenses de fonctionnement	1 364 103 405			1 364 103 405
Dépenses de personnel	9 449 146 815			9 449 146 815
Dépenses d'investissement	633 048 364	161 999 880		795 048 244
29 MINISTERE DU SPORT ET LOISIRS	**9 035 542 609**			**9 035 542 609**
Dépenses ordinaires	9 032 434 526			9 032 434 526
Dépenses d'abonnement	119 597 728			119 597 728
Autres dépenses de fonctionnement	4 940 771 458			4 940 771 458
Dépenses de personnel	3 972 065 340			3 972 065 340
Dépenses d'investissement	3 108 083			3 108 083
31 MINISTERE DES EAUX ET FORETS	**2 184 023 801**	**17 840 832**		**2 201 864 633**
Dépenses ordinaires	2 006 429 274			2 006 429 274
Dépenses d'abonnement	0			0
Autres dépenses de fonctionnement	2 006 229 274			2 006 229 274
Dépenses de personnel	200 000			200 000
Dépenses	177 594 52			177 594 527

d'investissement	7			
33 MINISTERE DE L'ENSEIGNEMENT SUPERIEUR ET DE LA RECHERCHE SCIENTIFIQUE	**103 306 270 899**			**103 306 270 899**
Dépenses ordinaires	100 626 395 558			100 626 395 558
Dépenses d'abonnement	5 237 874 622			5 237 874 622
Autres dépenses de fonctionnement	61 183 257 822			61 183 257 822
Dépenses de personnel	34 205 263 114			34 205 263 114
Dépenses d'investissement	2 679 875 341			2 679 875 341
34 MINISTERE DE L'ENSEIGNEMENT TECHNIQUE ET DE LA FORMATION PROFESSIONNELLE	**36 690 088 177**			**36 690 088 177**
Dépenses ordinaires	34 201 807 384			34 201 807 384
Dépenses d'abonnement	951 921 266			951 921 266
Autres dépenses de fonctionnement	14 210 605 790			14 210 605 790
Dépenses de personnel	18 539 280 328			18 539 280 328
Dépenses d'investissement	2 488 280 793			2 488 280 793
35 MINISTERE DE LA CULTURE ET DE LA FRANCOPHONIE	**5 193 769 511**			**5 193 769 511**
Dépenses ordinaires	4 921 084 050			4 921 084 050
Dépenses	117 727			117 727 054

d'abonnement	054			
Autres dépenses de fonctionnement	2 251 424 866			2 251 424 866
Dépenses de personnel	2 5512 922 140			2 5512 922 140
Dépenses d'investissement	272 685 45 1			272 685 451
37 MINISTRE DU COMMERCE	**3 821 170 143**			**3 821 170 143**
Dépenses ordinaires	3 310 194 644			3 310 194 644
Dépenses d'abonnement	367 070 170			367 070 170
Autres dépenses de fonctionnement	1 545 465 568			1 545 465 568
Dépenses de personnel	1 397 658 906			1 397 658 906
Dépenses d'investissement	510 975 49 9			510 975 499
38 MINISTERE DE L'INDUSTRIE	**2 824 650 093**			**2 824 650 093**
Dépenses ordinaires	2 096 540 139			2 096 540 139
Dépenses d'abonnement	95 138 497			95 138 497
Autres dépenses de fonctionnement	1 017 608 367			1 017 608 367
Dépenses de personnel	983 793 275			983 793 275
Dépenses d'investissement	728 109 95 4			728 109 954
39 MINISTERE DU TOURISME	**2 946 944 075**			**2 946 944 075**
Dépenses ordinaires	1 905 852 125			1 905 852 125
Dépenses d'abonnement	88 183 393			88 183 393
Autres dépenses de fonctionnement	1 817 668 782			1 817 668 782
Dépenses de personnel	0			0
Dépenses d'investissement	1 041 091 900			1 041 091 900

40 MINISTERE DES TRANSPORTS	**6 616 462 098**			**6 616 462 098**
Dépenses ordinaires	6 169 960 580			6 169 960 580
Dépenses d'abonnement	243 618 715			243 618 715
Autres dépenses de fonctionnement	2 746 768 908			2 746 768 908
Dépenses de personnel	3 179 572 957			3 179 572 957
Dépenses d'investissement	446 501 518			446 501 518
42 MINISTERE DE LA FAMILLE DE LA FEMME ET DE L'ENFANT	**13 165 889 509**			**13 165 889 509**
Dépenses ordinaires	12 611 694 875			12 611 694 875
Dépenses d'abonnement	326 630 093			326 630 093
Autres dépenses de fonctionnement	4 262 098 131			4 262 098 131
Dépenses de personnel	8 020 966 651			8 020 966 651
Dépenses d'investissement	554 194 634			554 194 634
45 MINISTRE CHARGE DES EX-COMBATTANTS ET DES VICTIMES DE GUERRE	**836 692 877**			**836 692 877**
Dépenses ordinaires	836 692 877			836 692 877
Dépenses d'abonnement	0			0
Autres dépenses de fonctionnement	836 692 877			836 692 877
Dépenses de personnel	0			0
Dépenses d'investissement	0			0

47 COUR SUPREME	**4 592 277 288**			**4 592 277 288**
Dépenses ordinaires	4 513 758 871			4 513 758 871
Dépenses d'abonnement	121 870 761			121 870 761
Autres dépenses de fonctionnement	713 937 016			713 937 016
Dépenses de personnel	3 677 951 094			3 677 951 094
Dépenses d'investissement	78 518 417			78 518 417
48 MINISTERE DES POSTES ET DES TECHNOLOGIES DE L'INFORMATION ET DE LA COMMUNICATION	**3 205 022 985**			**3 205 022 985**
Dépenses ordinaires	3 037 253 282			3 037 253 282
Autres dépenses de fonctionnement	2 961 344 554			2 961 344 554
Dépenses de personnel	75 808 728			75 808 728
Dépenses d'investissement	167 769 706			167 769 706
51 MINISTERE DES RESSOURCES ANIMALES ET HALIEUTIQUES	**4 755 375 662**	**340 500 601**		**5 095 875 863**
Dépenses ordinaires	3 726 804 231			3 726 804 231
Dépenses d'abonnement	61 449 510			61 449 510
Autres dépenses de fonctionnement	1 366 685 231			1 366 685 231
Dépenses de personnel	1 028 571 931	340 500 001		1 369 071 632
Dépenses d'investissement				

56 MINISTERE CHARGE DES DROITS DE L'HOMME ET DES LIBERTE PUBLIQUES	**1 699 479 628**			**1 699 479 628**
Dépenses ordinaires	1 699 479 628			1 699 479 628
Dépenses d'abonnement	355 986 495			355 986 495
Autres dépenses de fonctionnement	1 343 493 333			1 343 493 333
Dépenses de personnel	0			0
Dépenses d'investissement				
60 MINISETRE CHARGE DE L'INTEGRATIO N AFRICAINE	**566 410 748**			**566 410 748**
Dépenses ordinaires	566 410 748			566 410 748
Dépenses d'abonnement	0			0
Autres dépenses de fonctionnement	256 436 500			256 436 500
Dépenses de personnel	309 971 360			309 971 360
Dépenses d'investissement	0			
64 MINISTERE DE LA JEUNESSE ET SERVICE CIVIQUE	**620 629 640**			**620 629 640**
Dépenses ordinaires				
Autres dépenses de fonctionnement	610 629 640			610 629 640
Dépenses de personnel	610 629 640			610 629 640
Dépenses d'investissement	0			0
65 MINISTERE	**1 835 126**			**1 835 126 609**

DE L'ARTISANAT ET DE LA PROMOTION DES PME	**609**			
Dépenses ordinaires	1 730 298 268			1 730 298 268
Dépenses d'abonnement	1 181 016 171			1 181 016 171
Autres dépenses de fonctionnement	549 282 097			549 282 097
Dépenses de personnel	104 829 341			104 829 341
Dépenses d'investissement				
68 PARQUET GENERAL	**467 167 950**			**467 167 950**
Dépenses ordinaires	454 015 365			454 015 365
Autres dépenses de fonctionnement	217 740 598			217 740 598
Dépenses de personnel	236 266 667			236 266 667
Dépenses d'investissement	13 172 685			13 172 685
72 MINISTERE DE LA SALUBRITE URBAINE	**10 143 489 410**			**10 143 489 410**
Dépenses ordinaires	3 885 016 094			3 885 016 094
Autres dépenses de fonctionnement	3 131 819 801			3 131 819 801
Dépenses de personnel	753 196 293			753 196 293
Dépenses d'investissement	6 250 473 316			6 250 473 316
73 MINISTERE DE LA PROMOTION DU LOGEMENT	**601 453 599**			**601 453 599**
Dépenses ordinaires	201 076 465			201 076 465
Autres dépenses de	201 076			201 076 465

fonctionnement	465			
Dépenses de personnel	0			0
Dépenses d'investissement	400 377 134			400 377 134
74 MINISTERE D'ETAT ? MINISTERE DE L'EMPLOI DES AFFAIRES SOCIALES ET DE LA SOLIDARITE	**1 875 071 933**			**1 875 071 933**
Dépenses ordinaires	1 816 446 933			1 816 446 933
Autres dépenses de fonctionnement	927 877 247			927 877 247
Dépenses de personnel	888 569 686			888 569 686
Dépenses d'investissement	58 625 000			58 625 000
TOTAL GENERAL	**2 958 141 684 848**	**24 500 000 000**	**67 800 0 00 000**	**3 050 441 684 848**
Dette publique	1 291 452 285 453			1 291 452 285 453
Dette publique intérieure	914 195 18 3 012			914 195 183 012
Dette publique extérieure	377 257 10 2 441			377 257 102 441
Dépenses ordinaires	1 418 608 221 682			1 418 608 221 682
Dépenses d'abonnement	46 265 779 759			46 265 779 759
Autres dépenses de fonctionnement	645 347 54 9 656			645 347 549 656
Dépenses de personnel	726 994 89 2 267			726 994 892 267
Dépenses d'investissement	248 081 17 7 713	24 000 000 000	67 800 0 00 000	240 381 177 713

II.262 Présentation des dotations des gestions 2012,2013 et 2014

Le budget présenté au titre de la gestion 2012 s'équilibre en ressources et en emplois à 3 160 milliards. Il traduit une hausse de 3,6% par rapport au budget 2011. Il progresse, hors service de la dette, de 29,5% et vise principalement les investissements liés à la reconstruction post-crise et à la lutte contre la pauvreté.

Au titre de ses ressources, il convient de noter qu'elles proviennent notamment des efforts de recouvrement des recettes intérieures qui en représentent 79,3% et des concours extérieurs qui cumulent à 20,7%.

Les ressources intérieures sont prévues à 2 505,8 milliards et comprennent les recettes fiscales (74,0%), les emprunts sur le marché monétaire et financier (23,9%) et les autres ressources intérieures (2,1 %).

Il suit donc que les recettes fiscales en constituent la part substantielle avec une projection de1 853,8 milliards, orientée vers la fiscalité intérieure pour 897,9 milliards et la fiscalité de porte pour 953,9 milliards. Les emprunts sur le marché monétaire et financier sont estimés à 600 milliards dont160 milliards d'emprunts obligataires, 65 milliards de bons du Trésor et 375 milliards d'obligations du Trésor. En ce qui concerne les autres ressources intérieures, les prévisions s'élèvent à 52 milliards et portent notamment sur les dividendes (13,9 milliards), les recettes de services (11 milliards) et les ressources issues du Fonds d'Investissement en Milieu Rural (10 milliards).

Les ressources extérieures sont projetées à 654,5 milliards et intègrent les contreparties des échéances de dettes extérieures restructurées, les appuis budgétaires, les dons et emprunts projets ainsi que les dons programme. En la matière, les ressources correspondant aux échéances de dettes extérieures restructurées portent sur 315,3 milliards, les appuis budgétaires sur 166 milliards et les tirages sur emprunts et dons projets sur 78,7 milliards et 42,2 milliards en ce qui concerne respectivement les emprunts projets et les dons projets.

Les dépenses sont projetées à 3 160 milliards et traduisent une hausse de 109,6 milliards par rapport à 2011 et 263 milliards par rapport à 2010. Ces dépenses s'appliquent au service de la dette publique (27,9%), aux charges de personnel (29.1%), aux autres charges de fonctionnement des services (21,6%), aux dépenses d'investissement (19,6%) et aux dépenses de sortie de crise (1,8%).

Au titre du service de la dette publique, les échéances s'élèvent à 882,1 milliards dont 47,8% de dette intérieure et 52,2% de dette extérieure. Ainsi, le service de la dette intérieure est prévu à 421,7 milliards, avec une baisse de 492,5 milliards par rapport aux échéances de 2011 et celui de la dette extérieure à 460,4 milliards.

Au titre des dépenses ordinaires hors crise, c'est-à-dire les charges salariales, les frais d'abonnement et de consommation d'eau, d'électricité et de téléphone, les charges de fonctionnement des services ainsi que les autres interventions de l'Etat, elles sont prévues à hauteur de 1 602,7 milliards. Dans leur décomposition, les charges salariales y sont projetées à 918,7 milliards, soit une hausse de 56,1 milliards par rapport au niveau de 2011. Ce qui représente 47,1% des recettes fiscales, un taux supérieur à la norme communautaire qui est 35%.

Quant aux dépenses d'abonnement et de consommation d'eau, de téléphone et d'électricité, elles sont estimées à 47,2 milliards contre 46,3 milliards en 2011, soit une hausse de 2%. Les autres dépenses ordinaires, à savoir celles relatives au fonctionnement des services et aux subventions de l'Etat au profit des organismes publics et parapublics, elles cumulent à 636,8 milliards. Les charges de fonctionnement des services sont prévues à 266,2 milliards, soit une hausse de 29,5% par rapport à leur niveau dans le budget 2011 pendant que les interventions de l'Etat au profit des organismes publics et parapublics s'élèvent à 347,6 milliards.

Les dépenses d'investissement, hors celles liées à la sortie de crise, cumulent à 620,3 milliards et traduisent une hausse de 108,4% par rapport au budget 2011 et 19,3% par rapport à celui de 2010. Cette hausse assez considérable exprime la volonté du Gouvernement d'intégrer l'important besoin de reconstruction et de réhabilitation des infrastructures socioéconomiques de base en vue d'une réduction significative des disparités sociales et d'un soutien fort de la croissance. Les ressources à mobiliser sont constituées de 499,3 milliards de ressources intérieures, soit une hausse de 284 milliards par rapport à 2011 et 236 milliards par rapport à 2010. En fait, elles sont couvertes à 80,5% par les ressources intérieures et à 19,5% par les concours extérieurs.

De ce qui précède, il ressort que le budget 2012 tend à poursuivre les efforts de normalisation de la situation sociopolitique entrepris par le Gouvernement au lendemain de la grave crise post électorale. En cela, Il porte la marque d'un contexte empreint d'espoir et s'inscrit résolument dans la recherche de l'amélioration du bien être des populations et dans la reconstitution du tissu économique. A cet égard, le tableau comparatif des inscriptions budgétaires au titre des budgets 2011 et 2012 qui suit porte témoignage des ambitions du Gouvernement.

A fin mars 2012, l'exécution du budget a fait ressortir une nette tendance à la consolidation de la normalisation de la situation socio-politique et à la poursuite des efforts de relance des activités économiques orientées vers la maîtrise de l'inflation. Les masses financières mobilisées à cette période s'élevaient à 781,5 milliards FCA contre 775,1 milliards FCA prévus. Le recouvrement des ressources intérieures a bénéficié, en l'espèce, de la dynamique de la reprise des activités et des réformes engagées. Au plan des dépenses, leur niveau s'élevait à 651,4milliards FCA pour une prévision de

648, 1 milliards FCA, dont 72,6% exécutés au moyen du Système Intégré de Gestion des Finances Publiques. La structure de ces dépenses révèle que 189, 9 milliards ont été consacrés aux pro-pauvres, y compris les secteurs chargés des actions de lutte en vue de la réduction de la pauvreté. En ce qui concerne les investissements, les dépenses qui s'y rapportent s'élèvent à 62,8 milliards contre une prévision de 51,6 milliards FCA.

DOTATIONS PAR MINISTERES ET INSTITUTIONS 2011 - 2012			
	TOTAL 2012	TOTAL 2011	ECART 12-11
01 REPRESENTATION NATIONALE	**16 083 085 967**	**9 835 635 697**	**6 247 450 270**
Dépenses ordinaires	15 896 484 781	9 718 385 697	6 178 099 084
Dépenses d'abonnement	91 726 981	149 178 472	- 57 451 491
Autres dépenses de fonctionnement	4 800 386 400	398 897 725	4 401 488 675
Dépenses de personnel	11 004 371 400	9 170 309 500	1 834 061 900
Dépenses d'investissement		117 250 000	-117 250 000
			-
02 PRESIDENCE DE LA REPUBLIQUE	**104 564 298 444**	**38 067 473 059**	**66 496 825 385**
Dépenses ordinaires	33 658 676 107	28 804 732 420	4 853 943 687
Dépenses d'abonnement	2 919 961 370	2 408 880 949	511 080 421
Autres dépenses de fonctionnement	17 203 446 888	15 203 446 888	2 000 000 000
Dépenses de personnel	186 601 186	11 192 404 583	-11 005 803 397
Dépenses d'investissement	70 905 622 337	9 262 740 639	61 642 881 698
			-
03 CONSEIL ECONOMIQUE ET SOCIAL	**3 743 650 022**	**2 816 644 842**	**927 005 180**
Dépenses ordinaires	3 743 650 022	2 816 644 842	927 005 180
Dépenses d'abonnement	83 027 176	104 214 381	- 21 187 205
Autres dépenses de fonctionnement	971 468 537	2 240 961 924	-1 269 493 387
Dépenses de personnel	2 689 154 309		2 689 154 309
Dépenses d'investissement			-
			-
05 GRANDE CHANCELLERIE	**578 319 215**	**456 235 940**	**122 083 275**
Dépenses ordinaires	578 319 215	456 235 940	122 083 275

Dépenses d'abonnement	14 107 407	14 546 754	- 439 347
Autres dépenses de fonctionnement	206 594 848	144 567 046	62 027 802
Dépenses de personnel	357 616 960	297 122 140	60 494 820
06 PRIMATURE & SERVICES RATTACHES	**35 345 645 627**	**30 380 745 288**	**4 964 900 339**
Dépenses ordinaires	22 361 502 535	19 354 015 796	3 007 486 739
Dépenses d'abonnement	590 563 615	706 969 051	- 116 405 436
Autres dépenses de fonctionnement	10 720 610 240	9 146 520 777	1 574 089 463
Dépenses de personnel	11 050 328 680	9 510 525 966	1 539 802 714
Dépenses d'investissement	12 984 143 092	11 016 729 492	1 967 413 600
			-
07 CONSEIL CONSTITUTIONNEL	**1 568 965 003**	**1 371 690 363**	**197 274 640**
Dépenses ordinaires	1 568 965 003	1 371 690 363	197 274 640
Dépenses d'abonnement	20 480 290	32 935 332	- 12 455 042
Autres dépenses de fonctionnement	548 484 713	505 421 698	43 063 015
Dépenses de personnel	1 000 000 000	833 333 333	166 666 667
			-
08MEDIATURE	**488 780 030**	**456 509 163**	**32 270 867**
Dépenses ordinaires	443 883 065	422 740 004	21 143 061
Dépenses d'abonnement	25 135 389	26 824 550	- 1 689 161
Autres dépenses de fonctionnement	333 748 676	325 091 121	8 657 555
Dépenses de personnel	85 000 000	70 833 333	14 166 667
Dépenses d'investissement	44 896 965	33 760 159	11 136 806
			-
11 COMMISSION ELECTORALE INDEPENDANTE	**9 394 325 905**	**17 903 951 401**	**- 8 509 625 496**
Dépenses ordinaires	9 394 375 905	17 903 951 401	- 8 509 575 496
Dépenses d'abonnement	516 824 614	365 141 047	151 683 567
Autres dépenses de fonctionnement	7 024 517 291	16 035 143 687	- 9 010 626 396
Dépenses de personnel	1 857 984 000	1 503 666 667	354 317 333

Dépenses d'investissement	-	-	-
12 MINISTERE DE L'ECONOMIE ET DES FINANCES	**1 346 603 190 548**	**1 618 567 851 774**	**- 271 964 711 226**
Dette publique	862 058 237 527	1 291 452 285 453	-429 394 047 926
Dette publique intérieure	421 701 763 266	914 195 183 012	- 492 493 419 746
Dette publique extérieure	460 356 474 361	377 257 102 441	83 099 371 920
Dépenses ordinaires	230 024 248 323	225 557 025 389	4 467 222 934
Dépenses d'abonnement	13 940 270 646	11 660 194 245	2 280 076 401
Autres dépenses de fonctionnement	175 049 166 300	183 340 150 456	-8 290 984 156
Dépenses de personnel	53 392 257 298	50 556 680 688	2 835 576 610
Fonctionnement courant des services	37 592 530 877		37 592 530 877
Dépenses d'investissement	234 530 687 698	101 558 540 932	132 972 146 766
			-
14 MINISTERE DES MINES DU PETROLE ET DE L'ENERGIE	**95 110 656 985**	**105 747 829 311**	**- 10 637 172 326**
Dépenses ordinaires	88 472 322 924	97 362 351 966	-8 890 029 042
Dépenses d'abonnement	69 302 830	79 550 812	- 10 247 982
Autres dépenses de fonctionnement	86 765 770 485	96 028 914 691	- 9 263 144 206
Dépenses de personnel	1 417 249 591	1 253 886 463	163 363 128
Dépenses d'investissement	6 638 334 872		6 638 334 872
			-
15 MINISTERE D'ETAT MINISTERE DE L'INTERIEUR	**140 733 152 185**	**118 469 657 648**	**22 263 494 537**
Dépenses ordinaires	131 066 902 753	111 216 842 634	19 850 060 119
Dépenses d'abonnement	3 335 435 194	3 954 957 850	- 619 522 656
Autres dépenses de fonctionnement	28 501 765 747	26 914 438 782	1 587 326 965
Dépenses de personnel	101 329 200 812	80 347 445 902	20 981 754 910

Dépenses d'investissement	7 666 249 432	7 252 815 014	413 434 418
16 MINISTERE DE LA FONCTION PUBLIQUE ET DE LA REFORME ADMINISTRATIVE	**11 537 664 086**	**9 979 079 544**	**1 558 584 542**
Dépenses ordinaires	11 024 804 559	9 439 914 768	1 584 889 791
Dépenses d'abonnement	329 984 755	265 101 045	64 883 710
Autres dépenses de fonctionnement	3 255 110 590	2 946 039 656	309 070 934
Dépenses de personnel	7 439 709 254	6 228 774 067	1 210 935 187
Dépenses d'investissement	512 859 537	539 164 776	-26 305 239
			-
17 MINISTERE D'ETAT, MINISTERE DE LA JUSTICE	**36 631 754 566**	**18 626 111 879**	**18 005 642 687**
Dépenses ordinaires	24 395 267 297	17 956 851 378	6 438 415 919
Dépenses d'abonnement	659 685 681	955 893 338	- 296 207 657
Autres dépenses de fonctionnement	4 762 405 829	3 635 539 051	1 126 866 778
Dépenses de personnel	18 973 275 787	13 365 418 989	5 607 856 798
Dépenses d'investissement	12 236 487 269	669 260 501	11 567 226 768
			-
18 MINISTERE DE L'AGRICULTURE	**58 067 003 691**	**29 615 177 796**	**28 451 825 895**
Dépenses ordinaires	34 688 367 275	21 940 146 446	12 748 220 829
Dépenses d'abonnement	566 985 956	671 096 905	-104 110 949
Autres dépenses de fonctionnement	18 458 909 596	16 989 452 646	1 469 456 950
Dépenses de personnel	5 862 491 723	4 279 596 895	1 582 894 828
Dépenses d'investissement	11 178 636 416	3 036 225 475	8 142 410 941
			-
19 MINISTERE DE LA CONSTRUCTION DE L'ASSAINISSEMENT ET DE L'URBANISME	**24 334 290 913**	**12 496 440 579**	**11 837 850 334**
Dépenses ordinaires	15 808 597 035	9 694 217 829	6 114 379 206
Dépenses d'abonnement	2 251 069 867	2 569 425 956	- 318 356 089
Autres dépenses de	10 956 319 478	5 232 271 293	5 724 048 185

fonctionnement			
Dépenses de personnel	2 599 207 690	1 892 520 580	706 687 110
Dépenses d'investissement	8 525 693 878	12 496 440 579	- 3 970 746 701
20 MINISTERE D'ETAT, MINISTERE DU PLAN ET DU DEVELOPPEMENT	**7 753 627 439**	**4 883 118 746**	**2 870 508 693**
Dépenses ordinaires	4 846 576 861	3 020 575 514	1 826 001 347
Dépenses d'abonnement	14 293 603	19 905 395	- 5 611 792
Autres dépenses de fonctionnement	3 631 526 982	2 145 669 684	1 485 857 298
Dépenses de personnel	1 200 756 276	855 000 435	345 755 841
Dépenses d'investissement	2 907 059 578	1 862 543 232	1 044 516 346
			-
21 MINISTERE DES INFRASTRUCTURES ECONOMIQUES	**146 066 900 609**	**113 738 733 396**	**32 328 167 213**
Dépenses ordinaires	7 541 551 556	6 991 575 939	549 975 617
Dépenses d'abonnement	285 402 952	446 062 782	- 160 659 830
Autres dépenses de fonctionnement	9 520 651 898	5 112 714 387	4 407 937 511
Dépenses de personnel	1 735 495 706	1 432 790 770	302 704 936
Dépenses d'investissement	138 525 349 053	106 747 157 457	31 778 191 596
			-
22 MINISTERE DE L'EDUCATION NATIONALE	**440 395 259 431**	**365 650 338 699**	**74 744 920 732**
Dépenses ordinaires	419 812 533 423	336 323 623 322	83 488 910 101
Dépenses d'abonnement	2 706 275 018	2 706 275 018	-
Autres dépenses de fonctionnement	50 281 952 147	50 295 962 263	- 14 010 116
Dépenses de personnel	366 344 306 258	283 321 386 051	83 022 920 207
Dépenses d'investissement	70 582 726 008	26 025 905 221	44 556 820 787
			-
24 MINISTERE DE LA SANTE ET LA LUTTE CONTRE LE SIDA	**128 928 684 744**	**116 956 174 217**	**11 972 510 527**
Dépenses ordinaires	105 184 426 738	91 282 168 788	13 902 257 950

Dépenses d'abonnement	2 126 400 667	5 450 404 841	- 324 004 174
Autres dépenses de fonctionnement	39 715 610 639	36 886 654 799	2 828 955 840
Dépenses de personnel	58 342 415 432	48 945 109 148	9 397 306 284
Dépenses d'investissement	23 744 258 006	25 674 005 429	-1 929 747 423
25 MINISTERE D'ETAT, MINISTERE DES AFFAIRES ETRANGERES	**62 783 269 588**	**45 461 388 184**	**17 321 881 404**
Dépenses ordinaires	51 324 141 110	44 408 874 018	6 915 267 092
Dépenses d'abonnement	114 940 861	168 288 593	-53 347 732
Autres dépenses de fonctionnement	20 860 150 964	17 990 310 916	2 869 840 048
Dépenses de personnel	30 349 049 285	26 250 274 509	4 098 774 776
Dépenses d'investissement	11 459 128 478	1 052 514 166	10 406 614 312
			-
26 MINISTERE DELEGUE A LA DEFENSE AUPRES DU PREMIER MINISTRE	**188 070 925 981**	**152 229 931 406**	**35 840 994 575**
Dépenses ordinaires	175 585 382 636	145 944 991 976	29 640 390 660
Dépenses d'abonnement	5 722 214 917	5 381 584 065	340 630 852
Autres dépenses de fonctionnement	42 167 115 172	41 729 061 645	438 053 527
Dépenses de personnel	130 695 052 647	98 934 346 266	31 760 706 381
Dépenses d'investissement	9 485 543 345	6 284 939 430	3 200 603 915
			-
27 MINISTERE DE LA COMMUNICATION	**10 443 282 548**	**7 312 359 455**	**3 130 923 093**
Dépenses ordinaires	7 251 603 588	5 358 192 788	1 893 410 800
Dépenses d'abonnement	106 656 495	186 328 952	- 79 672 457
Autres dépenses de fonctionnement	4 685 421 047	2 992 545 862	1 692 875 185
Dépenses de personnel	2 549 526 140	2 179 317 974	370 208 166
Dépenses d'investissement	2 191 678 960	1 954 166 667	237 512 293
28 MINISTERE DE L'ENVIRONNEMENT ET DU DEVELOPPEMENT	**13 723 330 233**	**12 087 235 981**	**1 636 094 252**

DURABLE			
Dépenses ordinaires	12 136 970 153	11 292 187 737	844 782 416
Dépenses d'abonnement	133 568 087	208 937 517	-75 369 430
Autres dépenses de fonctionnement	1 717 668 390	1 364 103 405	353 564 985
Dépenses de personnel	10 285 533 676	9 449 146 815	836 386 861
Dépenses d'investissement	1 586 360 089	795 048 244	791 311 845
29 MINISTERE DU SPORT ET LOISIRS	**11 800 792 321**	**9 035 542 609**	**2 765 249 712**
Dépenses ordinaires	10 711 693 066	9 032 434 526	1 679 258 540
Dépenses d'abonnement	89 301 759	119 597 728	- 30 295 969
Autres dépenses de fonctionnement	5 918 612 281	4 940 771 458	977 840 823
Dépenses de personnel	4 701 779 026	3 972 065 340	729 713 686
Dépenses d'investissement	1 089 099 255	3 108 083	1 085 991 172
			-
31 MINISTERE DES EAUX ET FORETS	**4 041 514 674**	**2 201 864 633**	**1 839 650 041**
Dépenses ordinaires	3 184 423 043	2 006 429 274	1 177 993 769
Dépenses d'abonnement	17 500 045	-	17 500 045
Autres dépenses de fonctionnement	1 114 281 898	2 006 229 274	- 891 947 376
Dépenses de personnel	32 640 000	200 000	32 440 000
Dépenses d'investissement	857 890 721	177 594 527	680 296 194
			-
33 MINISTERE DE L'ENSEIGNEMENT SUPERIEUR ET DE LA RECHERCHE SCIENTIFIQUE	**126 412 446 986**	**103 306 270 899**	**23 106 176 087**
Dépenses ordinaires	107 955 035 166	100 626 395 558	7 328 639 608
Dépenses d'abonnement	3 501 541 479	5 237 874 622	- 1 736 333 143
Autres dépenses de fonctionnement	63 094 630 856	61 183 257 822	1 911 373 034
Dépenses de personnel	41 158 862 824	34 205 263 114	6 953 599 710
Dépenses d'investissement	18 457 411 870	2 679 875 341	15 777 536 529
			-

34 MINISTERE DE L'ENSEIGNEMENT TECHNIQUE ET DE LA FORMATION PROFESSIONNELLE	**41 101 936 344**	**36 690 088 177**	**4 411 848 167**
Dépenses ordinaires	38 698 074 970	34 201 807 384	4 496 267 586
Dépenses d'abonnement	748 623 625	951 921 266	- 203 297 641
Autres dépenses de fonctionnement	15 204 166 114	14 210 605 790	993 560 324
Dépenses de personnel	22 745 283 231	18 539 280 328	4 206 002 903
Dépenses d'investissement	2 403 861 374	2 488 280 793	-84 419 419
35 MINISTERE DE LA CULTURE ET DE LA FRANCOPHONIE	**6 543 545 515**	**5 193 769 511**	**1 349 776 004**
Dépenses ordinaires	5 534 853 499	4 921 084 050	613 769 449
Dépenses d'abonnement	107 770 379	117 727 054	- 9 956 675
Autres dépenses de fonctionnement	2 531 183 646	2 251 424 866	279 758 780
Dépenses de personnel	2 899 399 124	25 512 922 140	- 22 613 523 016
Dépenses d'investissement	1 088 692 816	272 685 451	816 007 365
			-
37 MINISTRE DU COMMERCE	**4 767 269 150**	**3 821 170 143**	**946 099 007**
Dépenses ordinaires	3 681 783 391	3 310 194 644	371 588 747
Dépenses d'abonnement	301 085 958	367 070 170	- 65 984 212
Autres dépenses de fonctionnement	1 695 606 697	1 545 465 568	150 141 129
Dépenses de personnel	1 705 090 826	1 397 658 906	307 431 920
Dépenses d'investissement	1 075 485 759	510 975 499	564 510 260
			-
38 MINISTERE DE L'INDUSTRIE	**5 514 800 497**	**2 824 650 093**	**2 690 150 404**
Dépenses ordinaires	2 988 811 639	2 096 540 139	892 271 500
Dépenses d'abonnement	74 618 638	95 138 497	- 20 519 859
Autres dépenses de fonctionnement	1 844 471 257	1 017 608 367	826 862 890
Dépenses de personnel	1 079 771 754	983 793 275	95 978 479
Dépenses d'investissement	2 516 908 428	728 109 954	1 788 798 474
			-

39 MINISTERE DU TOURISME	**5 036 009 488**	**2 946 944 075**	**2 089 065 423**
Dépenses ordinaires	1 994 479 276	1 905 852 125	88 627 151
Dépenses d'abonnement	58 446 426	88 183 393	- 29 736 967
Autres dépenses de fonctionnement	1 936 930 850	1 817 668 782	119 262 068
Dépenses de personnel	-	-	-
Dépenses d'investissement	3 041 530 212	1 041 091 900	2 000 438 312
40 MINISTERE DES TRANSPORTS	**8 161 244 189**	**6 616 462 098**	**1 544 782 091**
Dépenses ordinaires	6 952 869 524	6 169 960 580	782 908 944
Dépenses d'abonnement	151 433 415	243 618 715	- 92 185 300
Autres dépenses de fonctionnement	3 026 225 290	2 746 768 908	279 456 382
Dépenses de personnel	3 783 210 833	3 179 572 957	603 637 876
Dépenses d'investissement	4 198 374 633	446 501 518	3 751 873 115
			-
42 MINISTERE DE LA FAMILLE DE LA FEMME ET DE L'ENFANT	**10 584 760 883**	**13 165 889 509**	**-2 581 128 626**
Dépenses ordinaires	9 854 302 702	12 611 694 875	- 2 757 392 173
Dépenses d'abonnement	310 989 151	326 630 093	- 15 640 942
Autres dépenses de fonctionnement	1 134 134 973	4 262 098 131	- 3 127 963 158
Dépenses de personnel	6 418 978 618	8 020 966 651	- 1 601 988 033
Dépenses d'investissement	520 498 181	554 194 634	- 33 696 453
			-
45 MINISTRE CHARGE DES EX-COMBATTANTS ET DES VICTIMES DE GUERRE	**1 491 683 992**	**836 692 877**	**654 991 115**
Dépenses ordinaires	1 252 541 973	836 692 877	415 849 096
Autres dépenses de fonctionnement	835 834 993	836 692 877	- 857 884
Dépenses de personnel	416 707 282	-	416 707 282
Dépenses d'investissement	239 142 019	-	239 142 019
			-
47 COUR SUPREME	**5 728 607 809**	**4 592 277 288**	**1 136 330 521**
Dépenses ordinaires	5 382 302 680	4 513 758 871	868 543 809

Dépenses d'abonnement	96 845 993	121 870 761	- 25 024 768
Autres dépenses de fonctionnement	4 423 060 840	713 937 016	3 709 123 824
Dépenses de personnel	346 385 129	3 677 951 094	- 3 331 565 965
Dépenses d'investissement	3 536 150 634	78 518 417	3 457 632 217
48 MINISTERE DES POSTES ET DES TECHNOLOGIES DE L'INFORMATION ET DE LA COMMUNICATION	**3 536 150 634**	**3 205 022 988**	**331 127 646**
Dépenses ordinaires	3 147 131 314	3 037 253 282	109 878 032
Autres dépenses de fonctionnement	3 048 498 905	2 961 344 554	87 154 351
Dépenses de personnel	98 643 309	75 808 728	22 834 581
Dépenses d'investissement	309 019 320	167 769 706	141 249 614
			-
51 MINISTERE DES RESSOURCES ANIMALES ET HALIEUTIQUES	**6 683 877 582**	**5 095 875 863**	**1 508 001 724**
Dépenses ordinaires	3 818 734 100	3 726 804 231	91 929 869
Dépenses d'abonnement	57 720 934	61 449 510	- 3 728 576
Autres dépenses de fonctionnement	1 344 948 039	1 366 685 231	- 21 737 192
Dépenses de personnel	7 471 909 177	1 369 071 632	6 102 837 545
Dépenses d'investissement	2 983 143 482		2 983 143 482
			-
56 MINISTERE CHARGE DES DROITS DE L'HOMME ET DES LIBERTE PUBLIQUES	**2 069 523 986**	**1 699 479 828**	**370 044 158**
Dépenses ordinaires	1 969 523 986	1 699 479 628	270 044 358
Autres dépenses de fonctionnement	583 830 875	355 986 495	227 844 380
Dépenses de personnel	1 385 693 111	1 343 493 333	42 199 778
Dépenses d'investissement	100 000 000	-	100 000 000
			-
60 MINISETRE CHARGE DE L'INTEGRATION AFRICAINE	**1 138 606 450**	**566 410 748**	**572 195 702**
Dépenses ordinaires	728 688 398	566 410 748	162 277 650
Autres dépenses de fonctionnement	451 323 000	256 436 500	194 886 500

Dépenses de personnel	277 364 532	309 971 360	- 32 606 828
Dépenses d'investissement	409 918 052		409 918 052
64 MINISTERE DE LA JEUNESSE ET SERVICE CIVIQUE	**5 904 120 525**	**610 629 640**	**5 293 490 885**
Dépenses ordinaires	5 397 766 442		5 397 766 442
Autres dépenses de fonctionnement	4 996 507 120	610 629 640	4 385 877 480
Dépenses de personnel	401 259 322	610 629 640	-209 370 318
Dépenses d'investissement	506 354 083	-	506 354 083
			-
65 MINISTERE DE L'ARTISANAT ET DE LA PROMOTION DES PME	**3 001 733 502**	**1 835 126 609**	**1 256 606 893**
Dépenses ordinaires	1 280 671 976		1 280 671 976
Autres dépenses de fonctionnement	1 434 164 021	1 181 016 171	253 147 850
Dépenses de personnel	846 457 055	549 282 097	297 174 958
Dépenses d'investissement	721 112 426	104 829 341	616 283 085
			-
68 PARQUET GENERAL	**532 148 383**	**467 187 950**	**64 960 433**
Dépenses ordinaires	509 219 284	454 015 365	55 203 919
Autres dépenses de fonctionnement	225 499 204	217 740 598	7 758 606
Dépenses de personnel	283 520 000	236 266 667	47 253 333
Dépenses d'investissement	22 929 178	13 172 685	9 756 493
			-
72 MINISTERE DE LA SALUBRITE URBAINE	**6 179 370 647**	**10 143 489 410**	**- 3 964 118 763**
Dépenses ordinaires	4 520 897 331	3 885 016 094	635 881 237
Autres dépenses de fonctionnement	3 294 245 590	3 131 819 801	162 425 789
Dépenses de personnel	1 226 551 743	753 196 293	473 355 450
Dépenses d'investissement	1 658 473 316	-6 250 473 316	-4 592 000 000
			-
73 MINISTERE DE LA PROMOTION DU LOGEMENT	**9 950 191 041**	**601 453 599**	**9 348 737 442**
Dépenses ordinaires	250 028 286	201 076 465	48 951 821
Autres dépenses de	250 028 286	201 076 465	48 951 821

fonctionnement			
Dépenses de personnel	9 700 162 755	-	9 700 162 755
Dépenses d'investissement		400 377 134	-400 377 134
74 MINISTERE D'ETAT, MINISTERE DE L'EMPLOI DES AFFAIRES SOCIALES ET DE LA SOLIDARITE	**6 917 830 302**	**1 875 071 933**	**5 042 758 369**
Dépenses ordinaires	5 864 028 363	1 816 446 933	4 047 581 430
Autres dépenses de fonctionnement	4 481 895 160	927 877 247	3 554 017 913
Dépenses de personnel	1 382 133 203	888 569 686	493 563 517
Dépenses d'investissement	1 053 801 939	58 625 000	995 176 939
TOTAL GENERAL	**3 160 048 228 660**	**3 050 441 684 848**	**109 606 543 812**
Dette publique	882 058 237 527	1 291 452 285 453	- 409 394 047 926
Dette publique intérieure	421 701 763 266	914 195 183 012	- 492 493 419 746
Dette publique extérieure	460 356 474 261	377 257 102 441	83 099 371 820
Dépenses ordinaires	1 628 717 330 207	1 418 608 221 682	210 109 108 525
Dépenses d'abonnement	47 192 075 354	46 265 779 759	926 295 595
Autres dépenses de fonctionnement	662 813 308 738	645 347 549 656	17 465 759 082
Dépenses de personnel	918 711 946 115	726 994 892 267	191 717 053 848
Dépenses d'investissement	649 272 660 926	240 381 177 713	408 891 483 213

Des développements exposés en l'espèce, il ressort nettement que le budget de l'Etat a pris une part prépondérante dans le développement économique, financier et social de la Cote d'Ivoire. Cet instrument majeur de développement est exécuté en vue de la meilleure optimisation possible de la dépense publique.

Au titre du budget 2013, il ressort de la communication présentée en conseil des ministres par le ministre de l'économie et des finances, en liaison avec le ministère du plan et du développement, un budget équilibré en recettes et en dépenses à 3.814.571.909.756 FCFA, soit une hausse de 17,7% par rapport à 2012. Les dépenses d'investissements inscrites dans ce budget s'élèvent à 1027,1 milliards de FCFA, soit 26,9% des dépenses budgétaires (contre 20,4% en 2012 et 9,7% en 2011). Ces inscriptions sont portées au Programme d'Investissements Publics (PIP) 2012/2015, conformément aux orientations du Plan National de Développement. Il est important de noter que le PIP 2013/2015 s'élève à 4818,4 milliards de FCFA, dont 3392,8 sont mobilisables à travers le budget de l'Etat de Côte d'Ivoire, et 776,4 milliards sont à rechercher sur la période du plan, entre 2013 et 2015. Ces inscriptions traduisent les progrès remarquables réalisés par la Cote d'Ivoire sur la voie de la normalisation socio-politique depuis la fin de la crise post-électorale. Ainsi, le taux de croissance de la période 2011-2012 a été sensiblement amélioré, passant de -4,7 % en 2011 à 8,6% en 2012, contre une prévision initiale de l'ordre de 8, 1%. Au titre de l'année 2013, le taux de croissance est projeté à 9%, eu égard notamment au maintien des efforts du Gouvernement, à la bonne exécution du programme triennal 2011-2014, soutenu par la Facilité Elargie de Crédit(FEC) et la mise en œuvre du Plan National de Développement (PND) 2012-2015.

Le pari ainsi pris d'inscrire d'importantes dotations consacrées aux investissements traduit une nette amélioration du contexte global. En effet, depuis la fin de la crise postélectorale, grâce aux progrès remarquables réalisés sur la voie de la normalisation sociopolitique et de la relance économique, il s'en est suivi une amélioration sensible du taux de croissance, qui est passé de -4,7% en 2011 à 8,6% en 2012 (contre une prévision initiale de 8,1%). Ce qui permet d'augurer de lendemains meilleurs en ce sens que le maintien des efforts du Gouvernement, la bonne exécution du programme triennal 2011-2014, soutenu par la Facilité élargie de crédit (Fec) et la mise en œuvre du Plan National de Développement (PND) 2012-2015, autorisent à entrevoir un taux de croissance de 9% en 2013.

Au titre du budget 2014, le projet de budget pour l'année 2014 s'élève à 4248 milliards de FCFA. Il a été adopté par le gouvernement ivoirien en conseil des ministres le 23 octobre 2013. Ce qui traduit une hausse de 9.4% par rapport à 2013. Ce budget, jamais atteint en Côte d'Ivoire depuis 1960, date de son accession à l'indépendance, est porté par un contexte de consolidation de la paix, de la croissance économique, d'amélioration de la situation sécuritaire et de décrispation du climat socio politique.

Les axes majeurs de financement du développement privilégiés par ce budget portent essentiellement sur le renforcement des infrastructures socio-économiques de base, la promotion de l'emploi, l'amélioration de l'offre de santé et de l'éducation ainsi que l'appui au développement agricole. Il inclut également le recrutement de 15.000 agents à la Fonction Publique et la revalorisation salariale des fonctionnaires. En effet, ce budget prend en compte le recrutement dans la Fonction Publique de 15 000 agents dont 9493 enseignants et 4859 agents de la santé. Mais en ce qui concerne la Représentation Nationale, c'est le vendredi 13 décembre, que la majorité des membres de la Commission des affaires économiques et financières va adopter le budget de l'année 2014 de l'Etat de Côte d'Ivoire, à hauteur de 4

248 257 741 401 francs CFA Cette adoption est consécutive à celle, à l'unanimité, de la loi de règlement. La loi de finances a été adoptée à la majorité des membres présents de la Commission des Affaires Economiques et Financières. Elle fut soumise, une semaine environ après, pour adoption, à l'ensemble des parlementaires. En fait, le budget 2014 vise à permettre au Gouvernement de poursuivre la mise en œuvre de sa politique de développement économique et social, déclinée dans le Plan National de Développement (PND) 2012-2015. Le niveau d'investissement qu'il comporte traduit la volonté du Gouvernement en matière d'amélioration du cadre de vie des populations et de lutte contre la pauvreté. En effet, au moyen de ce budget, le Gouvernement entend poursuivre les actions visant la consolidation de la cohésion sociale, le renforcement de la sécurité, le développement des infrastructures socio-économiques de base, la promotion de l'emploi, l'amélioration de l'offre de santé et d'éducation ainsi que l'appui au développement agricole. Toutes choses qui devraient fortement contribuer à la consolidation des bases de l'émergence économique et sociale de la Côte d'Ivoire à l'horizon 2020, tel que projeté par le Président de la République. Ce projet de budget qui s'équilibre en ressources et en emplois à **4 248 257 741 401 FCFA**, jouit d'une augmentation essentiellement liée à la progression des recettes fiscales (+12,5%) et qui permettent de prendre en compte les engagements vis à vis des partenaires sociaux et de renforcer les dotations d'investissement.

Il tire également profit du financement sur les marchés monétaire et financier, pour une mobilisation projetée de 810 000 000 000 FCFA et de ressources extérieures attendues à hauteur de **802 767 740 571 FCFA**, dont des appuis budgétaires (265 957 000 000 FCFA), des emprunts (306 462 804 023 FCFA) et des dons projets (230 347 936 548 FCFA).
L'évolution des dépenses tient notamment à l'accroissement des charges de personnel et au renforcement des dépenses d'investissement.

En effet, l'augmentation des charges de personnel est principalement liée au recrutement de 18 933 nouveaux agents dont 3 641 ex-combattants et à l'effet financier de la stratégie de gestion de la masse salariale en cours d'adoption.

Quant aux dépenses d'investissement, elles sont financées sur ressources intérieures à hauteur de **721 960 772 830 FCFA,** intégrant **33 640 592 109 FCFA** affectés aux opérations des Collectivités Décentralisées et Districts, **125 000 000 000 FCFA** pour les opérations programmées dans le cadre du Programme Présidentiel d'Urgence et **147 605 000 000 FCFA** de financement des projets dans le cadre du Contrat de Désendettement et de Développement.

La part du financement des projets sur concours extérieurs est prévue à **536 810 740 571 FCFA**, avec **306 462 804 023 FCFA** au titre des emprunts et **230 347 936 548 FCFA** au titre des dons. Ces financements sont globalement en hausse de 15,3% par rapport à 2013.

La loi de finances adoptée au titre de la Gestion 2014 est la Loi n°2013-908 portant Budget de l'Etat pour l'année 2014. Elle se présente formellement comme suit :

L'ASSEMBLEE NATIONALE a adopté,

LE PRESIDENT DE LA REPUBLIQUE promulgue la loi dont la teneur suit :

Première partie : Equilibre financier du Budget de l'Etat

Article premier : Equilibre

Le Budget de l'Etat pour l'année 2014, s'équilibre en ressources et en charges à 4 248 257 741 401 FCFA, après consolidation du transfert des ressources des Comptes Spéciaux du Trésor au Budget Général, pour un montant de 9 055 310 000 FCFA.

Deuxième partie : Ressources et charges du Budget de l'Etat

Article 2 : Dispositions relatives aux ressources

Pour l'exécution de son programme de Gouvernement, le Président de la République est autorisé au titre de l'année 2014 :

- à percevoir les impôts directs et indirects, droits, taxes et redevances au profit de l'Etat et des Collectivités publiques, selon les textes en vigueur et sous réserve des modifications portées dans l'annexe fiscale à la présente loi ;
- à effectuer tous les tirages d'emprunts destinés au financement des investissements (emprunts projets) et aux appuis budgétaires (emprunts programmes), dans le cadre des accords ou conventions passés avec les bailleurs de fonds et dans la limite du plafond énuméré ci-dessous ;
- à mobiliser et affecter les dons (dons projets et programmes), conformément à l'intention exprimée par les donateurs ;
- et de manière générale, à procéder sur les marchés monétaire et financier à toutes les opérations requises pour la gestion de la trésorerie de l'Etat.

Les ressources du Budget Général pour l'année 2014, s'élèvent à la somme de 4 239 202 431 401 FCFA et celles des Comptes Spéciaux du Trésor se chiffrent à 9 055 310 000 FCFA.

Après consolidation du transfert de ressources des comptes spéciaux du Trésor d'un montant de 9 055 310 000 FCFA au budget général, les ressources du budget de l'Etat au titre de l'année 2014, s'élèvent à la somme de

4 248 257 741 401 FCFA.

Les ressources du Budget de l'Etat pour l'année 2014 se répartissent comme suit :

Nature des ressources Montants en francs CFA	Titre 0 Ressources du Budget Général	Titre 4 Ressources des Comptes Spéciaux du Trésor (CST) à transférer au Budget Général	Ressources consolidées du Budget de l'Etat
Recettes intérieures	3 436 434 690 830		3 436 434 690 830
Recettes fiscales	2 520 219 000 000		2 520 219 000 000
Recettes non fiscales	106 215 690 830		106 215 690 830
Autres ressources sur marché financier	810 000 000 000		810 000 000 000
Recettes extérieures	802 767 740 571		802 767 740 571
Recettes extérieures sur projets	536 810 740 571		536 810 740 571
Emprunts projets	306 462 804 023		306 462 804 023
Dons projets	230 347 936 548		230 347 936 548
Recettes extérieures d'appui budgétaire	265 957 000 000		265 957 000 000
Emprunts programmes	100 000 000 000		100 000 000 000
Dons programmes	165 957 000 000		165 957 000 000
Recettes à transférer des Comptes Spéciaux au Budget de l'Etat		9 055 310 000	9 055 310 000
Recettes reçues des Comptes de prêts rétrocédés		655 310 000	655 310 000
Fonds d'Investissement en Milieu Rural (FIMR)		8 400 000 000	8 400 000 000
Total :	4 239 202 431 401	9 055 310 000	4 248 257 741 401
	Après consolidation		

Nature des ressources Montants en francs CFA	Titre 0 Ressources du Budget Général	Titre 4 Ressources des Comptes Spéciaux du Trésor (CST) à transférer au Budget Général	Ressources consolidées du Budget de l'Etat
Recettes intérieures	3 436 434 690 830		3 436 434 690 830
Recettes fiscales	2 520 219 000 000		2 520 219 000 000
Recettes non fiscales	106 215 690 830		106 215 690 830
Autres ressources sur marché financier	810 000 000 000		810 000 000 000
Recettes extérieures	802 767 740 571		802 767 740 571
Recettes extérieures sur projets	536 810 740 571		536 810 740 571
Emprunts projets	306 462 804 023		306 462 804 023
Dons projets	230 347 936 548		230 347 936 548
Recettes extérieures d'appui budgétaire	265 957 000 000		265 957 000 000
Emprunts programmes	100 000 000 000		100 000 000 000
Dons programmes	165 957 000 000		165 957 000 000
Recettes à transférer des Comptes Spéciaux au Budget de l'Etat		9 055 310 000	9 055 310 000
Recettes reçues des Comptes de prêts rétrocédés		655 310 000	655 310 000
Fonds d'Investissement en Milieu Rural (FIMR)		8 400 000 000	8 400 000 000
Total :	4 239 202 431 401	9 055 310 000	4 248 257 741 401
Après consolidation			

Nature des ressources Montants en francs CFA	Titre 0 Ressources du Budget Général	Titre 4 Ressources des Comptes Spéciaux du Trésor (CST) à transférer au Budget Général	Ressources consolidées du Budget de l'Etat
Recettes intérieures	3 436 434 690 830		3 436 434 690 830
Recettes fiscales	2 520 219 000 000		2 520 219 000 000
Recettes non fiscales	106 215 690 830		106 215 690 830
Autres ressources sur marché financier	810 000 000 000		810 000 000 000
Recettes extérieures	802 767 740 571		802 767 740 571
Recettes extérieures sur projets	536 810 740 571		536 810 740 571
Emprunts projets	306 462 804 023		306 462 804 023
Dons projets	230 347 936 548		230 347 936 548
Recettes extérieures d'appui budgétaire	265 957 000 000		265 957 000 000
Emprunts programmes	100 000 000 000		100 000 000 000
Dons programmes	165 957 000 000		165 957 000 000
Recettes à transférer des Comptes Spéciaux au Budget de l'Etat		9 055 310 000	9 055 310 000
Recettes reçues des Comptes de prêts rétrocédés		655 310 000	655 310 000
Fonds d'Investissement en Milieu Rural (FIMR)		8 400 000 000	8 400 000 000
Total :	4 239 202 431 401	9 055 310 000	4 248 257 741 401
Après consolidation			

Article 3 : Dispositions relatives aux charges : Autorisations d'engagement

Dans le cadre de l'exécution du programme budgétaire de l'Etat pour l'année 2014, le Président de la République dispose d'autorisations d'engagement qui s'élèvent à la somme de 4 248 257 741 401 FCFA pour le Budget de l'Etat, y compris 9 055 310 000 FCFA de dépenses sur transfert de ressources des Comptes Spéciaux du Trésor au Budget Général.

Les autorisations d'engagement se répartissent comme suit :

Nature des charges (Crédits de paiement) Montants en francs CFA	Charges inscrites au Budget Général	Charges inscrites aux Comptes Spéciaux du Trésor (CST)	Charges consolidées du Budget de l'Etat
Titre 1 : Dette publique	1 047 848 278 531		1 047 848 278 531
- Dette Intérieure	721 980 454 490		721 980 454 490
- Dette Extérieure	325 867 824 041		325 867 824 041
Titre 2 : Dépenses ordinaires	1 933 237 949 469		1 933 237 949 469
- Dépenses de personnel	1 186 164 084 499		1 186 164 084 499
- Frais d'abonnement	49 107 390 404		49 107 390 404
- Autres dépenses ordinaires	697 966 474 566		697 966 474 566
Titre 3 : Dépenses d'investissement	1 258 771 513 401		1 258 771 513 401
- Sur financement intérieur	721 960 772 830		731 960 772 830
- Sur financement extérieur	536 810 740 571		536 810 740 571
Emprunts projets	306 462 804 023		306 462 804 023
Dons projets	230 347 936 548		230 347 936 548
Titre 4 : Dépenses des Comptes Spéciaux du Trésor		9 055 310 000	8 400 000 000
Programme d'Investissement FIMR		8 400 000 000	8 400 000 000
Transfert aux ressources du Budget Général (pour mémoire)		655 310 000	
Total des dépenses:	4 239 857 741 401	9 055 310 000	4 248 257 741 401
	Après Consolidation		

Article 4 : Dispositions relatives aux charges : Crédits de paiement

Dans le cadre de l'exécution du programme budgétaire de l'Etat pour l'année 2014, le Président de la République dispose des crédits de paiement qui s'élèvent à la somme de 4 248 257 741 401 FCFA pour le Budget de l'Etat, y compris 9 055 310 000 FCFA de dépenses sur transfert de ressources des Comptes Spéciaux du Trésor au Budget Général.

Les crédits de paiement se répartissent comme suit :

Nature des charges (Autorisations d'Engagement) Montants en francs CFA	Charges inscrites au Budget Général	Charges inscrites aux Comptes Spéciaux du Trésor (CST)	Charges consolidées du Budget de l'Etat
Titre 1 : Dette publique	1 047 848 278 531		1 047 848 278 531
- Dette Intérieure	721 980 454 490		721 980 454 490
- Dette Extérieure	325 867 824 041		325 867 824 041
Titre 2 : Dépenses ordinaires	1 933 237 949 469		1 933 237 949 469
- Dépenses de personnel	1 186 164 084 499		1 186 164 084 499
- Frais d'abonnement	49 107 390 404		49 107 390 404
- Autres dépenses ordinaires	697 966 474 566		697 966 474 566
Titre 3 : Dépenses d'investissement	1 258 771 513 401		1 258 771 513 401
- Sur financement intérieur	721 960 772 830		721 960 772 830
- Sur financement extérieur	536 810 740 571		536 810 740 571
Emprunts projets	306 462 804 023		306 462 804 023
Dons projets	230 347 936 548		230 347 936 548
Titre 4 : Dépenses des Comptes Spéciaux du Trésor		9 055 310 000	8 400 000 000
- Programme d'Investissement FIMR		8 400 000 000	8 400 000 000
- Transfert aux ressources du Budget Général (Pour mémoire)		655 310 000	
Total :	4 239 857 741 401	9 055 310 000	4 248 257 741 401
Après consolidation			

Nature des charges (Autorisations d'Engagement) Montants en francs CFA	Charges inscrites au Budget Général	Charges inscrites aux Comptes Spéciaux du Trésor (CST)	Charges consolidées du Budget de l'Etat
Titre 1 : Dette publique	1 047 848 278 531		1 047 848 278 531
- Dette Intérieure	721 980 454 490		721 980 454 490
- Dette Extérieure	325 867 824 041		325 867 824 041
Titre 2 : Dépenses ordinaires	1 933 237 949 469		1 933 237 949 469
- Dépenses de personnel	1 186 164 084 499		1 186 164 084 499
- Frais d'abonnement	49 107 390 404		49 107 390 404
- Autres dépenses ordinaires	697 966 474 566		697 966 474 566
Titre 3 : Dépenses d'investissement	1 258 771 513 401		1 258 771 513 401
- Sur financement intérieur	721 960 772 830		721 960 772 830
- Sur financement extérieur	536 810 740 571		536 810 740 571
Emprunts projets	306 462 804 023		306 462 804 023
Dons projets	230 347 936 548		230 347 936 548
Titre 4 : Dépenses des Comptes Spéciaux du Trésor		9 055 310 000	8 400 000 000
- Programme d'Investissement FIMR		8 400 000 000	8 400 000 000
- Transfert aux ressources du Budget Général (Pour mémoire)		655 310 000	
Total :	4 239 857 741 401	9 055 310 000	4 248 257 741 401
Après consolidation			

Article 5 : Dispositions relatives au financement des dépenses d'investissement (Titre 3)

Les crédits de paiement autorisés au titre des dépenses d'investissement sont fixés à 1 258 771 513 401 FCFA, financés à hauteur de 721 960 772 830 FCFA sur ressources du Trésor et 536 810 740 571 FCFA sur financements extérieurs.

Troisième partie : Dispositions concernant les Comptes Spéciaux du Trésor

Article 6 : Comptes de prêts rétrocédés par l'Etat

Au titre du budget 2014, sont ouverts les comptes de prêts rétrocédés suivants :

Code Budgétaire	Libellé	Structures
962500101	Prêts Rétrocédés par l'Etat	Compte de Mobilisation de l'Habitat (CDMH)
962500301	Prêts Rétrocédés par l'Etat	Fonds National de l'Eau (FNE)
962500901	Prêts Rétrocédés par l'Etat	Société Ivoirienne de Construction Médicale (SICOMED)
962502101	Prêts Rétrocédés par l'Etat	SODEMI
962502401	Prêts Rétrocédés par l'Etat	Port San Pedro
962502501	Prêts Rétrocédés par l'Etat	Maison du Mali
962502701	Prêts Rétrocédés par l'Etat	Société Internationale de Plantations et de Finances en CI (SIPF-CI)

Chacun de ces comptes retrace :

- en recettes, le remboursement par les tiers emprunteurs, des prêts que l'Etat leur a rétrocédés, après que celui-ci ait préalablement et directement emprunté auprès des bailleurs de fonds, en vue de cette rétrocession. Eventuellement, figure aussi en recettes, le report d'un solde excédentaire de la gestion précédente ou un transfert en provenance du Budget Général ;
- en dépenses, le montant du reversement aux tiers emprunteurs, des prêts que l'Etat a directement contractés auprès des bailleurs de fonds. Eventuellement, figure aussi en dépenses, le report d'un solde déficitaire de la gestion précédente ou un transfert effectué au profit du Budget Général, en couverture totale ou partielle du remboursement de la dette contractée directement par l'Etat en vue de cette rétrocession.

Les engagements et les ordonnancements de dépenses sur ces comptes sont soumis au caractère limitatif, respectivement, des autorisations d'engagement et des crédits de paiement ouverts en loi de finances.

Article 7 : Compte d'affectation spéciale Programme d'Investissement en Milieu Rural

Au titre du budget 2014, il est ouvert un compte d'affectation spéciale pour les opérations sur Fonds d'Investissement en Milieu Rural :

Code Budgétaire	Libellé	Structures
822710101	Programme d'Investissement FIMR	Conseil Café -Cacao

Ce compte retrace en ressources, le produit des prélèvements affectés au Fonds d'Investissement en Milieu Rural et en dépenses, l'affectation de ces ressources au financement des opérations d'investissement.

Quatrième partie : Dispositions particulières

Article 8 : Dispositions relatives aux autres engagements de l'Etat

Le plafond des avals ou garanties susceptibles d'être accordés par l'Etat est fixé, pour l'année 2014, à 10 000 000 000 FCFA.

L'encours total des prêts et avances susceptibles d'être accordés par l'Etat ne pourra, pour l'année 2014, être supérieur à 20 000 000 000 FCFA.

Article 9 : Dispositions relatives aux Etablissements Publics Nationaux

La contribution de l'Etat au fonctionnement et à l'investissement des Etablissements Publics Nationaux est intégrée aux dépenses des Titres 2 et 3 du Budget Général. Conformément à la loi n°98-388 du 02 juillet 1998 en son article 21, le budget complet des Etablissements Publics Nationaux est annexé à la loi de finances.

Article 10 : Dispositions relatives au transfert de crédits aux Collectivités Territoriales

Les crédits de paiement accordés aux Collectivités Territoriales (Communes, Conseils Régionaux et Districts), en application de la loi n°2003-208 du 7 juillet 2003 portant répartition et transfert de compétences de l'Etat aux Collectivités Territoriales, sont fixés à 59 954 873 785 FCFA dont 26 314 281 676 FCFA pour la subvention au fonctionnement de leurs services y compris les charges de personnel et 33 640 592 109 FCFA pour la mise en œuvre de leurs programmes d'investissement.

Article 11 : Dispositions concernant la mise à disposition des crédits de paiement

La notification de la mise à disposition initiale des crédits de paiement est réalisée dans les conditions fixées par l'article 40 du décret n°98-716 du 16 décembre 1998, portant réforme des circuits et des procédures d'exécution des dépenses et des recettes du Budget Général, des Comptes Spéciaux du Trésor et mise en œuvre du Système Intégré de Gestion des Finances Publiques.

Article 12 : Législation par ordonnance

Le Président de la République est autorisé à prendre par ordonnances, au cours de l'année 2014, des mesures qui sont normalement du domaine de la loi.

Ces ordonnances doivent être soumises à la ratification de l'Assemblée Nationale, au plus tard avant la fin de la deuxième session annuelle.

Article 13 :

La présente loi sera publiée au Journal Officiel de la République de Côte d'Ivoire et exécutée comme Loi de l'Etat.

Fait à Abidjan, le 26 décembre 2013

Alassane OUATTARA

Source : Direction Générale du Budget et des Finances(DGBF)

CONCLUSION

Le budget de l'Etat, instrument aux multiples facettes politique, économique, juridique et financier entre les mains du Gouvernement, affecte incontestablement la marche de la nation vers le développement économique, social et politique. De son élaboration à son exécution, le budget de l'Etat emprunte à l'environnement socio-économique et politique qui le façonne et le contraint à ses contraintes. Aucun budget ne saurait être neutre, détaché des réalités vécues par les populations au quotidien, fermé à toute influence extérieure. Le budget est censé traduire absolument les attentes des populations, reprises dans les objectifs assignés à la politique conçue et mise en œuvre par les pouvoirs publics, financée en grande partie par les fonds publics. Ce caractère incontesté et incontestable du budget de l'Etat ne saurait lui valoir la prétention de détenir le monopole du financement du développement économique et social. En effet, dans un pays à économie libérale comme la Côte d'Ivoire, la doctrine vendue et vantée est celle du secteur privé « moteur du développement économique et social ».

Dans un tel environnement, le budget de l'Etat doit marquer le pas et revenir aux missions fondamentales, en termes de sécurité, de justice, de paiement des salaires des fonctionnaires, de couverture des activités non productives etc. Le budget de l'Etat est dès lors appelé à contribuer à la création de richesses propices à l'épanouissement des entreprises privées. Il ne vaut alors que par l'accompagnement qu'il apporte à l'éclosion et à l'expansion du secteur privé, tout en restant en marge des activités de production. En effet, celles-ci demeurent exclusivement vouées, dans un tel contexte libéral, au secteur privé. Il s'agit donc d'asseoir la place du budget de l'Etat dans un juste milieu, protecteur des intérêts des populations et de l'Etat par le financement des besoins économiques et sociaux vitaux et éloigné des ambitions du secteur privé, dans la sphère des activités marchandes notamment. La problématique des finances publiques et, partant, du budget, naît ici.

L'analyse de la dépense publique révèle un cursus historique qui plaide en faveur d'un Exécutif fort en matière budgétaire, économique et financière. En effet, la complexification continue des problèmes économiques et financiers dans les sociétés européennes, après la rupture des deux guerres mondiales et le krach de 1929, a inexorablement conduit vers une prééminence remarquable de fait du pouvoir Exécutif sur le pourvoir Parlementaire. Les choix des options essentielles ressortissent au domaine de l'Exécutif, pendant que le Parlement, en dépit de ses pouvoirs d'approbation et de contrôle du budget de l'Etat, demeure devancé en cette matière. Certes, les représentants des contribuables doivent consentir l'impôt, modifier la loi des finances, adopter le budget de l'Etat, contrôler son exécution, voter la loi de règlement etc. mais dans les faits, les rênes de la matière budgétaire sont tenus par le Gouvernement, dès l'établissement du budget jusqu'à sa clôture. La portée de l'autorisation parlementaire s'est progressivement dégradée au profit de l'Exécutif dès lors qu'il ne s'agissait plus pour l'Etat de se procurer des recettes en vue de la couverture de ses besoins vitaux d'existence et de fonctionnement mais plutôt d'étendre son action à l'orientation de l'ensemble des activités économiques. La contrainte du Parlement d'autoriser l'Exécutif à étendre son champ d'intervention se justifie en l'espèce par la nécessité de permettre au Gouvernement de mettre en œuvre une politique économique et sociale préalablement proposée aux électeurs, définie dans un programme de gouvernement, conformément à des objectifs clairement identifiés et visés. Ce moule des promesses électorales, aménagé le cas échéant à l'épreuve des réalités du pouvoir et du vécu des populations, va servir de cadre à la conception et à l'élaboration du budget de l'Etat par le Gouvernement. Son exécution en vue de l'atteinte des objectif assignés à la politique conçue et mise en œuvre par les pouvoirs publics ne s'en trouvera qu'affectée. Le développement économique et social de la Côte d'Ivoire porte témoignage de la part prépondérante prise par le budget de l'Etat dans son financement depuis l'indépendance en 1960. Ce développement a été réalisé sous les auspices d'une économie fortement libérale mais « à visage humain », comme le disait le Président Félix Houphouët-Boigny, le premier Président de la Côte d'Ivoire indépendante.

En tout état de cause, l'option empruntée aujourd'hui par les tenants actuels du pouvoir est loin d'être aux antipodes de la stratégie mise en œuvre depuis 50 ans, y compris pendant la parenthèse « socialiste » imprimée à la Côte d'Ivoire de 2000 à 2010. La technique budgétaire s'est certes améliorée au fil du temps, les plis pris pour les options politiques, économiques et sociales sont demeurés quasiment intacts, même si les données socio-démographiques ont beaucoup varié et même si la gestion des ressources de l'Etat obéit à davantage de rigueur et d'approches hautement scientifiques plus fines. Là réside toute la question de l'optimisation de la dépense publique, qui doit imprimer sa marque au budget de l'Etat depuis son établissement jusqu'à sa clôture. La problématique de fond des finances publiques est toute entière en ce point majeur. Sa résolution s'impose en se posant. Elle exige de recevoir le budget de l'Etat dans sa dimension technico-juridique, mais aussi et surtout dans son triple volet politique, économique et social. Car seul le budget de l'Etat porte en lui les espoirs des populations défavorisées, le ressenti et le vécu des « laissés pour compte », le message de l'espérance, de la solidarité et de la cohésion sociale.

Aucun autre instrument financier ne charrie cette forte composante sociale et humaine. Aucun autre. La Côte d'Ivoire exsangue de 2011, en route pour une nouvelle naissance et un redécollage économique et social, doit s'y plier. Absolument. Nécessairement. A la croisée des chemins qu'elle est entre un budget neutre et fermé d'une part et un budget productif et ouvert d'autre part.

CONSEILS BIBLIOGRAPHIQUES

1 Manuels

TROTABAS L. et COTTERET J.M « Droit fiscal », (Dalloz 8e édition 1997)

TROTABAS L. et COTTERET J.M « Droit budgétaire et comptabilité Publique » (Dalloz, 5e édition 1995)

LAURE M. « Science fiscale » (PUF 1994)

BAUCHE G. « Budget de crise ou crise du budget » (Harter 1993)

MEKHANT AR J., « Le Budget de l'Etat », (Hachette 1993)

BASLE M. « Le budget de l'Etat » (la Découverte 1992)

COTTERET J. M. et EMERI G ; « le Budget de l'Etat » (PUF « Que sais-je » 6e édition 1990)

DERUEL F., « Finances Publiques : Budget et Pouvoir financier », (Mémento Dalloz, 1990)

TOULOUSE J.B, DELEUSSE J.F, ROLANDY., PILLOT X. ; « Finances Publiques et Politiques Publiques », (Economica, 1984)

PAUL M. « Les Finances de l'Etat - Budget et Comptabilité », (Economica 1981)

RIVOLI J. « Le Budget de l'Etat », (édition Seuil, 1975)

POUDJADE B., « Texte de droit budgétaire » « Que sais- je » n°2417

2 Cours

SEKA SEKA Paul «Finances Publiques » édition ABC 2008-1-8

CISSE Bakary « L'épreuve de Finances Publiques » (Juillet 2001)

Yaya JHOMANDEY « Cours de Finances Publiques »

3 Textes législatifs et réglementaires

Directive n° 01/2009/CM/UEMOA portant Code de Transparence dans la Gestion des Finances Publiques au sein de l'UEMOA :

Directive n°06/2009/CM/UEMOA portant Loi de Finances au sein de l'UEMOA ;

Directive n°07/2009/CM/UEMOA portant Règlement Général sur la Comptabilité Publique (RGCP) au sein de l'UEMOA ;

Directive n°08/2009/CM/UEMOA portant Nomenclature Budgétaire de l'Etat (NBE) au sein de l'UEMOA ;

Directive n° 09/2009/CM/UEMOA portant Plan Comptable de l'Etat (PCE) au sein de l'UEMOA ;

Directive n° 10/2009/CM/UEMOA portant Tableau des Opérations Financières de l'Etat (TOFE) au sein de l'UEMOA.

Ordonnance n°2011-121 du 22-06-2011 portant budget de l'Etat pour la gestion 2011

Décret n°98-259 du 3 juin 1998 portant fixation du cadre de la nomenclature budgétaire de l'Etat

Décret n° 1998-716 du 16 décembre 1998 portant réforme des circuits et des procédures d'exécution des dépenses et des recettes du budget général de l'Etat, des comptes spéciaux du Trésor et mise en œuvre du système intégré de gestion des finances publiques de l'Etat

Arrêté n°1572 du 32 décembre 1998 du Ministre de l'Economie et des Finances portant codification de la nomenclature budgétaire de l'Etat

4 Publications du Ministère de l'Economie et des Finances

Revue Economique et Financière ivoirienne- Spécial n° 40-Décembre 2008

Le Trésorier- Spécial n° 9 - Septembre 2011

Le Trésorier n°30 – Septembre 2011

Direction Générale du Budget et des Finances –Réformes budgétaires et procédures d'exécution des dépenses publiques

5. Autres

Ministère du Plan et du Développement Industriel- Commission Nationale de Prospective-Côte d'Ivoire 2025 Rapport de synthèse

Plan Quinquennal de Développement Economique, Social et Culturel 1986-1990 Tomes 1 et 2

Plan Quinquennal de Développement Economique, Social et Culturel 1981 -1985 Tomes1et 2

TABLE DES MATIERES

Côte d'Ivoire
aux éditions L'Harmattan

Dernières parutions

CÔTE D'IVOIRE (LA), D'UNE CRISE À L'AUTRE
Sous la direction de Viti Fabio
Le caractère composite de ces approches fait de ce recueil une contribution interdisciplinaire : politistes, anthropologues, sociologues, donnent une lecture croisée des évènements qui ont profondément secoué la Côte d'Ivoire. Il s'agit ici d'élargir le regard, de l'actualité immédiate à une plus longue durée, comprenant la colonisation jusqu'à la dernière crise postélectorale de 2010-2011.
(24.00 euros, 246 p.)
ISBN : 978-2-343-02959-7, ISBN EBOOK : 978-2-336-35346-3

CÔTE D'IVOIRE
Sous le règne du faux
Holy Bedi
«Le monde est faux» aurait écrit l'écrivain malien Yambo Ouologuem, qui traîne aujourd'hui dans les rues parmi les nombreux malheureux que ce monde faux n'arrive pas à intégrer. La fausse apparence est devenue le modèle de vie, la tricherie et la fourberie ont été élevées au rang de règle, on a fait de la duplicité une méthode de réussite, de la prostitution une preuve de capacité d'attirance et de la corruption un système de régulation des relations au quotidien : l'imposture dans ce monde est grande ! Et elle l'est encore plus en Afrique.
(Coll. Afrique liberté, 14.00 euros, 130 p.)
ISBN : 978-2-343-03551-2, ISBN EBOOK : 978-2-336-35548-1

COMMERCE (LE) DANS LA RÉGION DE MAN
Côte d'Ivoire (1896-1940)
Sohi Blesson Florent
À l'époque ancienne, le commerce met en mouvement des populations aussi diverses que les Bété, les Gouro, les Toura, les Guéré, les Wobé et les Yacouba, sur leur quête de produits de consommation courante mais aussi dans l'acquisition de biens rares et convoités. Le commerce colonial se greffe à ces échanges anciens, accroissant la misère et les souffrances des populations. L'auteur souligne ici les ruptures diverses introduites dans la société «Dan-Wè» à l'avènement de ce commerce colonial.
(Coll. Racines du Présent, 41.00 euros, 434 p.)
ISBN : 978-2-343-03789-9, ISBN EBOOK : 978-2-336-35636-5

CÔTE D'IVOIRE : ON IRA JUSQU'AU BOUT !
Ohouochi Clotilde
«On ira jusqu'au bout» est la célèbre formule lancée par le président Laurent Gbagbo lors de sa première comparution à la Cour pénale internationale, en décembre 2011. Cette formule est reprise en écho par Clotilde Ohouochi qui raconte comment, en tant que personnalité proche de Laurent Gbagbo, elle a vécu les douloureux événements de la guerre postélectorale.
(Coll. IREA (Institut de recherche et d'études africaines), 19.00 euros, 194 p.)
ISBN : 978-2-343-00622-2, ISBN EBOOK : 978-2-296-53899-3

FRANCE (LA) CONTRE LA CÔTE D'IVOIRE. L'AFFAIRE DU SANWI
Du malentendu politico-juridique à la tentative de sécession
Koffi Koffi Lazare
Préface du professeur Séry Bailly
L'affaire du Sanwi est souvent évoquée à chaque crise qui marque le destin de la nation ivoirienne. Cette «affaire» a, de 1959 à 1970, secoué tout le sud-est forestier de la Côte d'Ivoire indépendante et entraîné tout un peuple avec son roi dans une douloureuse aventure, à la recherche de son indépendance, de sa liberté et de sa dignité perdues. Dans cette tentative sécessionniste, ils connurent des privations de liberté, mais aussi toutes sortes d'humiliations.
(Coll. Afrique liberté, 27.00 euros, 286 p.)
ISBN : 978-2-336-29311-0, ISBN EBOOK : 978-2-296-53799-6

COMMUNICATION (LA) DE CRISE AU PORT AUTONOME D'ABIDJAN
Goa Kacou
La communication de crise au port autonome d'Abidjan est un cas exemplaire et d'actualité. Il cadre avec la réalité ivoirienne et africaine. D'abord, ce cas permet d'établir le descriptif des différents systèmes de crise de communication interne et externe. Ensuite, il enseigne l'importance et l'utilité de la fonction communication dans tout espace à tout moment. Enfin, il permet de comprendre que la crise est un moment charnière pour l'entreprise.
(Coll. Harmattan Côte-d'Ivoire, 24.00 euros, 236 p.)
ISBN : 978-2-336-29310-3, ISBN EBOOK : 978-2-296-53848-1

PRÉSIDENT (LE) LAURENT GBAGBO À LA COUR PÉNALE INTERNATIONALE – Justice ou imposture ?
Koudou Kessie Raymond, Oulaye Hubert
Cet ouvrage rassemble les contributions d'intellectuels africains et européens, juristes, politologues, psychologues, sociologues, avocats, journalistes, écrivains... qui posent la question de la crédibilité de la CPI, à partir de l'analyse des faits et au regard des charges contre le président Laurent Gbagbo.
(Coll. Afrique liberté, 22.00 euros, 244 p.)
ISBN : 978-2-343-01046-5, ISBN EBOOK : 978-2-296-53712-5

NOTRE HISTOIRE AVEC LAURENT GBAGBO
Regard sur quinze années de crise en Côte d'Ivoire
Wakili Alafé
Préface de Mamadou Koulibaly - Postface de Ibrahim Cissé Bacongo
«L'auteur nous fait revivre, à travers son regard, la dernière décennie au coeur de la Côte d'Ivoire. Les épisodes de l'histoire s'enchaînent, se mêlent. Des milliers d'Ivoiriens sont morts, blessés, traumatisés, divisés, exilés, expropriés, parce que les hommes politiques n'ont pas eu le courage de gérer la crise, ne pensant qu'à leurs intérêts personnels à court terme. Aujourd'hui, notre terre d'Eburnie est toujours malade. Elle souffre des mêmes maux. Nous connaissons ces maux. Nous savons où ils peuvent nous mener.» (Mamadou Koulibaly.)
(21.00 euros, 216 p.)
ISBN : 978-2-343-00714-4, ISBN EBOOK : 978-2-296-53552-7

LAURENT GBAGBO AU CENTRE D'UN COMPLOT
Le rapport du groupe d'experts de l'ONU mis à nu
Koudou Kessie Raymond
L'ouvrage porte sur le rapport de mi-mandat du groupe d'experts de l'ONU sur la Côte d'Ivoire en octobre 2012, révélant la tenue d'une réunion de pro-Gbagbo au Ghana, dont l'objectif était la préparation d'une entreprise de déstabilisation de la Côte d'Ivoire, en relation avec les jihadistes de Ansar-Dine. La première partie présente les articles de 17 contributeurs et la seconde les réactions de personnes mises en cause. Ce livre vise à démontrer que ce rapport ne mérite aucun crédit parce que manipulatoire et tendancieux.
(Coll. Afrique liberté, 20.00 euros, 204 p.)
ISBN : 978-2-343-00813-4, ISBN EBOOK : 978-2-296-53488-9

CÔTE D'IVOIRE, COMMENT JE SUIS DEVENU CYBERACTIVISTE
Au coeur de la traque des partisans de Laurent Gbagbo par le régime Ouattara
Beko Steve - Préface d'Arsène Touho
Cet ouvrage retrace le parcours de Fabrice Lago, alias Steve Beko, qui, tout en étant singulier, est commun à de nombreux jeunes Ivoiriens qui ont dû fuir leur pays pour préserver leur vie face à la violence sans précédent qui s'est abattue sur les partisans de Laurent Gbagbo après sa capture le 11 avril 2011. Blogueur et cyberactiviste, il est l'un des porte-voix du camp Gbagbo sur les réseaux sociaux.
(Coll. Points de vue, 18.00 euros, 182 p.)
ISBN : 978-2-336-00718-2, ISBN EBOOK : 978-2-296-53345-5

MIGRATIONS ET MISE EN VALEUR DE LA BASSE CÔTE D'IVOIRE (1920-1960)
Cissé Chikouna - Préface du Professeur Boubacar Barry
Voici une histoire vivante du phénomène migratoire tel qu'il a été organisé par le pouvoir colonial en réponse aux besoins de mise en valeur de la Basse Côté d'Ivoire. La mobilisation sous l'empire de la contrainte de la main-d'oeuvre «indigène» a durablement marqué l'histoire démographique de l'Afrique de l'Ouest, de la Côte d'Ivoire, qui fut la plaque tournante des migrations de travail en AOF, du début des années 1920 à la fin de l'ère coloniale.
(Coll. Etudes africaines, 32.00 euros, 314 p.)
ISBN : 978-2-296-99565-9, ISBN EBOOK : 978-2-296-53386-8

GESTION (LA) BUDGÉTAIRE DE L'HÔPITAL PUBLIC EN CÔTE D'IVOIRE
Kouyaté Mohamed D.
La gestion budgétaire de l'hôpital public constitue une dimension incompressible du management général qu'il importe à tout acteur hospitalier de connaître. Gérer l'hôpital public ivoirien, c'est d'abord et surtout gérer des dotations budgétaires rares face à une immensité d'urgences à couvrir.
(Coll. Harmattan Côte-d'Ivoire, 38.50 euros, 400 p.)
ISBN : 978-2-336-29298-4, ISBN EBOOK : 978-2-296-53486-5

MÉDIAS COLONS ET MONDIALISATION
Le cas de la Côte d'Ivoire
N'Da Jean-David
Le lynchage médiatique de la Côte d'Ivoire exécuté pendant plus d'une décennie par le système médiatique français est un succès. Cet ouvrage explique la géostratégie racialiste qui se tient derrière l'assaut des médias colons et dévoile l'hypocrisie du mondialisme avare, prédateur et appauvrissant qui le sous-tend. Le jeu trouble des acteurs politiques ivoiriens se dévoile aussi.
(Coll. Points de vue, 15.50 euros, 154 p.)
ISBN : 978-2-336-29279-3, ISBN EBOOK : 978-2-296-53049-2

N'DOLO
Chants, jeux et danses en pays baoulé
Yao Koffi Célestin
Les baoulés sont un peuple de Côte d'Ivoire, issus du groupe akan. Au niveau de la culture et des arts, ils constituent l'un des peuples les plus créatifs d'Afrique. L'art sculptural baoulé fait le bonheur de nombreux musées occidentaux. Cependant, au pays baoulé, il n'y a pas que les masques et les statuettes, mais de nombreuses autres formes artistiques, dont l'art du chant et de la danse. En règle générale, ces formes s'associent pleinement au cérémonial dit du « masque »...
(21.00 euros)
ISBN : 978-2-336-00794-6, ISBN EBOOK : 978-2-296-53194-9

UN DRAME COLONIAL EN CÔTE D'IVOIRE
L'affaire Quiquerez-Segonzac (1891-1893)
Barluet Jean-François
Ce livre analyse et montre la nature et la mise en oeuvre sur le terrain de ces nombreuses petites expéditions menées à la fin du XIXè siècle par la troisième République dans le sillage des grandes missions, expression d'une volonté politique affirmée de la stratégie coloniale de la France. La

mission Quiquerez-Segonzac, dans la mesure où le drame dont elle fut l'issue a donné lieu à de nombreuses enquêtes et investigations, révèle la manière dont furent initiées et réalisées ces nombreuses missions.
(Coll. Etudes africaines, 15.50 euros, 154 p.)
ISBN : 978-2-336-29033-1, ISBN EBOOK : 978-2-296-51579-6

NZEMA (LES)
Un peuple akan de Côte d'Ivoire et du Ghana
Allou Kouamé René
Les migrants qui ont peuplé le pays nzema étaient très hétéroclites bien qu'appartenant tous à un même continuum culturel : celui de la civilisation akan. Ces migrants d'origines diverses se sont organisés en un royaume relativement puissant et structuré, centré autour de Benyinli, la capitale. Cet ouvrage fait apparaître que le peuple Nzema est le produit de l'histoire, d'hommes aux origines diverses rassemblés par un destin commun.
(Coll. Etudes africaines, 25.00 euros, 244 p.)
ISBN : 978-2-336-29275-5, ISBN EBOOK : 978-2-296-51649-6

PORTEURS D'ESPOIR
Itinéraires d'intellectuels
Bailly Sery
La nation ivoirienne, comme toutes les autres, a besoin de héros. Parmi eux doivent figurer des intellectuels, d'où ces quelques portraits proposés : Senghor, Mémel Foté, B. Kotchy, Aké Assi, Niangoran Bouah, Simone Gbagbo, Angèle Gnonsoa, Coulibaly Yedieti... Ils sont des médiateurs de l'espoir, comme des figures de sainteté d'une foi en l'homme, en l'intelligence, en la pensée.
(Coll. Harmattan Côte-d'Ivoire, 24.00 euros, 246 p.)
ISBN : 978-2-336-29281-6, ISBN EBOOK : 978-2-296-53030-0

SYNDICALISME (LE) EN AFRIQUE SUBSAHARIENNE
L'expérience de la Côte d'Ivoire
Appiah Adou - Préface du professeur François Kouakou N'Guessan
Après une analyse approfondie des relations professionnelles en Côte d'ivoire, l'auteur propose que les salariés, regroupés dans de véritables organisations syndicales, maîtrisent les effets de la mondialisation, stade suprême du capitalisme. Face à des enjeux importants, des employeurs puissants, un État quasi inexistant, les travailleurs sont relégués au second plan au profit du capital. Le syndicalisme se résume en un rapport de forces inégalitaire qu'il conviendrait de normaliser et d'humaniser.
(Coll. Enseignement et éducation en Afrique, 30.00 euros, 296 p.)
ISBN : 978-2-296-99366-2, ISBN EBOOK : 978-2-296-51458-4

PRINCIPE ÉTHIQUE DU VIVRE ENSEMBLE
Mboua Emmanuel - Préface du Révérend Père Jean-Maurice Goa Ibo
Parmi les principes du vivre ensemble que pose l'éthique, figure la question du fondement de la justice. Pour analyser ce sujet afin d'offrir un support pour les débats en éthique du vivre ensemble, l'auteur reprend différentes approches philosophiques et théologiques, notamment celles de Charles Taylor et de Bernard Lonergan, invitant ainsi le lecteur à s'approprier les aptitudes requises, favorables au développement de la justice, élément indispensable au vivre ensemble.
(Coll. Harmattan Côte-d'Ivoire, 15.00 euros, 150 p.)
ISBN : 978-2-336-00593-5, ISBN EBOOK : 978-2-296-51382-2

L'HARMATTAN ITALIA
Via Degli Artisti 15; 10124 Torino

L'HARMATTAN HONGRIE
Könyvesbolt ; Kossuth L. u. 14-16
1053 Budapest

L'HARMATTAN KINSHASA
185, avenue Nyangwe
Commune de Lingwala
Kinshasa, R.D. Congo
(00243) 998697603 ou (00243) 999229662

L'HARMATTAN CONGO
67, av. E. P. Lumumba
Bât. – Congo Pharmacie (Bib. Nat.)
BP2874 Brazzaville
harmattan.congo@yahoo.fr

L'HARMATTAN GUINÉE
Almamya Rue KA 028, en face du restaurant Le Cèdre
OKB agency BP 3470 Conakry
(00224) 60 20 85 08
harmattanguinee@yahoo.fr

L'HARMATTAN CAMEROUN
BP 11486
Face à la SNI, immeuble Don Bosco
Yaoundé
(00237) 99 76 61 66
harmattancam@yahoo.fr

L'HARMATTAN CÔTE D'IVOIRE
Résidence Karl / cité des arts
Abidjan-Cocody 03 BP 1588 Abidjan 03
(00225) 05 77 87 31
etien_nda@yahoo.fr

L'HARMATTAN MAURITANIE
Espace El Kettab du livre francophone
N° 472 avenue du Palais des Congrès
BP 316 Nouakchott
(00222) 63 25 980

L'HARMATTAN SÉNÉGAL
10 VDN en face Mermoz, après le pont de Fann
BP 45034 Dakar Fann
33 825 98 58 / 33 860 9858
senharmattan@gmail.com / senlibraire@gmail.com
www.harmattansenegal.com

L'HARMATTAN BÉNIN
ISOR-BENIN
01 BP 359 COTONOU-RP
Quartier Gbèdjromèdé,
Rue Agbélenco, Lot 1247 I
Tél : 00 229 21 32 53 79
christian_dablaka123@yahoo.fr

645164 - Mars 2016
Achevé d'imprimer par

1livre.com
du rêve à la réalité !